HISTÓRIA DAS
GUERRAS E BATALHAS
MEDIEVAIS

Phyllis G. Jestice

HISTÓRIA DAS GUERRAS E BATALHAS MEDIEVAIS

O Desenvolvimento de Técnicas, Armas, Exércitos e Invenções de Guerra durante a Idade Média

M.Books do Brasil Editora Ltda.

Rua Jorge Americano, 61 - Alto da Lapa
05083-130 - São Paulo - SP - Telefones: (11) 3645-0409/(11) 3645-0410
Fax: (11) 3832-0335 - e-mail: vendas@mbooks.com.br
www.mbooks.com.br

Do original: The Timeline of Medieval Warfare

Dados de Catalogação na Publicação

JESTICE, Phyllis G.
História das Guerras e Batalhas Medievais. O Desenvolvimento de Técnicas, Armas, Exército e Invenções de Guerra na Idade Média/Phyllis G. Jestice.
2012 – São Paulo – M.Books do Brasil Editora Ltda.

1. História Geral   2. História do Mundo   3. História Medieval

ISBN 978-85-7680-122-1

Editor: Milton Mira de Assumpção Filho

Tradução: Ricardo Souza
Produção Editorial: Lucimara Leal
Coordenação Gráfica: Silas Camargo
Editoração e Capa: Crontec

Créditos das imagens

Sumário

Século XIV: Uma Revolução da Infantaria? 149

Século XV: Uma Era de Mudanças 185

Epílogo: Limites e Legados da Guerra Medieval 221

Índice 224

Os Primórdios da Arte da Guerra na Idade Média

Quando os invasores germânicos conquistaram o Império Romano do Ocidente no século V d.C., trouxeram uma atitude em relação à guerra que os povos governados por Roma não viam havia séculos. Grande parte da cultura germânica girava em torno das habilidades guerreiras de homens livres. Um rei que não pudesse comandar tropas no campo de batalha era desprezado e, provavelmente, não viveria muito. O servo de um rei que demonstrasse covardia em combate estaria desgraçado para o resto da vida.

Pequenos Estados sucessores germânicos substituíram o Império Romano unificado e vizinho se levantou contra vizinho em lutas por prestígio, interesse e pilhagem, esta última para proporcionar meios de recompensar lealdades. Infelizmente, é impossível vislumbrar detalhes mais específicos dos primórdios da guerra medieval na Europa. As fontes escritas são poucas e esparsas. O que torna ainda mais difícil compreender a guerra no período após as invasões germânicas é que, mesmo quando há uma fonte, esta é, em geral, frustrantemente vaga (por exemplo, dizendo que um exército derrotou outro, mas sem dar detalhes). Por outro lado, um conto medieval pode ter elementos lendários tão fortes que impedem a reconstrução da realidade

À esquerda: Batalha de Lechfeld, 955, em uma visão romântica da vitória de Oto I sobre os magiares. À direita: Visão de uma sala e aula medieval típica. O professor, membro do clero, ensina lendo para os alunos.

Um monge medieval copia manualmente um texto: os custos de produção eram altos na Idade Média.

histórica. Ninguém, por exemplo, diria que um guerreiro medieval tinha as habilidades de um Beowulf, embora o poema dê algumas pistas importantes sobre armas e armaduras. Em parte, essa indefinição pode ser atribuída ao fato de a maioria dos relatos ter sido escrita por monges, que geralmente estavam isolados das lutas da sociedade secular. Em grande medida, no entanto, os autores provavelmente supunham que todos sabiam como uma batalha teria se desenrolado, que técnicas de combate teriam sido utilizadas e que possibilidades táticas estavam disponíveis para os contendores.

Não obstante, alguns pontos básicos podem ser definidos sobre os primórdios da guerra medieval e que se aplicam, em grande medida, à história militar da Idade Média em geral.

Táticas e Estratégias

Um primeiro ponto importante a discutir, especialmente considerando a representação frequentemente caricatural feita por Hollywood dos embates militares medievais, é que os comandantes daquela época não raramente demonstravam um excelente entendimento tanto de estratégias quanto de táticas. Não havia, na Idade Média, palavras equivalentes a nenhum desses dois termos, mas há muitos exemplos ao longo dos séculos medievais de comandantes inteligentes que repetidamente lograram vitórias impressionantes que somente podem ser atribuídas ao bom senso de o que fazer com tropas no campo de batalha

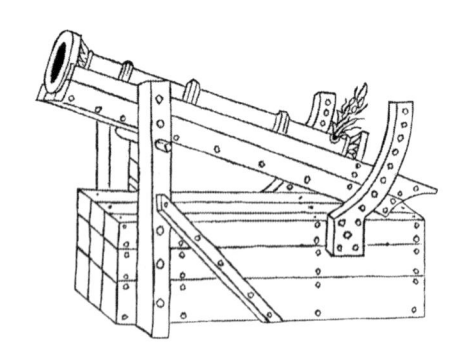

Uma ilustração de um canhão do século XIV, extraída de uma cópia do tratado de Vegécio, De re militari (manual romano sobre a guerra).

774	772-785, 796-793, 798-803	778
Carlos Magno derrota o rei lombardo, Desidério, e se torna rei dos lombardos.	Carlos Magno conquista os saxões.	15 de agosto – Batalha de Roncesvalles. Quando o exército de Carlos Magno se retira da Espanha, os bascos emboscam e destroem a retaguarda liderada pelo conde Rolando.

À direita: Essa pintura romântica de vikings desembarcando na costa inglesa sugere alguns dos horrores que os invasores do norte suscitavam.
Embaixo: Conde Godofredo V de Anjou (1113-1115), comandante conhecido apenas por ter lido o tratado De re militari em um contexto militar durante a Idade Média.

e como levar uma guerra a um fim bem-sucedido.

O que a Idade Média não tinha era um tipo de sistema que treinasse generais na arte de comandar. Havia apenas um manual romano sobre guerra, o *De re militari* ("Sobre assuntos militares"), escrito por Vegécio no final do século IV d.C. O manual foi copiado com frequência durante a Idade Média e acabou por ser traduzido para o francês, inglês, italiano, alemão, espanhol, português e até hebraico. O último idioma mencionado sugere que talvez os leitores de Vegécio não fossem, de fato, usar o tratado para ajudar a planejar campanhas militares, mas tão somente tinham um interesse histórico em assuntos romanos.

Há menção de apenas um comandante

fazendo uso em campo, de fato, do manual de Vegécio: conforme relatos, o conde Godofredo V de Anjou teria lido o tratado, no início do século XII, durante o cerco a uma fortaleza.

O Tamanho dos Exércitos

Um segundo problema fundamental quando se estuda a guerra na Idade Média é o tamanho dos exércitos envolvidos. Até os séculos XIII e XIV, os livros contábeis da realeza que relatam pagamentos específicos a tropas calculam quantos homens lutaram em um determinado confronto com base em suposições e, além disso, as estimativas dos historiadores variam consideravelmente. As fontes narrativas

789

Os francos anexam a Bavária.

782

Massacre de Verden. Os francos, liderados por Carlos Magno, massacram milhares de prisioneiros saxões.

789

Primeiro ataque viking conhecido, contra a costa sudeste da Inglaterra.

medievais são de pouca ajuda no cálculo das forças armadas, já que seus autores eram apaixonados por números redondos e muito elevados, que são claramente impossíveis, dados os recursos da época. No outro extremo, encontramos definições como a que consta nas leis do rei saxão ocidental (c. 700) dizendo que: até sete homens, devem ser considerados como ladrões, de 7 a 35 como um "bando" e, qualquer coisa além disso, um exército. De fato, uma força de 36 homens bem armados poderia ter invadido as primeiras vilas medievais com sucesso e muitas das primeiras "batalhas" medievais parecem ter começado como incursões que encontraram resistência.

Em geral, os historiadores da guerra argumentam que os exércitos antes do século XI devem ter sido pequenos, não porque os reis não poderiam arregimentar mais homens, mas por questões logísticas. Mesmo um exército de 2.000 a 3.000 homens teria grandes dificuldades de abastecimento. Os primeiros combatentes medievais, como esperado, providenciavam suas próprias armas e alimentos. Mas como seria possível transportar grandes quantidades de alimento e forragem por longas distâncias? Grande parte da Europa Ocidental ainda tinha uma infraestrutura de estradas romanas e há sinais de que eram remendadas e mantidas em algumas regiões. Muitos combates, no entanto, aconteceram em fronteiras, onde os romanos raramente penetraram. A questão do transporte era tão séria que reis normalmente viajavam com seus séquitos de um lugar para outro, mesmo em tempos de paz, para consumir recursos nos locais onde fossem produzidos, em vez de fazer com que provisões fossem trazidas para suas cortes.

Quanto mais longa a campanha (e quanto maior o número de tropas envolvidas), mais complicado seria o problema do abastecimento. A dificuldade era agravada ainda mais pelo fato de as primeiras campanhas medievais acontecerem na primavera, quando os combatentes não poderiam contar com a pilhagem do país para

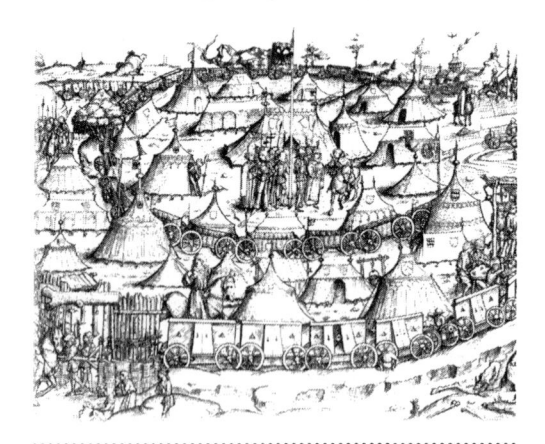

Desenho idealizado de um acampamento militar, datado do século XV. Somente cavaleiros e nobres podiam usufruir do luxo de uma tenda.

789-795	793	800
Carlos Magno derrota os ávaros nos Bálcãs.	**08 de junho** – Os vikings saqueiam Lindisfarne.	**25 de dezembro** – Carlos Magno é coroado imperador em Roma.

Durante grande parte da Idade Média, as melhores estradas eram remanescentes das estradas romanas que atravessavam a Europa.

sua subsistência. Reconhecidamente, foram os carolíngios que, no final do século VIII, transferiram de março para maio a época do ano reservada aos combates, aparentemente para aumentar a probabilidade de encontrar pastagens para o crescente número de animais da cavalaria. Mas ainda era necessário transportar comida para os homens e grãos para os animais.

Quem Combatia?

Também é questionável o fato de o maior exército ser o mais eficiente e eficaz, pelo menos no início da Idade Média. A sociedade germânica em seu início, como descrita pelo historiador romano Tácito no início do século II d.C., era dominada pela guerra e todos os homens livres carregavam armas e ocupavam seu lugar na frente de batalha. Nem todos os homens eram, contudo, igualmente úteis em combate. O homem livre mediano era relativamente pobre, como denotado por seu equipamento militar. Tratava-se de uma sociedade pobre em metais e armaduras, quando havia alguma, era feita de couro, assim como os capacetes. Escudos eram de madeira e a maior parte das batalhas era combatida com lanças, sendo que a ponta da lança representava, muitas vezes, a maior parte do metal que um combatente trazia consigo. Armas secundárias poderiam ser um punhal ou, talvez, um machado.

Comparemos a eficácia de um combatente assim com a dos vassalos de um senhor importante, muitos deles vestidos com cotas de malhas feitas de correntes, com capacetes metálicos e escudos mais fortes, reforçado com uma saliência ou aro de metal. Um combatente assim

A partir do século XII, os cavaleiros adotaram brasões personalizados, como o conde de Oxford, à direita.

805-807

Os dinamarqueses constroem Danevirke, uma muralha com fosso de 19 km de comprimento erigida em toda a base da península da Jutlândia.

Os muçulmanos conquistam o Chipre.

Cenas sacras e seculares eram muitas vezes misturadas, como nessa ilustração manuscrita de São Bertin do século X, mostrando uma caçada ao javali no painel inferior.

provavelmente iniciaria um embate com sua lança, mas certamente também contaria com uma espada, que era um investimento caro e que, de acordo com uma das primeiras leis germânicas, valia três bois.

Provavelmente esses vassalos militares "profissionais" também possuíam cavalos e, assim, pelo menos tinham maior velocidade e mobilidade para chegar até uma batalha e, em algumas culturas medievais, serviram em combate como cavalaria. Evidentemente, esses homens não tinham profissão além de lutar e, portanto, é provável que tenham sido mais bem treinados e mais capazes de combater como unidade.

Até o momento em que as fontes existentes nos permitiram saber quem participou das batalhas, os governantes preferiam claramente um pequeno exército de homens mais bem armados e treinados do que camponeses recrutados. O reinado do grande imperador

franco Carlos Magno (768-814) é frequentemente visto como um ponto de mudança nessa matéria. No ano 807, Carlos Magno determinou que cada três *mansi* (mais tarde quatro) de terras cultivadas deveriam fornecer um homem bem equipado para o combate. Um *mansus* correspondia a aproximadamente a quantidade de terra necessária para alimentar uma família e esperava-se que o dono dessa propriedade se apresentasse para combater pessoalmente, enquanto homens livres mais pobres se reuniam para equipar e enviar um de seus pares. Mas seria essa uma inovação, ou uma codificação de

Carlos Magno (768-814), que restabeleceu o Império Romano do Ocidente, foi coroado imperador no dia de Natal de 800.

808

Carlos Magno institui um regime para que homens livres pobres possam reunir seus recursos para equipar representantes para o serviço militar.

814-817

Os búlgaros cercam Constantinopla.

práticas já existentes, como foi o caso de muito da legislação carolíngia? Simplesmente, não temos como responder.

Sabemos, no entanto, que Carlos Magno não requisitou tropas de todo o seu vasto império para todas as campanhas. Algumas vezes, apenas os combatentes da região mais próxima eram convocados para o serviço militar. Outras vezes, houve uma convocação proporcional. Por exemplo, os saxões precisaram enviar apenas um de cada seis combatentes para a campanha na Espanha e um de cada três contra os boêmios, enquanto toda sua força foi requisitada para combater os vizinhos eslavos do Elba.

Por volta dos anos de 830, os Anais Francos de São Bertin deixam claro que os camponeses não eram obrigados a lutar. O monge cronista relata que plebeus de sua região fizeram um pacto para defenderem a si mesmos contra invasores vikings. Aristocratas locais,

....

Godofredo de Bulhão (1058-1100) e seus cavaleiros partem para a Primeira Cruzada. Godofredo se tornou o primeiro governante do reino cristão de Jerusalém.

827-902	829-843	834
Conquista muçulmana da Sicília a partir do Império Bizantino.	Guerra civil entre os francos.	Os vikings saqueiam Dorstadt e Utrecht.

Uma ilustração fantasiosa do ataque viking a Paris, em 845. Como as galés, naus vikings jamais empregariam remos e velas simultaneamente.

contudo, atacaram e massacraram os camponeses por sua presunção. Conduzir o combate era dever e direito dos aristocratas e seus grupos de seguidores e não de camponeses audaciosos que, se tivessem a chance, poderiam, quem sabe, pegar em armas contra seus senhores de direito.

Por volta do século X na França, reis e grandes senhores provavelmente poderia arregimentar, cada um, aproximadamente 200 cavaleiros pesadamente armados e 1.000 soldados de infantaria. Aristocratas menores teriam homens suficientes para, pelo

Rei Luís IX da França (1226-1270). Embora um comandante malsucedido, as duas cruzadas de Luís ajudaram a unificar a França pela primeira vez em séculos.

menos, impor sua vontade em suas próprias terras. Esses grupos de vassalos seriam formados por um sortimento variado de camponeses musculosos retirados dos campos e filhos mais jovens de combatentes privilegiados que tinham sua própria maneira de fazer as coisas. Foi apenas gradualmente, conforme se tornou costume dar terra (feudos) a esses vassalos de onde pudessem se equipar, que esses homens se tornaram uma pequena nobreza privilegiada, os "cavaleiros", surgidos nos séculos X e XI.

Por Que Combater?

Por que as pessoas declaravam guerra no início da Idade Média? Até certo ponto, as razões eram as mesmas de sempre na história das guerras: homens

843	845	847
Agosto – O Tratado de Verdun reparte o Reino dos Francos entre Lotário, Luís e Carlos, filhos de Luís, o Piedoso.	**28 de março** – Os vikings saqueiam Paris.	Invasores muçulmanos atacam Roma, saqueando a Basílica de São Pedro. O Papa Leão IV (847-55) responde à ameaça construindo um muro ao redor do Vaticano.

À esquerda: O trovador Bertran de Born (1140 - c.1215) é fonte dos melhores indícios do mundo dos cavaleiros dos séculos XII e XIII.

simples ataques na tentativa de usurpar terras de um vizinho. Somente com o tempo as guerras particulares foram banidas: na França, por exemplo, foi proibida no século XIII por Luís IX (1226-1270), enquanto na Alemanha se manteve aceitável no decorrer da Idade Média.

Governantes travavam guerras para ganhar ou proteger territórios. Já seus

lutaram para defender o que lhes era caro, para provar sua lealdade e honra e para lucrar.

Nos séculos IX e X, a preocupação dominante das classes de elite era a guerra. Reis deveriam comandar seus exércitos pessoalmente. Se isso não fosse possível, o comandante seria geralmente um parente próximo, de preferência um filho. No entanto, os primeiros reis medievais que já não pudessem comandar seus exércitos com sucesso raramente duravam muito tempo.

Grande parte dos conflitos era claramente de guerras particulares, na forma de vinganças entre clãs rivais ou

À direita: Santo Agostinho de Hipona (354-430) foi um padre da Igreja Católica.

850	851	852
Os vikings conquistam Utrecht.	Batalha de Sandwich. O rei de Kent derrota uma grande força Viking.	Batalha de Givald's Foss. Os vikings derrotam o rei dos francos ocidentais, Carlos, o Calvo.

Os nacionalistas alemães do século XVI viam personagens como Luís, o Germânico (c. 806-876) como fundadores do Estado germânico, como nessa ilustração.

seguidores lutavam para manter suas posições privilegiadas, pela possibilidade de saque (ou uma parte da generosidade de seu senhor depois da luta) ou por simples diversão. Muitos combatentes achavam os invernos tediosos e ansiavam pela abertura da temporada de campanhas para aliviar o marasmo. Eles teriam concordado com o trovador do século XII Bertrand de Born, que disse gostar de ver as flores frescas e a grama da primavera porque era hora de guerrear novamente e incentivar a generosidade

858	860	865-878
Luís, o Germânico, invade a Aquitânia, mas é repelido por seu irmão Carlos, o Calvo, da França.	Ataque russo a Constantinopla é rechaçado pela frota bizantina.	O "Grande Exército" viking conquista a maior parte da Inglaterra.

dos senhores. Uma campanha por ano era normal no início da Idade Média. O costume só desapareceu gradualmente no final da era medieval, exceto em fronteiras ou regiões disputadas.

Um Regulamento para a Guerra

Os primeiros guerreiros medievais eram muito diferentes de seus antepassados germânicos em um aspecto: eles eram cristãos e a ética cristã tinha uma estranha forma de se insinuar em assuntos sociais, mesmo no campo de batalha.

Não que os clérigos do início da era medieval quisessem convencer os guerreiros a dar a outra face, ou sequer tentassem fazê-lo. Afinal, esses clérigos eram nascidos e criados nessa sociedade guerreira e a maioria deles aceitava tais valores como seus. No entanto, os guerreiros foram gradualmente contaminados pelas noções teológicas de uma guerra "apropriada". Assim, na Frância do século IX, a prática de escravizar inimigos derrotados acabou (exceto quando os perdedores eram pagãos). Da mesma forma, acabou também o costume de matar inimigos capturados após a vitória (exceto quando os perdedores eram pagãos; em um caso notório, Carlos Magno massacrou 4.500 guerreiros saxões derrotados em Verden, em 782).

Submissão do duque saxão Widukind a Carlos Magno em 785, Versalhes, França.

A benção das bandeiras marcava a partida de um rei e seu exército, enquanto elaboradas liturgias cristãs incentivavam os combatentes, que no século IX provavelmente confessavam seus pecados e comungavam antes de qualquer embate importante. Na segunda metade do século X, os rituais tinham evoluído para incluir uma benção da espada de um novo cavaleiro como parte de uma "consagração" com forte conotação religiosa. Os clérigos elaboraram, ainda, uma teoria de "guerra justa", explicando que a guerra era louvável na defesa de uma pátria contra os bárbaros e da sociedade em geral contra malfeitores.

Os Padres da Igreja, sobretudo Santo Agostinho de Hipona,

870	871	875-885
Batalha de Hoxne. O Grande Exército viking derrota e mata o rei Edmundo, da Ânglia Oriental.	Os saxões ocidentais combatem nove batalhas contra os vikings.	Reconquista bizantina da Itália meridional.
Carlos, o Calvo, e Luís, o Germânico, dividem a Lotaríngia no Tratado de Mersen.		

Rei Offa da Mércia segurando um modelo do mosteiro de São Albano. A ilustração do século XII captura bem a combinação de força armada e piedade do rei.

estabeleceram regras para a luta, enfatizando a necessidade de uma guerra ser formalmente declarada e travada com a autoridade de um príncipe, em defesa da religião e da justiça. No entanto, a posição da Igreja sobre a guerra era, na melhor das hipóteses, ambivalente. Concílios da Igreja repetidamente ordenaram aos clérigos que não portassem armas próprias (sugerindo que muitos clérigos foram de fato para os campos de batalha da Europa com seus parentes). E soldados que matassem na guerra deveriam se penitenciar, embora pareça que essa exigência raramente tenha sido aplicada e a penitência era, de qualquer maneira, leve (durava meros quarenta dias).

A Vantagem das "Terras Centrais"

Por volta do ano 800, nossos indícios do que seria a guerra medieval em seus primórdios começam a melhorar e um ponto se torna particularmente claro: os estados sucessores germano-cristãos estabelecidos da Europa Ocidental, as "terras centrais" do Ocidente medieval, tinham uma clara vantagem militar sobre os "bárbaros" das fronteiras. Essa distinção entre terras centrais e periferia permaneceu válida, de forma geral, por toda a Idade Média. Os estados sucessores germânicos, apesar de empobrecidos em comparação com o Império Romano, gozavam de estabilidade suficiente para criar uma instituição militar impressionante. Por volta de 750, as cidades cresciam novamente na maior parte do antigo território romano. Implementos de ferro, embora caros, podiam ser encontrados facilmente. Reis e grandes senhores podiam equipar seus séquitos com capacetes e com cotas de malha de ferro que proporcionavam boa defesa, pelo menos contra os golpes desferidos a esmo no campo de batalha.

Cavalos também se tornaram mais acessíveis nas terras centrais e uma parte significativa dos exércitos dos

---

876

8 de outubro – Batalha de Andernach. Luís, o Jovem, da Frância Oriental, derrota da invasão de Carlos, o Calvo, da Frância Ocidental.

878

6 de Janeiro – Batalha de Chippenham. O rei Viking, Guthrum, derrota os saxões ocidentais em um ataque surpresa. O rei Alfredo foge, deixando a maior parte de Wessex nas mãos dos vikings.

Maio – Batalha de Edington, Inglaterra. O exército de Wessex derrota o Grande Exército viking comandado por Guthrum, abrindo as portas para negociações.

Tratado de Wedmore. Em um tratado com Alfredo, o Grande, de Wessex, o rei viking Guthrum concorda em fazer a paz e se converter ao cristianismo.

Estados sucessores já podia, pelo menos, cavalgar para o campo de batalha, mesmo que fosse preciso desmontar para lutar. Por volta do século VIII, a data tradicional de reunião dos militares francos foi transferida de 1º de março para 1º de maio, aparentemente para que o maior número de cavalos usados em campanha pudesse encontrar forragem suficiente. Os indícios sugerem que no final do século VIII, os francos também lutavam a cavalo, empregando armas de golpear e arremessar, em vez do lança em riste que se tornara a marca registrada do "cavaleiro" no século XII.

Muita tinta já foi gasta em discussões sobre a data da introdução do estribo na Europa Ocidental, alegando-se que apenas essa inovação tecnológica poderia tornar possível uma cavalaria eficaz. Atualmente, porém, a maioria dos historiadores militares considera o debate equivocado. Estribos foram aparentemente introduzidos na Europa no final do século VI, mas levou séculos para se tornarem populares entre cavaleiros de toda parte. Uma nova geração de historiadores da guerra chegou a testar práticas da cavalaria antiga e medieval, em vez de apenas teorizar atrás de uma mesa. Ficou provado que estribos, de fato, não fazem os cavalheiros melhores, nem são necessários para que um cavaleiro

A Canção de Rolando (escrita em aproximadamente 1100) é uma canção épica medieval em tom elevado e apaixonante sobre ideais cavaleirescos e guerra contra não cristão.

ataque com uma lança em riste. O principal elemento para proporcionar um cavalgar mais seguro é uma sela de apoio, elevada na frente e nas costas, uma invenção que já havia sido desenvolvida no final do Império Romano.

Na segunda metade do século VIII, quando os militares se tornaram mais eficientes, governantes ambiciosos das terras centrais começaram a criar estados impressionantes à custa dos "selvagens" que habitavam ao longo de suas fronteiras. As carreiras militar do rei franco Carlos Magno (768-814) e do anglo-saxão Offa da Mércia (757-796) ilustram bem a situação.

Das duas, as fontes referentes à carreira de Carlos Magno são muito

Anos de 880	881
Construção dos burgos, pontos fortificados de refúgio contra ataques vikings, por toda a Wessex.	**03 de agosto** – Luís III, da Frância Ocidental, derrota os vikings na batalha campal de Saucourt.

melhores. Com base nos sucessos de seu pai e seu avô, Carlos Magno passou a maior parte de seu longo reinado lutando contra os vizinhos em todas as direções em 53 grandes campanhas, das quais ele liderou pessoalmente pouco menos de 30. Derrotou os lombardos (provavelmente equivalentes em equipamento militar, mas inferiores em organização), os bávaros, os saxões e, finalmente, os ávaros, dobrando o tamanho do Reino dos Francos e conquistando saques suficientes para iniciar grandes reformas culturais e governamentais.

Carlos Magno tinha vantagem tão grande em equipamentos, mobilidade e números absolutos que a maioria

de seus inimigos não se atrevia a confrontá-lo em campo aberto e, sendo assim, teve de lidar com incursões e cercos. Na verdade, Carlos Magno lutou apenas três grandes batalhas, uma delas, a Batalha de Roncesvalles em 778, culminando na destruição de sua retaguarda inteira por uma emboscada basca (equipamento melhor não é tudo).

Carlos Magno podia reunir recursos militares impressionantes. Os relatos dos cercos a Pavia (773) e Barcelona (802) fazem referência a equipamentos pesados de sítio e comboios maciços de suprimentos. Em geral, porém, a capacidade do governante de proporcionar apoio logístico para o exército era estritamente limitada. Carlos Magno normalmente exigia que suas tropas abastecessem a si próprias, levando consigo carroças com provisões para três meses quando convocadas para uma campanha. E o desejo de lutar dos francos dependia em grande parte das ricas recompensas de uma campanha bem-sucedida.

Acima: Parte do Dique de Offa, construção de uma fortificação maciça entre a Inglaterra e o País de Gales, erigida pelo rei Offa da Mércia no final do século VIII.

Imperador Luís I, o Piedoso (814-840), cujo reinado foi afligido por guerras civis e as invasões vikings.

882

Batalha de Ashloh. Os vikings derrotam um exército franco oriental comandado pelo rei Carlos, o Gordo.

885-886

Os vikings cercam Paris e, por fim, aceitam um pagamento para partirem após 11 meses de sítio.

Em última análise, Carlos Magno foi vítima de seu próprio sucesso, ficando sem inimigos rentáveis e deixando seus herdeiros para lidar com as repercussões de um Estado que havia sido construído com base na guerra, com muito pouco da argamassa da burocracia e das instituições.

Da mesma forma, na Inglaterra, o rei Offa da Mércia foi capaz de tornar a mescla de um bom equipamento militar com uma personalidade forte em um grande Estado. De fato, se houvesse tantas fontes escritas sobre Offa como há para Carlos Magno, ele poderia muito bem ter passado para a história como "o Grande". Mércia sempre fora um dos mais fortes reinos da Inglaterra anglo-saxônica e Offa conseguiu fazer bom uso da poderosa força militar criada por seu pai, Etelbaldo, aproveitando-se de uma longa guerra civil no reino de Wessex, ao sul.

Offa derrotou vários dos reinos pequenos em torno de Mércia, assim como fizeram Carlos Magno e os lombardos, derrotando forças igualmente equipadas, porém menos organizadas e com liderança inferior às suas. Também lançou pelo menos três grandes incursões no País de Gales, tirando vantagem de seu próprio equipamento superior contra a população fronteiriça. O rei demonstrou não somente sua habilidade para comandar seu povo, mas também suas ambições, com a

Príncipe Arpad (c. 845-c. 907), segundo líder da confederação magiar que inquietou a Europa central nos séculos XIX e X.

grande muralha, o Dique de Offa, que mandou construir ao longo de toda a extensão da fronteira entre mércios e galeses. Essa estrutura de terraplanagem elevada e fosso se estendia por quase 240 quilômetros e exigiu pelo menos 5.000 trabalhadores para ser erguida. Todavia, como aconteceu com Carlos Magno, o Estado mércio foi construído sobre carisma e sucesso, fragmentando-se rapidamente após a morte de Offa.

A Última Onda de Invasões

O grande estado franco de Carlos Magno não precisou de ajuda externa para desmoronar: em 829, a guerra civil eclodiu com a disputa de seus netos, filhos de Luís, o Piedoso, por quinhões do Império Carolíngio. No fim, o estado de Carlos Magno foi dividido em três partes: as duas que

886	c. 890	891
O exército de Wessex retoma Londres dos vikings, o primeiro sinal de que a reconquista da Inglaterra era possível.	Batalha de Hafrsfjord. Rei Haroldo dos Belos Cabelos derrota a coalizão dos nobres, unindo a Noruega pela primeira vez. Invenção de ferraduras pregadas.	1º de setembro – Batalha do Dyle (Bélgica moderna). Um exército da Frância Oriental liderado pelo rei Arnulfo derrota os dinamarqueses em um ataque surpresa ao seu acampamento fortificado.

Os magiares eram uma grave ameaça para a Alemanha, sobretudo por sua mobilidade a cavalo e pelo uso de arcos compostos.

se tornariam os reinos separados da França e da Alemanha e uma faixa amorfa de território entre elas (Lotaríngia, Provença e norte da Itália), que se manteve um pomo de discórdia entre os dois Estados mais fortes por séculos.

O caos do período de lutas internas pela primazia entre o nono e o décimo século foi bastante agravado, porém,

À direita: O rei alemão Henrique I (919-936) iniciou uma reorganização militar que finalmente acabaria com a ameaça magiar no reinado de seu filho, Oto, o Grande.

pelas últimas ondas da invasão "bárbara" na Europa Ocidental.

A ameaça era tripla. Zarpando do norte da África, piratas muçulmanos, bem como forças controladas pelo Estado, conquistam a Sicília, tentam controlar o sul da Itália e lançam ataques devastadores contra a costa oeste da Itália e a costa sul da França. Do norte, os escandinavos (tanto piratas quanto, posteriormente, exércitos patrocinados pelo Estado) invadiram especialmente a França e as Ilhas Britânicas, tomando e retendo partes de França, Inglaterra, Escócia

896

Batalha de Bulgarophygon. O tsar Simeão I da Bulgária derrota um exército bizantino.

897

Alfredo, o Grande, de Wessex projeta e constrói navios de guerra para combater os dinamarqueses no mar.

e Irlanda. Talvez o desafio menos ameaçador fosse o dos magiares (húngaros), cavaleiros invasores nômades que se estabeleceram em grandes faixas da Alemanha, norte da Itália e terras ermas da Suíça moderna, mas pelo menos não tentaram se estabelecer em território da Europa Ocidental. De qualquer forma, a tendência era que os invasores não fossem tão bem armados como os habitantes das terras invadidas.

Exceto pela conquista da Sicília, todos preferiam operar com ataques repentinos, evitando batalhas sempre que possível. A nova ameaça punha em destaque dois elementos que já se desenvolviam na guerra ocidental: mobilidade e construção de fortificações, sendo que ambos dominariam a vida militar até o fim da Idade Média e além.

A Alemanha e os Magiares

O caso da Alemanha e dos magiares ilustra bem a situação. Os nômades magiares se mudaram para a bacia dos Cárpatos na década de 890 e passaram a lançar pelo menos 32 grandes ataques à Europa Ocidental entre 899 e 955, frequentemente operando em conjunto com aliados eslavos. Os magiares eram arqueiros a cavalo ligeiros que lutavam da forma tradicional da estepe, empregando habilmente ataques repentinos e investidas simuladas para romper a coesão dos inimigos. Como não contavam com equipamento de cerco, raramente tomavam lugares fortificados, embora às vezes tentassem um bloqueio.

Os magiares chegaram em número suficiente para que o exército de apenas um ducado alemão raramente fosse eficaz contra eles, mesmo que pudesse ser reunido em tempo hábil. Assim, em 907 os magiares derrotaram os bávaros, passando a destruir a força dos francos e turíngios no ano seguinte

O papa João X (914-928), liderou pessoalmente um exército italiano para uma grande vitória contra os sarracenos em Garigliano.

898-955	899	903
Pelo menos 32 grandes ataques magiares à Alemanha e ao norte da Itália.	**26 de outubro** – Morte de Alfredo, o Grande, de Wessex.	Os muçulmanos conquistam as Ilhas Baleares.

e a subjugar um exército combinado alemão em 910. A vitória de 910 em Augsburgo foi particularmente impressionante, já que os magiares, primeiramente confrontados por duas divisões de apoio alemãs, simularam um ataque ao centro das forças alemãs apenas para manobrar e atacar as tropas desorganizadas nos flancos e na retaguarda. Algumas vitórias contra os invasores foram possíveis, como em 913, quando uma força aliada de suábios e os bávaros logrou uma vitória convincente. Entretanto, geralmente a vantagem estava com os magiares nos primeiros anos do século X.

Em 924, porém, o rei Henrique I da Alemanha teve a sorte de capturar um príncipe magiar, o que proporcionou uma oportunidade de negociar uma trégua de nove anos em troca do retorno do príncipe e do pagamento regular de tributos. Durante a trégua,

Henrique começou a trabalhar em um plano para frustrar ataques futuros, construindo fortificações de refúgio (burgos) na fronteira do Elba, além de dedicar a maior parte de seus recursos à construção de uma força de cavalaria pesada. Nobres e seus vassalos possivelmente já eram cavaleiros, mas é provável que, antes dessa época, os cavaleiros alemães se misturassem com sua infantaria durante a luta, em vez de formar uma ala separada e móvel o suficiente para atacar os cavaleiros magiares antes e durante a batalha. Assim, o que Henrique promoveu foi, provavelmente, mais consolidação do que inovação, porém, ainda assim, o resultado foi impressionante. Quando a força estava pronta, Henrique rompeu a trégua, recusando-se a enviar mais tributos. Quando uma grande força magiar invadiu, foi derrotada sem esforço em Riade, em março de 933.

De acordo com uma crônica, os magiares bateram em retirada em vez de enfrentar a cavalaria fortemente couraçada que tinham pela frente. Outra crônica diz que Henrique ocultou sua nova cavalaria pesada com cavaleiros mais levemente armados e, em seguida, surpreendeu o

Esta representação do século XIX da Batalha de Lechfeld (955) dá crédito igual à Igreja (bispo Ulrico, erguendo sua cruz) e ao Estado (Rei Oto I).

907	908	910
Invasores magiares derrotam os bávaros na Batalha de Pressburgo.	Invasores magiares derrotam os francos e os turíngios.	Batalha de Augsburgo. Invasores magiares derrotam um exército franco oriental liderado pelo rei Luís III.
		Batalha de Tetlenhall. O rei Eduardo, de Wessex, derrota um exército de Danelaw.

Essa pintura mais secular da Batalha de Lechfeld, de princípios do século XX, coloca o rei Oto I no centro da ação.

inimigo com uma carga repentina. A eficácia de seu novo exército pode ser vista não apenas nessa vitória contra os magiares, mas também na derrota de uma coalizão eslava em Lenzen, em 929, e de rebeldes saxões e lotaríngios em 939.

Num primeiro momento, o contingente de cavalaria pesada na Alemanha deve ter sido pequeno, já que um confronto em 955, quando os eslavos mataram uma tropa de 50 desses novos cavaleiros, foi considerado um terrível revés. Afinal, o novo estilo de luta era caro: cavalos tinham servido, tradicionalmente, como transporte de homens ricos e foi preciso criá-los em quantidades

maiores. Cotas de malha, capacetes e espadas também representavam uma enorme despesa, assim como as ferraduras, necessárias para proteger os cascos das montarias de combate no Norte da Europa. Por volta de 955, porém, o filho de Henrique, Oto I, o Grande, foi capaz de reunir cavalaria pesada aos milhares.

O ano de 955 pode muito bem ser considerado como o ano em que o exército do estado otoniano (cujo nome deriva de Oto I) alcançou a maioridade. Oto já havia derrotado os rebeldes e subjugado o norte da Itália. Porém, em 955, teve de enfrentar uma grande ameaça dupla oriunda do leste, na forma de exércitos magiares e eslavos.

911

Tratado de outono de Saint-Clair-sur Epte. O rei Carlos, o Simples, da França, aceita o assentamento viking onde viria a ser a Normandia, com o líder viking Rollo como primeiro conde.

913

Um exército da Suábia e da Bavária derrota invasores magiares.

915

Uma liga cristã italiana liderada pelo papa João X expulsa os muçulmanos de sua fortaleza em Garigliano.

Uma sinistra ilustração das embarcações vikings se aproximando da costa inglesa.

Em julho de 955, os magiares invadem a Bavária e iniciam um cerco à cidade de Augsburgo. Oto marcha rapidamente para o Danúbio com seu exército saxão doméstico (Oto fora duque da Saxônia, além de rei), mas precisa deixar para trás a maioria da força saxã que havia reunido, para lidar com o ataque de uma coalizão eslava. Contudo, forças dos outros ducados alemães se uniriam a ele na Bavária, além de um contingente boêmio liderado pelo duque da Boêmia. O tamanho total do seu exército é estimado como sendo algo entre 3.000 a 10.000 homens – as fontes existentes simplesmente não permitem determinar um número mais específico. Dois pontos parecem certos, porém: os magiares superavam a força de Oto em número, mas a maioria da força de Oto consistia em cavalaria pesada.

As duas forças se encontraram ao lado do Rio Lech, perto de Augsburgo, em 10 de agosto de 955, em uma das batalhas mais decisivas da história europeia. E a mobilidade e a blindagem alemãs, combinadas com boa liderança, saíram vencedoras. Os alemães se aproximaram do contingente magiar em coluna, enquanto os magiares tentavam sua tática habitual de cercar o inimigo e atacar pela retaguarda.

Entretanto, numa demonstração da habilidade da nova cavalaria em manobrar rapidamente, as tropas alemãs reposicionadas foram suficientes para manter os magiares à distância. Quando

A embarcação viking de Oseberg, com aproximadamente 22 m de comprimento e 5 m de largura, construída em 820 d.C. e usada para o sepultamento de uma mulher em 834.

918

O rei Eduardo, de Wessex, derrota e mata o rei dinamarquês Guthrum II, da Ânglia Oriental, na Batalha de Tempsford.

923

15 de Junho – Batalha de Soissons. O rei Carlos, o Simples, da França derrota seu rival, o conde Roberto de Paris.

O cerco de Paris, 885.

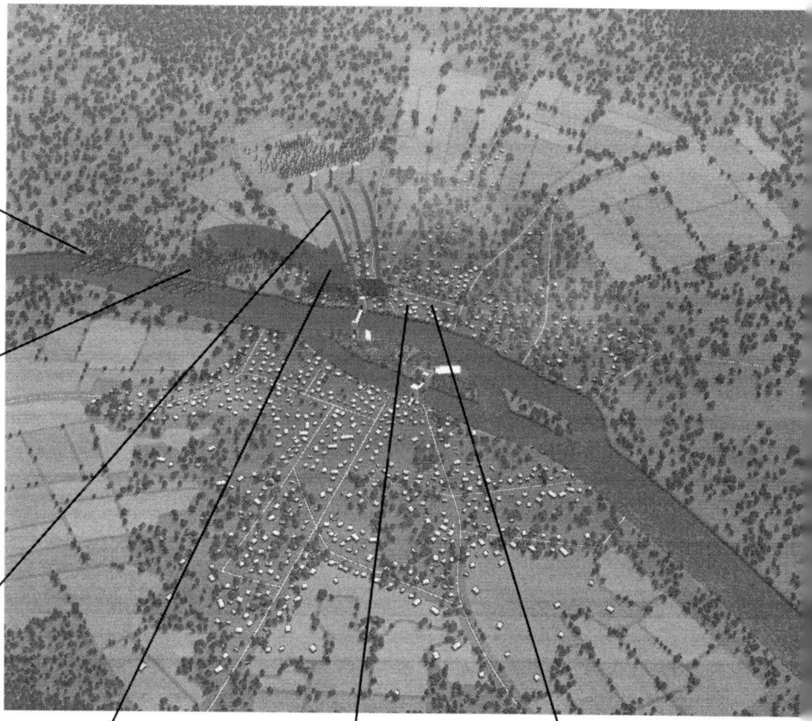

1. A força viking se aproxima, navegando pelo Sena e subindo rumo a Paris em aproximadamente 700 navios.

2. Após o desembarque, os vikings preparam três torres de cerco para um ataque à ponte fortificada do norte.

3. Os vikings avançam suas torres de cerco e atacam a torre norte da ponte fortificada por três dias, mas não conseguem tomá-la.

4. Os vikings estabelecem acampamentos, mas nem tentam sitiar a cidade completamente.

5. Em uma segunda grande ofensiva, os vikings desembarcam na margem norte e tentam tomar a ponte fortificada em um ataque surpresa, mas falham novamente.

6. O rei Carlos, o Gordo, envia uma força franca em socorro, mas os vikings a derrotam e matam seu líder.

924

Batalha de Lemnos, na Grécia. A marinha bizantina destrói a frota de Leão, líder pirata muçulmano.

929

Batalha de Lenzen. Um exército da Alemanha, liderado por Henrique I, derrota os eslavos.

os invasores arremeteram contra a força alemã, foram repelidos em confusão – afinal, a maioria dos magiares não contava com nenhuma armadura defensiva. O que tornou a batalha decisiva foi a longa perseguição que se seguiu. Grande parte do exército magiar foi morta. Além disso, os príncipes magiares foram capturados e, em vez de serem mantidos como reféns (como era o costume), foram enforcados. A ameaça magiar à Europa fora terminada, e Oto I emergiu

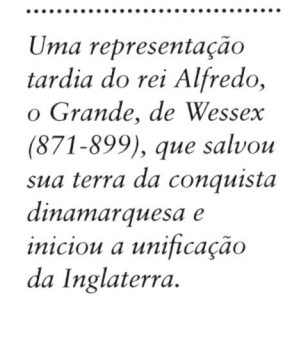

Uma representação tardia do rei Alfredo, o Grande, de Wessex (871-899), que salvou sua terra da conquista dinamarquesa e iniciou a unificação da Inglaterra.

da Batalha de Lechfeld com mais prestígio ainda, e que aumentou ainda mais quando derrotou os eslavos em Recknitz, algumas semanas depois. Dentro de alguns anos, Oto seria coroado imperador, em Roma, de um império ocidental recentemente reavivado (em 2 de fevereiro 962) – um título atribuído à maioria dos reis alemães desde então até 1806.

Os Vikings

Os nórdicos, cuja existência foi subitamente apresentada às terras centrais da Europa com o saque viking de Lindisfarne em 793, na Nortúmbria, representavam problemas bastante diferentes, que variavam de região para região. Falantes de línguas germânicas, não eram percebidos como

Alfredo, o Grande, supervisionando a reconstrução dos muros de Londres depois e ter tomado a cidade dos dinamarqueses em 886.

929	**933**	**934**
16 de janeiro – Estabelecimento do califado omíada independente da Espanha pelo califa Abd er-Rahman III.	**15 de março –** Batalha de Riade (Allstedt), perto de Erfurt. O rei Henrique I da Alemanha derrota um grande exército magiar, usando sua força de cavalaria pesada recém-desenvolvida.	O rei Athelstan, da Inglaterra, invade a Escócia por terra e mar. Saque de Gênova, na Itália, por uma frota fatímida.

Acima: Oto I, da Alemanha (936-973), coroado em 2 de fevereiro de 962 como imperador de um estado imperial europeu revivido, mais tarde conhecido como o Sacro Império Romano.

À esquerda: Rei Hugo Capeto, da França (987-996), cuja dinastia inicialmente fraca levou séculos para criar um Estado francês unificado.

"estrangeiros" como foram os magiares (estes foram acusados de canibalismo e outras atrocidades, enquanto os vikings eram temidos simplesmente por sua crueldade).

Assim, os governantes estavam, por vezes, prontos para fazer alianças com os invasores escandinavos contra seus vizinhos "civilizados", notadamente na Irlanda não germânica, onde o grande número de reinos independentes tornava valiosos os serviços dos combatentes. E os vikings eram excelentes combatentes. Capacetes e armaduras eram raros entre eles, devido ao custo e à insuficiência de ferro, e espadas eram artigos dos ricos. Mas o guerreiro viking mediano parecia ter bastante prática na guerra, muito embora esses atacantes do norte evitassem batalhas campais sempre que possível. Sua preferência era, de longe, atacar mosteiros ou aldeias indefesos, saqueando (e até escravizando) e, em seguida, partindo antes que uma força pudesse ser organizada contra eles. Como vinham pelo mar em navios que podiam atingir velocidades acima de dez nós, muitas vezes remando rio acima

937

Em uma grande batalha em Brunanburh (norte da Inglaterra ou sul da Escócia Sul), o rei da Inglaterra, Athelstan, derrota a coalizão entre escoceses, galeses e vikings, unindo a Inglaterra.

939

Batalha de Birten. O rei Oto I da Alemanha derrota saxões rebeldes e lotaríngios, assegurando sua reivindicação ao trono.

....

Um "retrato" do século XVIII do imperador alemão Oto II (973-982), que sofreu uma grande derrota nas mãos dos sarracenos e uma grande revolta eslava.

com suas embarcações flexíveis e de baixo calado, normalmente sua chegada não era notada com muita antecedência.

A rapidez e a mobilidade dos ataques vikings os punha fora do alcance de qualquer ajuda para os europeus ocidentais cristãos que eram suas vítimas, embora os franceses, pelo menos aparentemente, fossem mais desenvolvidos na cavalaria que os alemães. A maioria dos historiadores concorda que os senhores e seus vassalos na Inglaterra anglo-saxônica também usavam montarias, citando, como evidência, a Batalha de Maldon em 991, quando o comandante da Nortúmbria, Byrhtnoth, desmontou e mandou embora seus cavalos antes de a luta começar, para impedir debandadas.

Com exceção do Grande Exército que operou na Inglaterra de 865 até o final da década de 870, os bandos vikings contavam em dezenas ou poucas centenas, em vez de milhares que compunham um ataque magiar. Essas circunstâncias tornaram estruturas fortificadas, em vez de unidades de cavalaria, os elementos essenciais contra os vikings.

Em sua maior parte, a Europa Ocidental não era fortificada quando os vikings começaram suas incursões. Muralhas de cidades legadas pelos romanos tinham ruído sem reparo, com suas pedras sendo usadas em outras construções. A maioria dos mosteiros tinha apenas defesas espirituais, sob a forma de uma cerca simples ou de

---

941

Batalha de Andernach. *Oto I, da Alemanha, derrota a rebelião liderada pelo duque Giselberto da Lotaríngia, pelo duque Eberardo da Francônia e seu próprio irmão, Henrique.*

Ataque russo a Constantinopla é rechaçado pela frota bizantina.

946

Os alemães invadem a França.

marcos delimitando o início de um espaço sagrado. Mesmo as casas senhoriais dos nobres geralmente não eram defensáveis, muito menos as aldeias, onde vivia a maioria da população. No entanto, fortificações impressionantes logo começaram a ser criadas. Muralhas da cidade foram construídas ou reconstruídas em toda a área da penetração viking. Pontes fortificadas foram construídas para negar aos atacantes o acesso aos rios principais, tendo sido, em alguns casos, bem-sucedidas. É possível ver a diferença que as fortificações fizeram na defesa de Paris em 845 e 885. Em 845, uma frota viking de pelo menos 120 navios saqueou a cidade. Já em 885-886, uma grande força escandinava sitiou a cidade por 11 meses. Um relato da época conta como os atacantes tentaram construir equipamentos de cerco, incluindo uma

Segundo relatos, quando o imperador bizantino Basílio II, o Matador de Búlgaros, conseguiu uma importante vitória sobre os búlgaros, mandou cegar 10.000 prisioneiros, deixando cada centésimo homem com um olho apenas, para guiar os outros para casa.

grande torre, mas o trabalho foi tão mal feito que a torre desabou, matando vários deles. Finalmente, os atacantes foram pagos para desistir, porque o rei da França não conseguiu reunir um exército forte o suficiente para levantar o cerco. No ano seguinte, o exército viking sitiou Sens por seis meses, mas finalmente teve de partir, sem tomar a cidade.

A mais impressionante série de fortificações erguidas contra os vikings eram os burgos de Wessex, construídos por ordem do rei Alfredo, o Grande, na década de 880 e 890. Um burgo era um

947	c. 950	950-952
Cerco de Senlis. Primeira menção escrita ao uso de bestas no ocidente medieval.	Construção de Doué-la--Fontaine, o primeiro castelo de pedra conhecido na Europa, no vale de Loire, a sudeste de Angers.	Primeira expedição italiana do rei Oto I, da Alemanha.

Acima: A vitória de Oto I em Lechfeld levou à sua coroação como imperador em 962.
Abaixo: Um dromon bizantino, o navio de guerra padrão do Mediterrâneo durante séculos.

lugar de refúgio, aparentemente uma paliçada de madeira simples na maioria dos casos, com espaço suficiente dentro dela para mil pessoas ou mais e seus animais. Esses burgos foram erguidos em todo o território de Alfredo, de modo que a maioria de seus súditos estivesse a um dia de viagem de um lugar seguro. Um documento do início do século X, o *Burgbal Hideage*, revela a dimensão dos planos do rei, que foi capaz de reunir seus súditos para construir e ocupar os burgos, fundamentais para fazer oposição aos vikings quando estes atacaram Wessex novamente na década de 890. Os vikings não tinham a tecnologia de cerco necessária para tomar os burgos, pelo menos rapidamente, e os saxões ocidentais os usaram como base para uma guerra de guerrilha contra os invasores. Como no caso de Oto I e os magiares, Alfredo, o Grande, e sua dinastia passaram pela invasão viking ainda com mais

954	955	960-961
Batalha de Stainmore. Uma força inglesa embosca e mata Érico Machado Sangrento, rei viking de York. O reino de York é integrado à Inglaterra.	**10 de agosto** – Batalha de Lechfeld, Alemanha. Um exército alemão de 8.000 a 10.000 homens, liderados pelo rei Oto, o Grande, derrota decisivamente os invasores magiares perto de Augsburgo, marcando o fim das incursões magiares na Alemanha.	Reconquista bizantina de Creta.
	16 de outubro – Batalha de Recknitz. O rei Oto I da Alemanha derrota decisivamente os vênedos eslavos.	

prestígio e autoridade, abrindo um caminho pelo qual os reis de Wessex se tornariam reis de toda a Inglaterra.

Colhendo as Vantagens de uma Invasão

A maior importância das invasões nos séculos IX e X está na forma como incentivaram o desenvolvimento dos Estados europeus, conforme os governantes criavam (ou deixavam de criar) sistemas de defesa.

A França saiu do período de invasões como o Estado europeu mais seriamente enfraquecido, embora devamos lembrar que essa região precisou lidar tanto com uma guerra civil frequente quanto com os vikings. Os ataques incentivaram a fragmentação governamental, especialmente porque mais de um rei foi deposto por não ter impedido um ataque viking. Às vezes, os nobres, em vez do rei, saíam de um ataque com mais prestígio, como em 886, quando o capetiano Odo defendeu Paris com sucesso contra os vikings, enquanto o rei mostrou covardia ao suborná-los para que partissem. De fato, Odo seria eleito rei alguns anos após sua defesa e seu prestígio ajudou sua dinastia no momento de sua ascensão ao trono em 987.

Tanto os Otomanos da Alemanha quanto a casa dos Cerdic, a dinastia reinante de Wessex, emergiram do período de invasão com novos recursos militares e prestígio. Em meados do século X, os sucessores de Alfredo, O Grande, haviam unido a Inglaterra, quase ao mesmo tempo em que Oto, o Grande, fazia reivindicações novas e impressionantes para sua dinastia na Alemanha. Ambos os estados se baseavam na resistência militar e na necessidade de apenas uma liderança para fazer frente a uma grande ameaça externa.

Mas tanto a Alemanha quanto a Inglaterra dependiam enormemente da personalidade e da capacidade do rei ou líder guerreiro que ocupasse o trono. O levante de Wessex para absorver

Ilustrações medievais de reis majestosamente no trono, como nesta ilustração, disfarçam a realidade de uma autoridade central fraca durante a Idade Média.

962	964	965
2 de fevereiro – Coroação imperial de Oto I da Alemanha, em Roma.	Uma frota bizantina que tenta reconquistar a Sicília é desastrosamente derrotada pelos muçulmanos.	Reconquista bizantina do Chipre.

todos os outros reinos da Inglaterra foi pontuado por reveses quando reis mais fracos não conseguiram angariar apoio para sua causa. Isso foi desastrosamente verdadeiro no caso do rei Ethelred II, "o Despreparado" (978-1016), cujo infeliz sobrenome original *Unraed* é mais bem traduzido como "falta de prudência", o que, em si, é um epíteto devastador para um rei medieval. Na verdade, o reinado de Ethelred testemunhou a conquista da Inglaterra pelo rei dinamarquês Swein e seu filho Cnut.

Embora seja verdade que os Estados escandinavos estivessem se formando naquele momento e, portanto, representassem uma ameaça mais séria aos invasores vikings, os problemas de Ethelred foram causados principalmente por sua personalidade fraca e incapacidade de manter a lealdade dos seus próprios nobres.

Da mesma maneira, o exército da Alemanha no final do século X era impressionante, mas não conseguia se impor devido a uma liderança ineficaz. O filho de Oto I, Oto II, não tinha o mesmo calibre do pai e se envolveu em uma desastrosa guerra com os

....

À direita: Rei Ethelred II da Inglaterra (978-1016), apelidado de Unraed (imprudente).
Na página seguinte: Uma ilustração rara do século X mostrando soldados a cavalo, retirada de uma cópia do Comentário do Beato de Liébana ao Apocalipse.

invasores muçulmanos do sul da Itália, perdendo quase todo o seu exército e, no processo, abrindo a porta para uma grande rebelião eslava. Pouco importava que os vassalos de bispos, mosteiros reais e os nobres seculares representassem uma capacidade de reunir em campo uma cavalaria de, pelo menos, 8.000 homens, bem como uma infantaria ainda maior (os números são baseados no *Indiculus loricatorum* de 981, um alistamento

966	969	973
Conversão do duque Mieszko I, da Polônia, ao cristianismo.	Os fatímidas conquistam o Egito.	Os muçulmanos são expulsos de seu posto avançado em La Garde-Freinet, na Provença.

militar de reforços para a campanha de Oto em Itália). A capacidade de comandar de Oto II foi simplesmente superada na Batalha de Cotrone em 982, quando os alemães romperam o centro do exército muçulmano, mais levemente armado, matando seu comandante, só para serem lançados à confusão quando a reserva muçulmana irrompeu em seu flanco.

A Instituição Militar Bizantina

No final do século X, apesar de progressos consideráveis, as forças armadas das terras centrais da Europa Ocidental ainda estavam bem aquém da capacidade militar do Império Bizantino ao leste. Depois do agitado século IX, os imperadores orientais do século X haviam obtido militarmente ganhos extraordinários, governando quase tanto território até ao final do século X quanto tinham antes das invasões muçulmanas do século VII.

Particularmente notável pela extensão de terras foi a conquista dos búlgaros pelo imperador Basílio II, "o Matador de Búlgaros", em uma série de campanhas que se destacaram por sua brutalidade.

Ao contrário de países da Europa Ocidental, os governantes bizantinos empregavam um grande número de mercenários, incluindo, após 986, a famosa Guarda Varangiana, composta de "bárbaros" do norte e do oeste que lutaram lealmente por seus empregadores.

O Império Bizantino manteve, ainda, uma frota grande e eficaz, chegando a aproximadamente 200 navios no século X e empregando um total impressionante de aproximadamente 40.000 remadores e combatentes navais. A Europa Ocidental não tinha nada comparável. Da Escandinávia, temos breves menções de batalhas navais, geralmente

c. 974

Batalha de Hals (Limfjord), a nordeste da Jutlândia. Uma coligação de nobres derrota e mata o Rei Haroldo Manto Cinzento, da Noruega.

978

A invasão alemã da França chega aos arredores de Paris.

982

Batalha de Cotrone (Cap Colonna). Os muçulmanos, tentando conquistar o sul da Itália, derrotam desastrosamente um exército combinado alemão e italiano liderado pelo imperador Oto II.

entre os muitos pretendentes aos tronos escandinavos. Desde a época de Alfredo, o Grande, os ingleses também tiveram acesso a pelo menos alguns navios de combate, embora se mostrassem ineficazes para conter ataques vikings. E no Mediterrâneo ocidental, as embarcações muçulmanas dominavam. A frota bizantina, em comparação, destruiu uma frota muçulmana pirata no mar em 924, em um de provavelmente numerosos encontros, já que os *dromons* bizantinos patrulhavam o leste do Mediterrâneo. Essa frota bizantina recuperou Creta de seus governantes muçulmanos em 960-961 e passou a tomar o Chipre em 965.

Os bizantinos também tinham esperanças de reforçar suas conquistas no sul da Itália, mas as forças muçulmanas na Sicília se mostraram fortemente entrincheiradas e, além disso, a política bizantina removera o único comandante oriental que havia logrado sucesso na retomada da ilha. No entanto, a frota bizantina se mostrou forte o suficiente para repelir os ataques russos em Constantinopla em 860, 907, 941 e 1043.

No Ano 1000

No final do século X, a maioria dos recursos que dominariam a guerra europeia nos séculos seguintes já existia. Isto pode ser visto principalmente pelo contraste entre terras centrais e periferia, pelo padrão de recrutamento para o serviço militar e pela ascensão do cavalariano pesado, o "cavaleiro", ao poder.

A lição deixada pelos séculos IX e X foi de que as terras centrais da Europa (França, em particular, mas também incluindo a Alemanha, norte da Itália e Inglaterra) simplesmente tinham uma vantagem considerável sobre as terras mais distantes, em termos de equipamento militar. Quando a última onda de invasões chegou ao fim, a guerra se tornou cada vez mais polarizada entre dois tipos.

Por um lado, havia a guerra "civilizada" contra os vizinhos cristãos, geralmente com um número bastante

Navios da frota bizantina, que manteve a sua importância militar até o século XII.

983	986	987	988
Grande revolta eslava contra a soberania alemã.	Criação da Guarda Varangiana em Constantinopla, uma guarda de elite imperial composta de mercenários do norte.	Coroação de Hugo Capeto, primeiro rei francês da dinastia capetiana.	Conversão de Vladimir de Kiev ao cristianismo ortodoxo.

reduzido de baixas, pelo menos entre os membros da classe superior bem protegida. Essa era uma guerra considerada verdadeira e apropriada. Por outro lado, havia uma guerra de periferia, muitas vezes contra não cristãos e, certamente, contra povos sem as mesmas vantagens dos equipamentos com que contavam as terras centrais. Essa guerra contrastava fortemente com a guerra civilizada. Incapazes de confrontar seus invasores em batalhas campais, os eslavos, os irlandeses e, até certo ponto, os escoceses, assim como outros inimigos fronteiriços, lutavam campanhas de ataques e emboscadas, para as quais os cavaleiros das terras centrais estavam muito mal preparados.

O padrão de quem normalmente combateria também ficou bem definido por volta do ano 1000. Embora os governantes ocidentais tivessem sempre utilizado mercenários e o número destes aumentasse conforme maior fosse a riqueza de um governante, a maioria dos exércitos consistia em uma força semiprofissional de nobres e bandos de seus vassalos. O serviço militar exigido de cada senhor era cada vez mais fixo. Por exemplo, os governantes alemães reivindicavam seu direito consuetudinário a um contingente maior para servir na Alemanha do que quando partiam em uma de suas numerosas expedições na Itália.

Na França, estima-se que os reis e os grandes senhores do século X provavelmente pudessem reunir uma força de aproximadamente 200 cavaleiros e 1.000 soldados cada. Camponeses normalmente não se envolviam em batalhas até o final do século X em nenhum lugar das terras centrais.

Mais significativo em termos de futuro, o ano de 1000 veria o nascer da era da cavalaria pesada, que continuaria a dominar os campos de batalha europeus pelos próximos quinhentos anos. A infantaria permaneceu como a maior parte de qualquer exército, não apenas por serem os soldados de infantaria muito mais baratos de equipar, mas também porque um exército que consistisse unicamente de cavalaria sem apoio da infantaria não teria durado muito tempo. Contudo, o soldado montado havia se tornado a força de ataque mais eficaz dos exércitos europeus, ele usava uma cota de malha de metal, capacete e, cada vez mais, um escudo em forma de um papagaio ou pipa, que era mais fácil de manejar a cavalo do que o escudo redondo do início da Idade Média. Assim, no final do século X, quando um autor da época usa o termo "milhas", podemos ter certeza de que esta se referindo a um soldado montado, o combatente de elite dos últimos exércitos medievais.

989

Concílio de Charroux, França. Início do movimento Paz de Deus, um esforço para proteger clérigos, mulheres e pobres da guerra endêmica.

991

10 ou 11 de agosto – Batalha de Maldon. Invasores dinamarqueses derrotam uma força de Essex comandada por Ealdorman Byrhtnoth.

992

27 de junho – Batalha de Conquereuil. O conde Fulk, o Negro, de Anjou derrota o conde Conan I da Bretanha, quando Conan tenta levantar o cerco de Fulk a Nantes.

O rei Ethelred II, "o Despreparado", da Inglaterra, reúne embarcações para interceptar uma invasão dinamarquesa, mas a frota inglesa é derrotada.

999

Saque de Santiago, na Espanha, pelo califa omíada Muhammad al-Mansur.

Século XI: A Europa em Expansão

Essa foi uma época revolucionária na história da Europa: o papa e os imperadores iniciam uma luta longa e destrutiva sobre a liderança da Igreja; ocorre uma explosão educacional que criaria uma nova era burocrática; e as terras centrais da Europa iniciam um processo de expansão que moldaria o restante da Idade Média.

O século foi dominado pelo início de um crescimento significativo da população e pela recuperação econômica. Em termos militares, o século XI viu uma onda guerreira em grande escala como não acontecia desde a Roma antiga, já que diversos governantes passaram da guerra notadamente de incursões para a nova guerra de expansão territorial. Muitas vezes, essa guerra não era tão rentável quanto as incursões, ou só era no longo prazo e, assim, organizações de Estado complexas foram desenvolvidas para lidar com a busca cada vez mais dispendiosa por glória militar e patrimônio. Acima de tudo, é um século dominado pelos normandos, descendentes dos vikings que se estabeleceram no noroeste da França e angariaram uma reputação invejável como os maiores guerreiros da época.

Por volta do ano 1000, o último período de invasões da história europeia estava chegando ao fim. Os magiares formam um Estado (a atual Hungria) e, ao aceitarem o cristianismo, se integram à sociedade europeia. Os Estados eslavos da Polônia, Boêmia e Kiev também tomam forma e se cristianizam no final do século X.

Isso não significou que as terras centrais vizinhas deixassem de lutar contra magiares, poloneses e assim por diante, mas a natureza das campanhas

À esquerda: Guilherme, o Conquistador, lidera o ataque normando na Batalha de Hastings, em 14 de outubro de 1066.
À direita: Uma impressão do século XVIII da aparência de um soldado normando.

....
À esquerda: O imperador Henrique II
da Alemanha (1002-1014), mais tarde
canonizado, provocou fortes críticas em
sua época por se aliar a pagãos contra
cristãos na Polônia.

1040, mas estas logo recuperaram sua
independência.

mudou. A defesa contra invasores
dá lugar a esforços para controlar
blocos de território e mudam as
regras da guerra contra inimigos
não cristãos. Assim é que o duque
Mieszko I, da Polônia, se converte ao
cristianismo no final do século X e
quase imediatamente pede proteção
papal contra a agressão alemã. Isso
não impede Henrique II, da Alemanha,
de travar uma longa guerra contra
o sucessor de Mieszko, Boleslav
Chrobry ("o Bravo"), da Polônia, nas
duas primeiras décadas do século XI,
embora seus contemporâneos ficassem
chocados pelo fato de Henrique ter
se aliado a uma coalizão de eslavos
não cristãos contra os cristãos.
Da mesma forma, a Alemanha foi
envolvida em uma série de guerras
com os magiares, cujo objetivo era
fazer valer a soberania sobre o estado
húngaro, em vez de defendê-lo. De
fato, o imperador alemão Henrique
III conseguiu reduzir tanto a Boêmia e
a Hungria à vassalagem na década de

Invasores Altamente Organizados

No norte da Europa, as incursões
vikings também se transformaram
em guerras de agressão do Estado,
já que os governantes escandinavos
subjugavam seus rivais e os convertiam
ao cristianismo. A transição para um
novo nível de organização militar pode
ser visto na conquista dinamarquesa
da Inglaterra, nas primeiras décadas
do século XI. Quando o rei inglês
Ethelred II, "o Despreparado" (978-
1016) provou ser um governante
fraco, as incursões vikings reiniciaram,
começando com a Grande Incursão de
991, que culminou com uma vitória
viking em Maldon. Mas já era visível
uma diferença: os invasores estavam
muito mais organizados, mais bem
armados e alguns eram cristãos.
Ethelred pagou aos atacantes para se
retirarem por diversas vezes, o que
simplesmente atiçou o olhar cobiçoso
do rei dinamarquês Swein sobre a
riqueza da Inglaterra. Para agravar
o problema, Ethelred ordenou a

1000

Primeiras referências aos *ministeriales*,
cavaleiros "não livres" das terras germânicas.

Conversão do rei Estevão, da Hungria, ao catolicismo.

Batalha de Svoldr. Uma frota sueco-dinamarquesa vence
e mata Olaf Tryggvasson, da Noruega. A soberania
dinamarquesa é restaurada na Noruega.

1002

Brian Boru derrota Mael
Sechnaill II para se tornar rei
absoluto da Irlanda.

13 de novembro - Massacre do Dia de São
Brice. Ethelred II, o Despreparado, ordena
a matança de todos os dinamarqueses na
Inglaterra.

matança de todos os dinamarqueses na Inglaterra no dia de São Brice, em 1002. Foi um massacre que, segundo a tradição, teve entre suas vítimas uma irmã do rei Swein.

Em 1003, Swein, que já havia acrescentado a Noruega e parte da Suécia ao seu império, inicia uma guerra que rapidamente passaria de ataque de retaliação a um esforço de conquista. Foram necessárias duas grandes invasões – em 1009 e 1013 – mas Swein conseguiu enviar Ethelred ao exílio e tomar o trono da Inglaterra para si. Swein morreu depois de apenas seis semanas de governo, mas seu filho Cnut conseguiu se tornar rei de Inglaterra (1016-1035) após uma nova invasão.

Uma pintura do século XIX sobre as devastações do exército de Cnut romantiza a Idade Média.

Uma Liderança Forte

Cnut venceu a decisiva Batalha de Ashingdon contra o filho de Ethelred, Edmundo II, o Defensor de Ferro, em 1016, não porque os escandinavos tivessem superado a lacuna tecnológica entre eles e as terras centrais (embora a diferença diminuísse rapidamente), nem por causa de uma liderança militar superior – Edmundo era um líder muito mais forte do que seu pai havia sido. Na verdade, historiadores creditam a vitória de Cnut à traição nas fileiras anglo-saxãs. Um nobre fundamental, Eadric, da Mércia, abandonou Edmundo desertando em um momento crítico da batalha. A circunstância oferece uma lembrança valiosa de que a construção de estados mais fortes e centralizados no século X não aconteceu sem ressentimentos.

Já em 1016, muitos mércios preferiam ser governados por um rei escandinavo distante, cm vez de um descendente da casa real de Wessex. Essa deslealdade era mais fácil de considerar pelo fato de Cnut ser cristão.

Na Irlanda, houve uma transição nebulosa similar entre repelir atacantes e combater assentamentos escandinavos que tinham adotado muitas das práticas das terras que haviam tomado. Assim, a Batalha de Clontarf, em 1014, em que os irlandeses do rei supremo Brian Boru conquistaram uma grande vitória

1003	1003-1017	1008
O rei Swein "Barba Bifurcada" da Dinamarca ataca a Inglaterra.	Guerra entre o imperador Henrique II, da Alemanha, e o duque Boleslav Chrobry, da Polônia.	O rei Inglês Ethelred, o Despreparado, institui o imposto marítimo – cada 300 domicílios (*shipsoke*) deveria fornecer um navio e uma tripulação para combater os dinamarqueses. A frota se mostra ineficaz.

Batalha de Clontarf (1014), uma das muitas batalhas travadas por reis menores na tentativa de reclamar o trono supremo da Irlanda.

(embora o próprio fosse morto), tem sido glorificada na tradição irlandesa como uma grande vitória sobre vikings malévolos e ímpios.

Na realidade, o principal adversário de Brian era o rei cristão da Irlanda, Maél Schnaill, de Leinster. Embora a maioria dos colonos noruegueses da costa leste da Irlanda fosse partidária de Leinster, alguns lutaram ao lado de Brian.

Os colonos escandinavos do noroeste da França, os normandos, provaram ser os maiores campeões do estilo de luta das terras centrais da Europa no século XI e início do XII. Assim, as conquistas normandas da Itália meridional e da Sicília, além da Inglaterra, são excelentes casos de estudo no que tange às tendências militares da época.

Uma Era de Conquistas

A regra principal da guerra no século XI parece ter sido "pegue o que puder", sendo que seus principais personagens eram senhores ambiciosos e sem escrúpulos que podiam mobilizar recursos para expansão territorial, em vez das incursões que predominaram nos séculos anteriores. Em nenhum lugar essa atitude é mais clara do que na conquista do sul da Itália e Sicília pelos normandos.

Em 1016, um grupo de peregrinos normandos chegou a Salerno, na Itália, só para descobrir que a cidade estava sitiada pelos muçulmanos. Os normandos assumiram a defesa e derrotaram os invasores. Sua capacidade de luta causou tamanha impressão ao governante lombardo local que este convidou os normandos, bem como amigos e parentes que pudessem recrutar, a servi-lo como mercenários.

Em 1018, alguns normandos também se uniram às fileiras do representante bizantino que governava parte do sul da Itália. Porém, os normandos logo perceberam que a colcha de retalhos formada pelos pequenos estados na região, fossem

1009	1010	1011
Grande invasão da Inglaterra pelo rei Swein da Dinamarca. Batalha de Nairn, na Escócia. Dinamarqueses liderados por Swein Barba Bifurcada derrotam Malcolm II da Escócia.	Batalha de Mortlack. Malcolm II da Escócia repele uma segunda invasão dinamarquesa.	Os muçulmanos saqueiam Pisa.

Mausoléu do príncipe cruzado Boemundo I (c. 1058-1 111), em Canosa di Puglia.

lombardos ou bizantinos, era mal governada e defensivamente ineficaz. Tratava-se de uma terra de oportunidades e uma família de mercenários ambiciosos, os Hauteville (uma família menor, mas prolífica, de cavaleiros da Normandia), decidiu tirar vantagem da situação. Inicialmente trabalhando como mercenários para depois atacarem por conta própria, os normandos começaram a tomar terras, conquistando suas primeiras vitórias importantes sobre governantes locais na década de 1040. Seu sucesso preocupou tanto o papa Leão IX que, em 1053, este reúne um exército que lidera pessoalmente, em Civitate, contra o líder normando Roberto Guiscardo ("o Astuto"), apenas para ser capturado e forçado a fazer concessões importantes.

Em 1071, os normandos do sul da Itália tomam Bari, a última fortaleza bizantina remanescente na península e iniciam a conquista da Sicília.

A mais famosa conquista normanda, a invasão da Inglaterra pelo duque Guilherme da Normandia em 1066, fora uma iniciativa semelhante e ousada, recompensada com uma coroa. Aparentemente, Guilherme já fora designado herdeiro da Inglaterra por seu primo, o rei Eduardo, o Confessor, embora seu relacionamento fosse através da mãe de Eduardo e Guilherme não tivesse uma gota de sangue anglo-saxão. Não obstante, Guilherme teve de lutar por sua herança prometida após a morte de Eduardo em 1066, já que o conde Haroldo Godwinsson alegou que Eduardo nomeara o herdeiro no leito de morte e sua reivindicação foi imediatamente apoiada pelos nobres ingleses presentes na ocasião. Guilherme apostou tudo – seu prestígio, seu forte controle da Normandia e sua vida – na grande empreitada de tomar a Inglaterra, reunindo um impressionante exército de aproximadamente 7.000 homens e transportando-os através do Canal da Mancha. E a sorte realmente o favoreceu. As condições meteorológicas retardaram a partida de Guilherme, de modo que a frota do rei Haroldo já havia sido desfeita no momento do

---

1013-1016

Os reis Swein e Cnut da Dinamarca conquistam a Inglaterra.

1014

23 de abril – O rei supremo Brian Boru derrota Maél Sechnaill de Leinster e seus aliados nórdicos na Batalha de Clontarf, mas é morto durante o combate.

29 de julho – Batalha de Belathista (Belashita). O imperador bizantino Basílio II, o Matador de Búlgaros, derrota decisivamente os búlgaros e, segundo relatos, manda cegar seus 15.000 prisioneiros. O tzar búlgaro Samuel morre de choque, abrindo caminho para a conquista final da Bulgária pelos bizantinos.

1015 (ou 1016)

Olaf Haraldsson derrota Swein da Dinamarca na batalha naval de Nesjar, ao largo da costa norueguesa.

Uma frota combinada de Gênova e Pisa expulsa os piratas muçulmanos da Sardenha.

desembarque normando, que se deu sem contestação. O melhor de tudo foi que, um mês antes, o rei norueguês Harald Hardrada invadira o norte da Inglaterra.

Haroldo, o rei inglês, teve de correr em direção ao norte para lutar contra Hardrada e derrotá-lo na Batalha de Stamford Bridge. Enquanto isso, Guilherme desembarcava ao sul sem resistência. Haroldo precisou, então, correr de volta para o sul, deixando parte de sua infantaria no caminho e se envolvendo em combate antes que pudesse reunir uma força de infantaria local. A aposta do duque Guilherme valeu a pena. Os normandos derrotaram as forças de Haroldo em 14 de outubro de 1066 e, no Natal, Guilherme é coroado rei da Inglaterra.

Esse nível de conquista territorial era desconhecido antes do século XI, mas se repetiu em muitas regiões e provavelmente pode ser considerado como manifestação de uma nova confiança militar por parte dos governantes, que contavam com mais recursos do que nunca. Na maior parte, tratou-se da tentativa de conquistar o território de entidades políticas claramente definidas. As únicas exceções importantes foram as numerosas lutas por sucessão e conquista da Escandinávia na primeira metade do século, sendo estas as últimas etapas para a criação de estados viáveis.

A Escandinávia viu várias tentativas impulsivas de criar um estado escandinavo único, notadamente com Swein da Dinamarca, que derrotou e matou Olaf Tryggvasson da Noruega na batalha naval de Svoldr e, subsequentemente, anexou a Noruega. O filho de Swein, Cnut, o Grande, também derrotou Olavo da Noruega e seu aliado, Onund da Suécia, em uma

À esquerda: O mais importante dos deveres de um rei medieval era a proteção da Igreja, que era parte do juramento real durante a coroação.

Abaixo: Uma cena da Tapeçaria de Bayeux, a grande narrativa bordada do século XI da conquista normanda da Inglaterra.

1016

Um grupo de peregrinos normandos chega a Salerno, na Itália, durante um cerco muçulmano à cidade. Os normandos derrotam os muçulmanos.

Cerco dinamarquês a Londres.

6 de julho – Batalha de Pontlevoy. Fulque III, o Negro, conde de Anjou e seu aliado, o conde Herbert de Maine, derrotam decisivamente o conde Odo II de Blois em uma das batalhas mais sangrentas do século.

18 de outubro – Batalha de Ashingdon. Cnut da Dinamarca impõe uma derrota decisiva ao rei inglês Edmundo II, o Defensor de Ferro. No tratado depois da batalha, a Inglaterra é dividida: Edmundo mantém Wessex, enquanto Cnut recebe o restante do reino.

À esquerda: Esta ilustração da batalha marítima em Svold (9 de setembro de 1000) descreve vividamente os perigos do combate no mar.
Abaixo à direita: Uma gravura do século XIX mostra os condes Fulque III, o Negro e Godofredo II Martel de Anjou.

batalha marítima ao largo de Helgaá, aproximadamente em 1026. Dentro de alguns anos, porém, a Noruega estaria livre e Harald Hardrada da Noruega lutaria por 17 anos em uma tentativa frustrada de impor à Dinamarca o controle norueguês. Mas também era comum na Escandinávia que um rei fosse derrotado e morto por seu próprio povo, como quando Olavo foi morto na Batalha de Stiklestad em 1030, ou quando dois pretendentes ao trono dinamarquês lutaram em Aarhus em 1044. (Em 1044, o rei Magnus venceu seu rival.)

Condições instáveis e guerras de agressão territorial na Escandinávia no século XI não foram acontecimentos inesperados. Nas terras centrais da Europa Ocidental, no entanto, a luta por ganho territorial se elevou a um novo patamar. O melhor exemplo do fenômeno é a política agressiva de Fulque o Negro, conde de Anjou (987-

1040). Fulque era um homem forte, que tomava o que queria – há relatos de que, durante uma peregrinação à Terra Santa, ele teria arrancado com os dentes um pedaço do sepulcro de Cristo para levar para casa como relíquia.

Fulque empreendeu uma série de guerras contra o vizinho, conde Odo II de Blois, incluindo a Batalha de Pontlevoy em 1016, que teve um número de mortes relatadas de 3.000 a 6.000.

Uma das razões para a agressão de Fulque é que os reis da França do século XI não foram fortes o suficiente para forçar seus nobres a manterem a paz entre si. Os primeiros capetianos também estavam dispostos a aproveitar qualquer oportunidade que se apresentasse para uma expansão territorial, mesmo à custa de seus próprios vassalos. Foi assim que Henrique I da França invadiu a Normandia em 1053-1054 e novamente em 1057, tentando tirar vantagem dos problemas normandos internos (embora o duque Guilherme repelisse ambas as invasões).

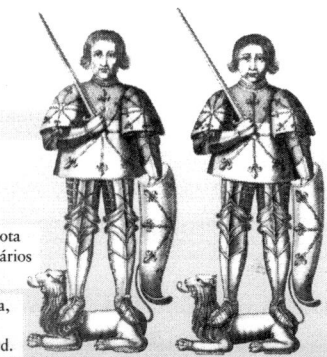

1017	1018
Edmundo Ironside (o Defensor de Ferro) morre e Cnut se torna rei de toda a Inglaterra.	30 de janeiro – A Paz de Bautzen põe fim à guerra entre Alemanha e Polônia, reconhecendo controle polonês da Lusátia e da Silésia.
	Batalha de Cannae. Um exército bizantino derrota o conde lombardo Melus de Bari e seus mercenários normandos no local da antiga derrota romana.
	Malcolm II da Escócia invade a Nortúmbria, derrotando os ingleses em Carham e estabelecendo a fronteira escocesa em Tweed.

Em 1057, Guilherme demonstrou particularmente bem sua habilidade militar. O exército normando evitou e acompanhou o exército invasor, liderado por Henrique I e o conde Godofredo de Anjou, até que a força inimiga tentou atravessar o rio Dives próximo a Varaville, um processo que lançou as tropas à desordem, graças à maré que subia naquele momento. Guilherme, então, atacou, infligindo baixas tão pesadas que os invasores tiveram de se retirar. Da mesma forma, Guilherme também se aproveitou da desorganização política entre seus vizinhos para conquistar o condado de Maine em 1063.

Os Cavaleiros

A principal força de ataque do duque Guilherme da Normandia em Varaville e na invasão de Maine, como em todas as suas batalhas, era a cavalaria pesada. Em outubro de 1053, ele pôs fim à primeira invasão da Normandia por Henrique I em Staint-Aubin--sur-Scie com um truque que logo se tornaria um clássico: A cavalaria de Guilherme fingiu fugir, apenas para se voltar e irromper pelas linhas francesas, que perderam toda a coesão durante a perseguição a seus inimigos supostamente derrotados.

Do mesmo modo, a vitória de Roberto Guiscardo em Civitate no mesmo ano se deveu, sobretudo, a seus cavaleiros, que se tornariam a força de ataque dos exércitos europeus durante séculos.

O que, no entanto, era um cavaleiro? A expressão evoca imagens de uma sociedade cortês, com jovens aristocratas duelando em torneios para ganhar a mão de suas donzelas. Os primeiros cavaleiros, contudo, estavam distantes dessa imagem romântica. Eram, na verdade, cavalarianos pesadamente armados e, normalmente, dependentes. Seu equipamento era proibitivamente caro – cota de malha, capacete, escudo, espada, lança e, claro, vários cavalos criados para serem fortes e resistentes. Usando todo o equipamento estava um homem com anos de treinamento

Cavalarianos normandos do século XI normalmente usavam uma cota de malha até os joelhos (com uma fenda para permitir que cavalgassem) e capacetes cônicos com protetor nasal.

1020	1025	1026
Rebelião dos saxões contra o imperador Henrique II da Alemanha.	**18 de abril** – Coroação de Boleslav I Chrobry como primeiro rei da Polônia.	A marinha dinamarquesa derrota os suecos na Batalha de Stangebjerg.
	O imperador bizantino Basílio II morre enquanto preparava uma invasão bizantina da Sicília.	

e disciplina, um homem que podia se dar ao luxo de fazer do combate sua ocupação principal. Estas condições significavam que os cavaleiros surgiam de duas maneiras: um rico senhor de terras equipava a si mesmo como cavalariano pesado (o que, em grande medida, sempre fora) ou teria de equipar seus seguidores militares. Esses seguidores poderiam ser filhos mais jovens sem terra de um senhor de terras importante, que talvez recebessem equipamentos e nada mais antes que seus pais lhe dessem adeus.

Muitas vezes, porém, um senhor escolhia camponeses promissores com boa musculatura e os alistava, criando uma classe de servos soldados que não eram diferentes dos escravos soldados das sociedades muçulmanas daquela época. O próprio termo para cavaleiro em inglês, *knight*, se baseia na palavra anglo-saxã para "servo" (*cniht*). O termo em francês *chevalier*, mais dignificante, significa "homem a cavalo", originalmente sem nenhuma conotação social. Autores dos séculos X e XI chamavam esses homens apenas de *milites* (soldados), que viviam uma existência bastante precária, comendo à mesa de seu senhor, dormindo em seu salão e contando com presentes ocasionais ou despojos de guerra para seguirem em frente.

Os mais afortunados recebiam um *fief*, ou feudo, de seu senhor, uma doação de terras suficientes para que o cavaleiro se equipasse para a guerra, o que muitas vezes era a coisa mais simples de se fazer em uma Europa cuja economia era de subsistência. No total, estima-se que um cavaleiro do século XI precisasse da renda proveniente de doze fazendas camponesas para pagar por seus cavalos e armas e esse preço subiu quando as armaduras se tornaram mais elaboradas nos séculos seguintes. Provavelmente, muito da ideia que se tem dos exércitos de cavaleiros medievais está calcado no sistema feudal – a concessão de feudos em troca de um serviço militar cuidadosamente definido. Aqueles que receberam feudos foram protagonistas das histórias de sucesso da época, sendo que muitos outros recebiam apenas um feudo em dinheiro, tornando-se, de fato, empregados assalariados de seus

Rei Cnut, o Grande, da Dinamarca, Suécia e Inglaterra, que terminou a conquista da Inglaterra empreendida por seu pai e manteve unido um grande império no norte até sua morte, em 1035.

1028

Batalha do Rio Sagrado (Helgaá), ao largo da costa leste de Skåne. O rei Cnut, o Grande, lidera uma frota anglo-dinamarquesa contra Olavo da Noruega e seu aliado Onund da Suécia, forçando Olavo ao exílio.

1027

Concílio de Toulouges. Primeira declaração da Trégua de Deus, uma tentativa de limitar a guerra durante dias santos.

Sancho III, o Grande, de Navarra e Aragão, conclui sua conquista da Espanha cristã. Os reinos são divididos novamente após sua morte.

senhores. Aparentemente, cavaleiros no desempenho de seu serviço feudal não constituíam a maioria de nenhum exército, mesmo no século XI. O limite tradicional de 40 dias de serviço na maioria das áreas e a qualidade dos lutadores oriundos de uma convocação feudal levaram os governantes a buscarem formas de pagar as tropas de sua escolha em números que desejassem e na proporção de combatentes montados e infantes que considerassem necessário para cada situação.

Entretanto, havia cavaleiros detentores de feudos o suficiente para que, no século XI, seu *status* social começasse a se elevar. Na maior parte da Europa, as origens humildes dos cavaleiros foram rapidamente esquecidas, exceto na Alemanha, onde uma classe de *ministeriales* – cavaleiros que permaneceram legalmente servos de seu senhor, não importando o quanto de poder e riqueza granjeassem – continuou a existir durante a Idade Média.

Uma das maiores histórias de sucesso da Idade Média é a do *ministerial* Werner II de Bolanden, que no século XII serviu fielmente o imperador Frederico I, o Barba-Ruiva. Nessa altura, Werner controlava 17 castelos e era senhor de 1.100 cavaleiros.

Normalmente é muito difícil julgar as proporções entre cavalaria pesada e infantaria nos exércitos, já que as contas existentes nas narrativas das batalhas se concentram nas glórias dos encontros cavaleirescos e não nos embates entre subalternos infantes. Na verdade, quase todos os exércitos medievais tinham tanto cavalaria quanto infantaria, sendo que a infantaria superava grandemente em números a cavalaria. Porém, a partir do final do século X até o final do século XIII, era a cavalaria que vencia as batalhas, pelo menos aos olhos dos cronistas. Embora no final da Idade Média as forças de infantaria provassem que podiam enfrentar e derrotar a cavalaria, fazê-lo era algo tremendamente arriscado. Bons comandantes usavam os dois tipos de soldados em conjunto.

Hastings

A Batalha de Hastings, travada em 14 de outubro de 1066 entre o rei inglês Haroldo II (Haroldo Godwinsson) e Guilherme, o Conquistador, ilustra a mistura de táticas que vencia batalhas. Para começar, Haroldo foi pego em séria desvantagem. Seu exército havia derrotado os invasores noruegueses comandados por Harald Hardrada em Stamford Bridge, em 25 de setembro. Três dias depois apenas, o duque Guilherme da Normandia desembarcou ao sul. Haroldo decidiu correr para o sul para confrontar o segundo invasor o mais rapidamente possível, talvez porque Guilherme estivesse

1030	1031	1035
31 de agosto – Batalha de Stiklestad, na Noruega. O rei Olavo da Noruega é derrotado e morto ao tentar retornar do exílio na Rússia.	Queda do califado de Córdoba, deixando a Espanha muçulmana dividida entre diversos estados sucessores rivais (*taifas*).	Guerra civil no norte da Itália, provocada por uma revolta de vavassalos (pequenos nobres).

devastando as propriedades familiares de Haroldo. Assim, Haroldo põe seu exército em marcha forçada, pelo menos os soldados de elite (a maioria montados) que pudessem fazer o percurso, cerca de 300 km para o sul, de York para Londres. Em seguida, interrompe a marcha em Londres por seis dias, recolhendo impostos locais para reforçar suas tropas cansadas antes de continuar por mais 80 km até o local da batalha, 11,2 km ao norte de Hastings, onde fica hoje a cidade de Battle (Batalha).

Ali, Haroldo parece ter sido surpreendido pelos normandos enquanto esperava que mais tropas se juntassem a ele. O exército inglês foi surpreendido em um terreno elevado, do qual não poderia recuar por causa da cavalaria normanda. (Embora historiadores militares modernos estejam chegando a um consenso de que os exércitos ingleses de antes das conquistas incluíssem a cavalaria, não há indícios de cavalaria inglesa em Hastings.) O mais desesperador para

Haroldo é que, aparentemente, o rei inglês contava com poucos arqueiros, provavelmente por não ter tido tempo de convocá-los nos condados ocidentais que os forneciam, enquanto os do norte tinham sido deixados para trás na corrida apressada para o sul. Assim, as forças de Haroldo de 7.000 a 8.000 combatentes, sem cavalaria e sem arqueiros, eram capazes de se defender, mas não de atacar. O exército normando, ao contrário, tinha entre 1.000 e 2.000 cavalarianos e de 5.000 a 6.000 infantes. Muitos dos soldados de infantaria eram arqueiros, que se mostraram tão essenciais para a vitória que o desenhista aristocrático da Tapeçaria de Bayeux se sentiu compelido a incluir um número de arqueiros de Guilherme no desenho (embora retratados menores que os cavaleiros).

Hastings foi uma batalha desesperada, que durou do amanhecer ao anoitecer. Os ingleses formaram um muro protetor, alinhando a infantaria compactamente, lado a lado, para que

À esquerda: Guilherme, o Conquistador, inspecionando o campo de batalha após a Batalha de Hastings (1066).

À direita: Detalhe da Tapeçaria de Bayeux mostrando armas sendo transportadas para navios normandos para a invasão da Inglaterra (1066).

1038-1040

Um exército bizantino comandado por George Maniaces tenta recuperar a Sicília do controle muçulmano, tomando Messina e Siracusa.

1039

Milão, Itália. Primeiro uso conhecido de um *carroccio*, um estandarte no formato de uma bandeira em um mastro montado em uma carreta.

Bretislau I da Boêmia invade a Polônia, conquistando parte da Silésia e saqueando Gniezno.

A Batalha de Hastings tem fascinado os ingleses desde 1066. Esta ilustração vitoriana mostra um cavaleiro normando com razoável precisão, embora os arqueiros normandos não usassem calças.

os combatentes pudessem defender a si e quem estivesse ao seu lado com machados e escudos. As fileiras da frente certamente eram reforçadas pelas tropas domésticas de Haroldo e seus nobres, homens que sabiam que não poderiam se evadir dos cavaleiros normandos.

E, de fato, Guilherme fez diversas investidas que foram repelidas pelos bem armados saxões. O próprio Guilherme quase foi morto ao liderar seus cavaleiros. Por fim, a combinação dos dois elementos pôs fim ao combate. Guilherme viu quando um grupo de ingleses rompeu a formação para perseguir cavaleiros normandos que se retiravam. Assim, tentou sua manobra favorita de uma falsa retirada. Como na França, um grande contingente de soldados inimigos iniciou uma perseguição e foi facilmente aniquilado quando, a um sinal, os cavaleiros se voltaram e atacaram. Porém, mesmo tais manobras provavelmente não fossem suficientes para garantir a vitória, não fosse a devastação causada pelos arqueiros normandos, que infligiram baixas severas aos ingleses durante todo o dia e, por fim, derrubaram o próprio rei Haroldo com uma seta no olho, fazendo com que a resistência desmoronasse.

A Vantagem da Cavalaria

Guilherme, o Conquistador, rapidamente assentou cavaleiros na Inglaterra após a conquista, a criação de uma nova aristocracia militar de aproximadamente 5.000 homens. Essa força, combinada ao alistamento de cerca de 1.000 cavaleiros confiáveis da Normandia, conferia a Guilherme, de longe, a maior força de cavaleiros a oeste do Reno. No entanto, Guilherme e seus sucessores também dependiam amplamente de mercenários, principalmente soldados de infantaria, recrutados sobretudo da Bretanha.

Em suas primeiras eras de destaque, os cavaleiros ainda não lutavam como o fariam no final da Idade Média, avançando em uma massa compacta com a lança firmemente em riste, de modo que esta tivesse por trás de si a potência do cavaleiro e do cavalo.

1040	1041	1042-1043
15 de agosto – Macbeth da Escócia mata seu primo, o rei Duncan I, na batalha de Pitgaveny, e toma o trono.	O imperador alemão, Henrique III, derrota os boêmios. **4 de maio** – Batalha de Monte Maggiore. Os normandos no sul da Itália derrotam um exército bizantino, a mais importante de três vitórias em 1041.	Guerra civil em Milão entre nobres e não nobres.

Esta gravura sugere que a coroação de Guilherme, o Conquistador, como rei da Inglaterra foi um acontecimento violento. Na realidade, a maioria dos ingleses o aceitou como regente após a Batalha de Hastings.

Em vez disso, como pode ser visto na Tapeçaria de Bayeux, os cavaleiros lutavam com lanças erguidas ou baixadas, dependendo da situação, muitas vezes utilizando a altura do cavalo (na verdade apenas cerca de 12 palmos, em média, no século XI) para derrubar com um golpe descendente o inimigo desmontado.

Na verdade, parece que os cavaleiros eram considerados úteis no século XI não por suas táticas de choque, mas por sua mobilidade e treinamento.

É importante notar que, apesar de não profissionais segundo a definição moderna, a tendência era de que os cavaleiros fossem homens altamente treinados, que repetidamente mostraram sua disciplina militar em combates por toda a Europa e o Oriente Próximo. Não sabemos nada sobre o treinamento dos futuros cavaleiros nesse período, embora possamos ter certeza de que incluía muitos exercícios de força, cavalgadas (muitas vezes em caçadas) e exercícios para melhorar a coordenação entre olhos e mãos. A popularidade dos torneios nos permite ter uma visão melhor de como cavaleiros adultos permaneciam prontos para a luta.

Os torneios, simulações de batalhas entre grupos opostos de cavaleiros, se tornaram populares primeiro na década de 1090, já estando estabelecidos em grande parte da Europa aproximadamente em 1130. Ao contrário das justas individuais do final da Idade Média, o torneio na Idade Média intermediária era um confronto que poderia incluir mais de 100 cavaleiros de cada lado. Os lutadores do torneio mais bem-sucedidos eram aqueles que empregavam um bom trabalho em equipe, a mesma qualidade que vencia batalhas. Não há nenhuma menção ao uso de armas rombudas até

Os torneios se tornaram populares no final do século XI, mas foi somente muito mais tarde que combates singulares se tornaram a norma.

1042-1044

Campanhas alemãs contra os húngaros, em resposta a um ataque húngaro na fronteira sul da Alemanha.

o século XIII, e mortes e ferimentos graves eram ocorrências frequentes. Os clérigos tentaram repetidamente banir os torneios, ameaçando de excomunhão e até mesmo de negar um sepultamento cristão a quem fosse morto ao participar de um torneio.

Como muitas das proibições da Igreja voltadas para a guerra medieval, no entanto, essas admoestações passaram despercebidas. Os torneios eram, simplesmente, úteis demais. Além de proporcionarem treinamento que daria aos cavaleiros mais chances de sobreviver e conquistar a glória em combate, um torneio era um ótimo lugar para chamar a atenção de um senhor rico e, assim, ganhar uma posição em uma casa nobre ou mesmo um feudo. Torneios também eram importante fonte de posses para cavaleiros pobres, pois um cavaleiro com sorte o bastante para subjugar e capturar um cavaleiro inimigo poderia reivindicar suas armas e seu cavalo.

A Era das Fortificações

Outra tendência militar importante e que se tornou onipresente no século XI foi a construção de castelos, pequenas fortalezas destinadas a proteger e defender terras hostis. Os primórdios da Europa medieval conheceram uma onda de construções de cidades muradas após as primeiras incursões vikings, magiares e sarracenas. Não obstante, as casas senhoriais permaneciam, individualmente e em sua maioria, não fortificadas.

Um dos primeiros construtores de castelos importantes da Europa foi o conde Fulque III, o Negro conde de Anjou que, no final do século X e início do século XI, mostrava dedicação inquebrantável ao esforço de conquistar territórios de seus vizinhos. O conde venceu uma série de batalhas, mas batalhas somente não são suficientes para assegurar a terra. Assim, Fulque construiu linhas de castelos que se estendiam gradualmente por território inimigo adentro. Os normandos que conquistaram o sul da Itália no século XI seguiam uma política semelhante, ampliando seu controle sobre uma região castelo por castelo, usando cada um deles como base para aterrorizar o território

....

Torre de Clifford, em York, construída inicialmente em madeira em 1068 para ajudar Guilherme, o Conquistador, a controlar o norte da Inglaterra.

1043

Ataque russo a Constantinopla é rechaçado pela frota bizantina.

Batalha de Lysborg. Um exército vênedo invade a Jutlândia, mas é derrotado por uma força norueguesa liderada pelo rei Magnus I Olafsson.

1044

Batalha de Menfö. O imperador alemão, Conrado II, impõe aos húngaros uma derrota decisiva, forçando o rei da Hungria a se tornar seu vassalo.

Primeira menção à pólvora, em uma obra chinesa escrita.

Batalha de Aarhus. O rei Magnus da Noruega e da Dinamarca vence seu rival, o conde Svein.

O imperador bizantino Constantino IX Monômaco dispersa suas tropas nativas na Armênia, exigindo o pagamento de impostos ao invés do serviço militar.

circundante até a submissão. Essas fortificações ofereciam segurança para pequenas guarnições, que podiam ser deixadas no local permanentemente. Forças inimigas não podiam se mover livremente nos arredores dos castelos, por medo de que a guarnição investisse repentinamente em ataques de surpresa. E mesmo uma simples fortaleza era um obstáculo formidável para as capacidades tecnológicas da época. A opção, quase única, disponível para os atacantes era a construção de um "contracastelo", usado como a base para um longo bloqueio. Só no final do século, durante a Primeira Cruzada, vemos a evolução de técnicas mais complexas.

A maior parte do castelo era, de fato, simples. A forma mais comum é a conhecida como castelo *motte and bailey* (colina e muro), que poderia ser construída com apenas cem ou duzentos homens. O projeto era simples: os construtores escavavam uma vala profunda, sendo que a terra da escavação era acumulada em um monte que poderia chegar a 20 metros de altura. No topo da colina artificial, que tinha um diâmetro de até 30 metros em seu topo, era construída uma paliçada simples de madeira.

Muitas vezes, outra paliçada circundava uma área maior do sopé do monte – o muro. Para algo mais permanente, o senhor poderia erigir uma fortaleza, uma estrutura simples quadrada simples de paredes espessas de pedra e com sua única entrada bem acima do nível do solo, para ajudar a defesa.

Os ducados belicosos do noroeste da França foram rapidamente se enchendo de castelos. Um levantamento feito em uma área de 20 km² da Normandia encontrou restos de nada menos que 5 castelos de pedra e 24 obras de terraplenagem! Guilherme levou com ele para a Inglaterra a mania de construção de castelos, chegando a construir, estima-se, de 500 a 550 castelos no país entre 1066 e 1087. Guilherme tinha grandes castelos de pedra erguidos em Londres (a Torre Branca da Torre de Londres) e Colchester, mas logo começou a achar essas edificações muito caras e se voltou para estruturas mais modestas. Sem esse programa de construções, Guilherme jamais teria conseguido manter a Inglaterra.

....

Castelo de Arundel, Sussex Ocidental. No centro do castelo, o monte e construção circular é uma estrutura motte and bailey *que remonta ao período normando.*

1047-1064	1047	1048-1069
O rei Harald Hardrada, da Noruega, combate Svein Estridson em uma última e frustrada tentativa de retomar o controle da Dinamarca.	Batalha de Val-ès-Dunes. O duque Guilherme da Normandia e seu aliado, o rei Henrique I de França, derrotam uma coalizão de nobres normandos rebeldes a sudeste de Caen.	Ataques dos turcos seljúcidas à Ásia Menor dominada pelos turcos.

....

O palácio imperial em Goslar, na Saxônia, construído no século XI. A falta de fortificações sugere a força dos governantes alemães no período.

A Grande Guerra Civil Alemã

Castelos eram um meio de controle que se desenvolveu naturalmente de imediato em regiões cuja população tinha motivos para não gostar de seus governantes. Esse problema afetava particularmente a França, uma terra de fracas organizações políticas, e as regiões conquistadas pelos normandos.

A Alemanha não seguiria o exemplo até meados do século XI. Durante as regências otomana e saliana, a Alemanha experimentara um grau elevado de paz interna entre o fim dos ataques magiares em 955 e a morte do imperador Henrique III em 1056.

Assim, reis e nobres normalmente viviam em casas senhoriais não fortificadas, como o palácio real que ainda existe em Goslar, na Alemanha.

Essa segurança interna começou a ruir já no tempo de Henrique III e o problema se agravou rapidamente no reinado de seu filho, Henrique IV (1056-1106). O problema tinha quatro aspectos. O mais duradouro era o crescente descontentamento dos saxões. Os duques da Saxônia haviam sido reis da Alemanha pela maior parte do século X e proporcionaram muitos privilégios a sua terra natal. Desde 1004, porém, os reis alemães raramente visitavam a Saxônia. Embora ainda tentassem asseverar seu domínio pessoal sem conhecer as necessidades e as personalidades da região. Uma segunda questão, catastrófica para o controle real na Alemanha, foi fato

---

1052

Verão – O exilado conde Godwin e sua família invadem a Inglaterra. O exército do rei Eduardo, o Confessor, se recusa a lutar e o rei é forçado a fazer um acordo.

1053

17 de junho – Batalha de Civitate. O papa Leão IX pessoalmente lidera um exército contra os normandos do sul da Itália liderados por Roberto Guiscardo. O exército papal é fragorosamente derrotado. O papa é capturado e forçado a reconhecer o controle normando do sul da Itália.

25 de outubro – Batalha de Saint-Aubin-sur-Scie. O duque Guilherme da Normandia derrota Henrique I da França, pondo fim a uma invasão francesa da Normandia.

EX ROGAT ABBATEO. MATHILDIM Supplicat ATQ.

Henrique IV, da Alemanha, pedindo à condessa Matilde de Toscana que o ajude em sua querela com o papa Gregório VII. Henrique IV colheu as consequências da força de sua dinastia – uma forte reação da nobreza alemã que levou a Alemanha à guerra civil.

de Henrique III ter morrido cedo, deixando um menino de 6 anos para assumir o trono e sem nenhuma figura forte para servir como regente.

Assim, o jovem Henrique IV se viu no centro de uma luta pelo poder, tendo sido várias vezes sequestrado por homens sem escrúpulos que queriam controlar a Alemanha por intermédio dele. O problema se agravou ainda mais quando Henrique IV atingiu a maioridade e começou a reivindicar seus direitos e a se vingar daqueles que os haviam tomado – a personalidade de Henrique não era nada conciliadora. E, para estabelecer de vez o caos,

Henrique IV se envolveu em uma briga com o papado, a chamada "Controvérsia da Investidura", que levou uma série de papas a fazer tudo ao alcance deles para minar o poder e a autoridade do rei da Alemanha.

Por volta de 1060, os nobres alemães estavam construindo castelos em grande número, prevendo tempos vindouros difíceis. Por exemplo, a primeira referência ao Zollerburg, o castelo da família da dinastia dos Hohenzollern, data de 1061.

Frederico de Büren construiu Staufen, a sede da dinastia dos Hohenstaufen, em aproximadamente 1077. E Henrique IV construiu castelos às dúzias, em face do desassossego saxão. Seus castelos só provocaram mais revolta, iniciando uma espiral de anarquia social e a construção de mais castelos. Muitos dos castelos que ainda atraem turistas à Alemanha, Áustria, Suíça e Itália devem seu início ao deslocamento social causado pela Controvérsia da Investidura e à guerra civil alemã que se seguiu. Esses

1054

Começa o Grande Cisma Oriente-Ocidente da Igreja.

O conde Síward ataca a Escócia, em uma grande operação que inclui uma frota e um exército em terra.

Batalha de Dunsinane, na Escócia. Malcolm III Canmore ("Grande Líder"), filho do rei Duncan, que fora assassinado, derrota Macbeth.

1055

Turcos seljúcidas capturam Bagdá.

Batalha de Hereford. O exilado conde Alfgar da Mércia invade a Inglaterra com uma força de irlandeses e galeses e derrota um exército real de Ralph, o Tímido, de Hereford.

Castelo de Hohenzollern, perto de Stuttgart, na Alemanha. O castelo foi originalmente construído no século XI, sendo que a atual estrutura foi construída entre 1454 e 1461.

castelos tendem a estar em localizações naturalmente defensáveis, por isso normalmente não incluem o *motte* que caracteriza os castelos mais a oeste.

Uma Era de Rebeliões

A guerra civil alemã do século XI é apenas o exemplo mais sangrento de outra característica das guerras neste mesmo século: a surpreendente quantidade de esforço militar despendido tanto em uma rebelião quanto para suprimi-la.

Algumas vezes esses conflitos eram desiguais, como quando os senhores e suas forças bem equipadas suprimiam insurreições camponesas. Muitas vezes, porém, as batalhas eram travadas entre oponentes com o mesmo equipamento e, portanto, tendiam a ser arrastadas e inconclusivas.

A Itália era particularmente propensa a rebeliões. Os italianos do norte não estavam muito satisfeitos de serem governados por imperadores alemães e tendiam a se revoltar quando tinham oportunidade. O distanciamento do governo alemão da região também se mostrou um terreno fértil para o desenvolvimento urbano e, por vezes, não nobres pegaram em armas contra nobres, como na guerra

---

1057

15 de agosto – Batalha de Lumphanan. O rei Macbeth, da Escócia, é derrotado e morto por Malcolm III Canmore, seu rival na disputa pelo trono da Escócia.

Agosto – Batalha de Varaville. Guilherme da Normandia dispersa uma invasão de franceses e angevinos liderados por Henrique I da França e pelo conde Godofredo de Anjou.

1061-1091

Os normandos conquistam a Sicília.

1062

9 de agosto – O rei Harald Hardrada da Noruega derrota os dinamarqueses de Svein Estrithsson em uma batalha marítima não decisiva em Nisaa.

civil em Milão, de 1042 a 1043. No sul
da Itália, os normandos se agarravam
tenazmente à terra que haviam tomado,
mas uma série de papas incentivou
os novos súditos dos normandos à
rebelião, embora provavelmente não
precisassem de incentivo, já que os
normandos eram senhores rigorosos.

Em outra parte, o "novo"
poder carregava ressentimentos. Na
Normandia, a classe senhorial tinha
retornado à anarquia quando seu
duque forte, Roberto, o Magnífico,
morreu em 1035.

Quando Guilherme, filho ilegítimo
de Roberto, atingiu a maioridade, teve
de lutar durante anos para recuperar
seus direitos. Como era frequente
quando se lidava com rebeldes, o jovem

....

*Hoje considerados românticos, muitos
castelos em ruínas da Alemanha atestam
a história violenta do lugar no final da
Idade Média.*

Guilherme podia ser selvagem em suas
represálias: no cerco a Alençon, em
1049, ele mutilou os sobreviventes da
guarnição por zombarem dele como
bastardo de origem humilde. Como rei
de Inglaterra após 1066, Guilherme
se mostrou igualmente cruel, mais
notadamente na "Devastação do
Norte" em 1070, quando debelou a
rebelião no norte da Inglaterra com
ataques punitivos tão maciços que
deixaram grande parte da população
faminta. É preciso notar, porém, que

1063

Os normandos conquistam Maine,
na França.

Batalha de Cerami. Uma força
normanda comandada por Rogério I,
o Grande Conde, derrota um exército
muçulmano muito maior em uma
batalha que durou todo o dia e deu aos
normandos um enclave na Sicília.

O conde Haroldo
Godwinsson invade o País
de Gales, empregando uma
frota para reforçar seu
exército.

O sultão Alp Arslan une o
império seljúcida.

1064

"Grande Peregrinação" de 7.000 peregrinos alemães
a Jerusalém, liderados pelo bispo de Bamberg.

Conquista de Barbastro por uma força aragonesa e
francesa, no primeiro sucesso importante da reconquista.
(Barbastro seria perdida novamente durante aquele ano.)

Normandos italianos, liderados por Roberto Guiscardo e
Rogério I, o Grande Conde, atacam Palermo com ajuda
de uma frota pisana, mas são rechaçados.

Hereward, o Vigilante, liderou a mais importante rebelião anglo-saxã contra os normandos. A ilustração mostra seu ataque à Abadia de Peterborough, em 1070.

muitos soldados ingleses ajudaram Guilherme a suprimir revoltas locais, especialmente quando confrontados com a ameaça de serem declarados *nithing* – covardes inúteis.

Em outros casos de supostas insurreições, não havia uma dinastia claramente estabelecida. Os reclamantes escandinavos aos tronos da Noruega e da Dinamarca no século XI lutaram

entre si várias vezes em um processo de formação de Estado que mais parecia uma competição de líderes pela supremacia do que um rei inquestionável se defendendo contra rebeldes claramente definidos. Da mesma forma, na Escócia, a derrota de Macbeth e a morte do rei Duncan foram consequências normais de uma rápida mudança de alianças políticas (apesar do que disse Shakespeare), assim como o foi a própria derrota Macbeth e sua morte nas mãos de seu rival Malcolm III Canmore na Batalha de Lumphanan, em 15 de agosto de 1057.

A Rebelião contra Henrique IV

A mais chocante das rebeliões do século XI foi aquela contra Henrique IV da Alemanha, herdeiro de uma autoridade real forte e estabelecida de longa data que simplesmente se mostrou forte demais para o gosto de seus súditos. Os saxões eclodiram em revolta em 1073, depois da tentativa de Henrique IV de anexar o ducado com a morte do duque, já idoso. Os ataques contra o rei foram direcionados especialmente contra seus odiados novos castelos. Esse ódio era tão profundo que os camponeses destruíram Harzburg, perto de Goslar, em 1074, chegando a derrubar a igreja e profanar o túmulo do irmão e do filho de Henrique IV no processo. Esse sacrilégio custou o apoio aos rebeldes,

1066

20 de Setembro – Batalha de Gate Fulford. O rei Harald Hardrada, da Noruega, invade a Inglaterra e derrota os exércitos dos condes do norte, Edwin e Morcat, em Gate Fulford (hoje um subúrbio de York). Os condes fazem um acordo com Harald.

25 de setembro – Batalha de Stamford Bridge. Uma força inglesa liderada pelo rei Haroldo Godwinsson surpreende Harald Hardrada. A força norueguesa é decisivamente derrotada e tanto Harald quanto o irmão rebelde de Haroldo Godwinsson, Tostig, são mortos.

28 de setembro – A frota de invasão do duque Guilherme da Normandia chega a Pavensey, Inglaterra.

14 de outubro – Batalha de Hastings. Em um confronto, Guilherme da Normandia impõe uma derrota contundente a Haroldo Godwinsson, que é morto.

25 de dezembro – Guilherme da Normandia (o Conquistador) é coroado rei da Inglaterra em Westminster.

1068

O rei Sancho I Ramirez de Aragão se torna vassalo do papa, na esperança de obter apoio militar contra os reinos muçulmanos da Espanha central.

que foram dispersados por forças reais na Batalha de Langensalza, em junho de 1075, mas uma segunda revolta logo aconteceria. Embora a segunda revolta não tivesse o amplo apoio popular da primeira, ela se mostrou mais perigosa por consistir em nobres, cavaleiros e um grande número de clérigos.

A situação foi agravada pelo grande desentendimento entre Henrique e o Papa Gregório VII. O papa excomungou Henrique e incentivou a rebelião. Henrique só evitou a deposição atravessando os Alpes em pleno inverno (escapando dos rebeldes

Encerrando a primeira fase de uma longa guerra civil na Alemanha, os nobres saxões se submetem ao Rei Henrique IV em Speyer, em 25 de outubro de 1075.

que tentaram impedir sua fuga) e alcançando o papa em Canossa, no norte da Itália, onde Henrique pediu perdão com tanta persistência que Gregório teve de anular a excomunhão. Não obstante, os rebeldes logo elegeram o duque Rodolfo da Suábia seu rei, e a luta continuou. Ao longo dos anos, dois filhos de Henrique se

1068-1071	1069	1070
5 de agosto de 1068 a 16 de abril de 1071 – Cerco de Bari. O normando Roberto Guiscardo conquista o último reduto bizantino na península.	O rei Svein Estrithson da Dinamarca ataca a Inglaterra, juntando-se a uma revolta geral em Yorkshire contra o controle normando. O rei Guilherme paga aos dinamarqueses para partirem.	A "Devastação do Norte". Grandes ataques punitivos de Guilherme, o Conquistador, contra o norte da Inglaterra após a revolta de 1069.
		Svein Estrithson, da Dinamarca, invade a Inglaterra e se junta ao rebelde Hereward, "o Vigilante", de Lincolnshire. Os dinamarqueses são subornados para partirem.

juntaram à rebelião contra ele e Henry V conseguiu depor seu pai em 1105.

A maioria das batalhas da guerra civil alemã não foi decisiva, com resultados tão confusos que ambos os lados podiam reivindicar a vitória. Estas batalhas incluíram experiências interessantes sobre como utilizar cavalaria e infantaria em conjunto.

Por exemplo, na Batalha de Elster, em 15 de outubro de 1080, os saxões contavam com pouca infantaria (que

estivera perseguindo Henrique IV, cujo exército assolara o ducado) e, sendo assim, muitos de seus cavaleiros lutaram desmontados para reforçar as linhas contra a cavalaria de Henrique. Embora o rei dos rebeldes, Rudolf, tenha sido morto na batalha, a vantagem foi, provavelmente, dos rebeldes, especialmente pelo fato de Henrique IV ter fugido do campo de batalha tão logo a luta começou a se aproximar. Em Pleichfeld, em agosto de 1086, os saxões lutaram novamente desmontados em torno de seu estandarte e infligiram séria derrota ao rei.

A Expansão da Europa

O último grande desenvolvimento da guerra europeia no século XI foi uma virada decisiva em favor da expansão em várias frentes.

Exceto pelos esforços frustrados dos governantes otonianos para submeter territórios eslavos ao jugo

....

À esquerda: Túmulo de Rodolfo da Suábia (falecido em 1080), que lutou contra Henrique IV como rei rebelde até sua morte na Batalha de Elster.
À direita, na próxima página: Entrada de Rodrigo Diaz, El Cid, na Valência muçulmana. Um dos maiores generais cristãos da Espanha medieval, El Cid se tornaria tema de lendas e canções.

1071

Cerco de verão a Ely. Guilherme, o Conquistador, derrota rebeldes liderados por Hereward em Ely. Hereward escapa.

Os seljúcidas conquistam Jerusalém dos fatímidas.

5, 19, ou 26 de agosto – Batalha de Manzikert. Rebeldes de um exército seljúcida liderados pelo sultão Alp Arslan aniquilam um grande exército bizantino comandado pelo imperador Romano IV Diógenes.

22 de fevereiro – Batalha de Cassel. Roberto, o Frísio, derrota e mata seu sobrinho Arnulfo III, reivindicando o condado de Flandres.

da Alemanha, o século X foi uma época em que os europeus foram invadidos em vez de invadirem outros povos. Contudo, os tempos estavam mudando. Os governos do século XI, fossem locais ou em nível de estado, desenvolviam rapidamente burocracias para que pudessem não somente sobreviver, mas se expandir. Um excelente exemplo desse fenômeno foi o esforço logístico

por trás da magnífica conquista normanda da Inglaterra em 1066. Os Estados estavam ficando ambiciosos e tinham mais dinheiro para investir em campanhas do que os europeus jamais tiveram desde a Roma Antiga. Sendo assim, iniciou-se uma série de empreendimentos que continuaram por séculos: a reconquista espanhola, a bem-sucedida reivindicação italiana do Mediterrâneo e as cruzadas.

A Reconquista

Desde a conquista muçulmana da maior parte da Espanha no início do século VIII, diversos pequenos reinos cristãos mantiveram uma existência estéril ao sopé dos Pirineus. Esses reinos sofriam ataques periódicos das forças do califado omíada ao sul, que era capaz de reunir uma força militar bem maior do que todos os reinos cristãos hispânicos juntos. O califado, porém, mostrou-se instável e terminou por ceder a uma variedade de pressões internas, dissolvendo-se em 1031.

Os estados sucessores muçulmanos, chamados *taifas*, eram muito menores, passavam a maior parte do seu tempo brigando entre si e tinha muito menos acesso aos soldados escravos que constituíram o núcleo do exército omíada. Na mesma época, o estilo francês de cavalaria pesada foi sendo gradualmente introduzido nos reinos cristãos.

1072

10 de janeiro – O duque Roberto Guiscardo conquista a Palermo muçulmana após um longo bloqueio e uma vitória naval sobre uma frota tunisiana de socorro.

Grande ataque à Escócia. As forças de Guilherme saqueiam a costa oriental da Escócia por terra e mar, forçando Malcolm III Canmore a aceitar a soberania de Guilherme.

1073-1074

Cerco saxão ao castelo real de Harzburg, próximo a Goslar, na Alemanha. Henrique concorda em desmantelar o castelo, mas camponeses locais o fazem eles mesmos.

1073-1075

1073-1075 – Rebelião contra o imperador alemão saxão Henrique IV, provocada pela política agressiva de construção de castelos do imperador.

O resultado foi o início do que foi proclamado como a Reconquista, a retomada das terras que pertenciam aos cristãos por direito (embora governadas pelos muçulmanos nos últimos três séculos). Os reis cristãos começaram a sondar pontos fracos entre os *taifas*, exigindo tributos e tomando postos avançados. Em 1064 aconteceu o primeiro sucesso importante, a conquista de Barbastro por uma força combinada de catalães e aragoneses.

Apontando o caminho para o futuro, às tropas espanholas se juntou

À esquerda: Papa Alexandre II (1061-1073), um papa reformista cujas ações incluíram abençoar a invasão da Inglaterra por Guilherme, o Conquistador, e a busca de uma aliança com os normandos do sul da Itália.
À direita, na próxima página: Castelo de Loarre, na província de Huesca, Espanha. Grande parte do castelo remonta ao século XI.

1074	1075	1076
Campanhas frustradas do papa Gregório VII contra o normando Roberto Guiscard no sul da Itália.	**9 de junho** – Batalha de Unstrut. O exército de Henrique IV da Alemanha debanda rebeldes saxões.	**14 de fevereiro** – O papa Gregório VII excomunga Henrique IV da Alemanha.

uma força liderada pelo duque da Aquitânia proveniente do sul da França, a quem o papa Alexandre II prometera remissão de penitência em troca de participação no santo empreendimento. O rei Sancho I Ramirez de Aragão se torna vassalo do papa em 1068, aparentemente esperando obter mais apoio militar. O próximo grande golpe, no entanto, viria de Afonso VI de Castela, que toma a grande cidade islâmica de Toledo em 1085.

Esses sucessos cristãos, todavia, provocaram uma reação. Os emires dos *taifas*, alarmados, imploraram por ajuda a uma nova e forte dinastia do norte da África, os almorávidas. O governante almorávida, Yusuf ibn Tashufin, ruma para a Espanha e impõe uma derrota decisiva a Afonso VI em Sagrajas, em 23 de outubro de 1086.

Rodrigo Díaz de Vivar, conhecido como El Cid (1040-1099). Embora considerado como o primeiro grande herói da reconquista espanhola, El Cid lutara frequentemente ao lado de muçulmanos contra cristãos.

Os castelhanos tentaram varrer o inimigo diante deles com uma carga de cavalaria em grande escala.

A manobra falhou, porém, porque os lanceiros da infantaria muçulmana eram bem disciplinados o suficiente para manter as fileiras cerradas diante do ataque (quase como os ingleses em Hastings) e os castelhanos estavam em menor número. A chegada dos almorávidas inverteu, por um tempo,

---

1076-1088

Segunda rebelião saxã. Diferente da primeira rebelião, esta é, em sua maior parte, um levante de nobres seculares e eclesiásticos, sem amplo apoio popular.

1077

26-28 de janeiro – Henrique IV implora pelo perdão do papa em Canossa e sua excomunhão é, finalmente, anulada.

Março – Rebeldes alemães, respaldados pelo papa Gregório VII, elegem o duque Rodolfo da Suábia como rei rebelde.

Pisa estabelece o controle da Córsega.

1077-1122

Guerras da Investidura. Uma guerra civil confusa e devastadora é travada na Alemanha e na Itália entre os partidários de Henrique IV e do papa Gregório VII.

....

A dinastia almorávida do Norte da África se desenvolveu em uma sociedade ainda repleta de reminiscências do passado romano, como esse anfiteatro em El Jem, Tunísia.

a direção da Reconquista, embora Rodrigo Díaz de Valência (tornado famoso posteriormente na lenda de *El Cid*), antes do final do século, provasse em diversas batalhas que os novos invasores não eram invencíveis.

Guerra no Mediterrâneo

Também um sinal de que os tempos estavam mudando foi a nova agressão a várias cidades italianas no Mediterrâneo. O comércio permanecera limitado por séculos por causa das primeiras conquistas muçulmanas, que interromperam o domínio bizantino das principais rotas de navegação. A pirataria era endêmica, vista no século X em incursões periódicas à Itália e ao

---

1078

7 de agosto – Batalha de Mellrichstadt. Uma longa batalha entre Henrique IV e os rebeldes saxões, em que ambos os lados reivindicaram vitória.

1080

27 de Janeiro – Batalha de Flarchheim. Uma batalha sangrenta, porém não decisiva, entre Henrique IV da Alemanha e seu rival, Rodolfo da Suábia.

15 de outubro – Batalha de Elster (Hohen-Mölsen). Uma batalha não decisiva entre Henrique IV da Alemanha e seu rival, Rodolfo da Suábia, na qual Rodolfo é morto.

1081

Batalha de Durazzo (atual Albânia). Os normandos italianos, comandados por Roberto Guiscardo, invadem o território bizantino, somente para serem derrotados por uma frota combinada bizantina e veneziana.

18 de outubro – Segunda Batalha de Durazzo. Combatendo em terra, os normandos comandados por Roberto Guiscardo derrotam um exército bizantino.

sul da França, além de capturarem navios.

Na segunda metade do século XI, várias cidades portuárias italianas estavam prontas para contestar a situação. Essas cidades eram efetivamente independentes do controle do imperador alemão, e comerciantes ricos, que queriam proteger e expandir seus interesses, dominavam os conselhos locais. Assim, em 1087, Pisa e Gênova acordaram em empreender uma expedição conjunta contra Mahdia, na África do Norte, um grande centro de piratas. O lugar foi tomado e saqueado, um passo fundamental na obtenção da ascendência latina no Mediterrâneo ocidental.

A Ameaça Turca

Nos séculos IX e X, o Império Bizantino tinha feito um bom trabalho protegendo o flanco leste da Europa. O imperador Basílio II conseguiu subjugar os búlgaros graças principalmente à sua grande vitória em Belashita, em 29 de julho de 1014, quando capturou quase todo o exército do tsar Samuel e, dizem os relatos, mandou cegar 15.000 prisioneiros para evitar maiores resistências.

Após a morte de Basílio, em 1025, no entanto, a instituição militar bizantina sofreu um declínio rápido, causado pelas manobras de

O Império Bizantino sofreu um forte declínio durante o reinado da imperatriz Zoe (1028-1050) (à direita) e seus maridos, incluindo Constantino IX Monômaco (à esquerda), que era um bom general, mas que podia fazer pouco frente às rivalidades políticas de sua época, sendo lembrado principalmente pelo enfraquecimento do sistema que tinha custeado o exército bizantino por séculos.

burocratas e generais pelo poder na corte. Na década de 1040, o imperador Constantino IX Monômaco estava envolvido em uma busca incessante por dinheiro, chegando ao ponto de desmobilizar tropas nativas na Armênia, em 1044, ordenando que pagassem impostos ao invés de prestarem o tradicional serviço militar e, a partir daí, passou a confiar em mercenários. Infelizmente, esse foi

1084

Batalha de Corfu. O normando Roberto Guiscardo invade o Império Bizantino com uma grande frota, derrotando uma frota combinada veneziana e grega ao largo de Corfu.

Os turcos seljúcidas conquistam a Antioquia bizantina.

Henrique IV da Alemanha saqueia Roma. O papa Gregório VII foge para o exílio com os normandos do sul da Itália.

Henrique IV da Alemanha é coroado imperador pelo antipapa que instalou em Roma.

1085

Em uma batalha ao largo de Siracusa, a frota italiana meridional de Roberto Guiscardo derrota uma grande esquadra muçulmana.

6 de maio – Afonso VI de Castela e Leão toma o importante centro muçulmano de Toledo após um breve cerco.

A coalizão militar maciça é formada contra Guilherme, incluindo Dinamarca, Flandres, França, Escócia, Anjou e seu filho Roberto. A invasão jamais acontece, graças ao assassinato de Cnut IV da Dinamarca.

Rei Balduíno I de Jerusalém (1100-1118) na batalha contra os turcos, de uma crônica do século XV.

justamente o período em que o Império Bizantino começou a sofrer ataques dos turcos seljúcidas.

Povos turcos vinham se deslocando para o Oriente Médio islâmico havia séculos, muitos como soldados escravos a serviço do califa. Os turcos lutavam à moda da estepe, montados, sem armaduras e carregando apenas um escudo leve e uma espada, depositando a maior parte de sua confiança em fortes arcos compostos. No domínio da dinastia seljúcida, os turcos lançaram ataques significativos a terras bizantinas entre 1048 e 1069, chegando a capturar Bagdá em 1055, estabelecendo um "protetorado" sobre o califa abássida.

Por volta de 1071, os seljúcidas, reunidos em um estado forte por seu sultão, Alp Arslan, representavam

1086

O governante muçulmano al-Mu'tamid, de Sevilha, preocupado com sucessos cristãos, convida a dinastia almorávida do Norte de África para a Espanha.

Agosto – Batalha de Pleichfeld. Rebeldes saxões derrotam o exército do imperador Henrique IV.

23 de outubro – Batalha de Sagrajas. Uma força almorávida, liderada por Yusuf ibn Tashufin, impõe derrota decisiva ao exército castelhano liderado por Afonso VI.

1087

9 de setembro – Morre Guilherme I, o Conquistador.

Uma expedição de pisanos e genoveses toma e saqueia Mahdia (atual Tunísia), um importante centro de pirataria, estabelecendo a ascendência latina no Mediterrâneo ocidental.

década de 1090

Os torneios começam a se tornar populares na Europa Ocidental.

À esquerda: Imperador bizantino Aleixo Comneno, a partir de um mosaico do século XII, em Hagia Sofia.
Abaixo: Imperador Romano IV Diógenes (1068-1071) e imperatriz Eudóxia.

séria ameaça, e o imperador bizantino Romano IV Diógenes foi a campo contra eles, em uma grande campanha visando recuperar a Armênia e restaurar a fronteira oriental do império. Infelizmente, porém, seu exército estava com o moral baixo e mal treinado, com traidores entre seus comandantes. Esses fatores,

1090-1097	1091
Campanhas infrutíferas do imperador alemão Henrique IV para subjugar a rebelião na Lombardia.	29 de abril – Batalha de Levounion. O imperador bizantino Aleixo I Comneno e aliados cumanos aniquilam um exército pechenegue, acabando com a ameaça dos pechenegues a Bizâncio.

Impressão de um artista francês do século XV de uma das batalhas da Primeira Cruzada.

somados à dificuldade de confrontar os cavalarianos seljúcidas, levou a uma derrota desastrosa em Manzikert. O próprio imperador foi capturado e, embora ele fosse libertado logo depois de concordar com exigências

1092-1105

Após a morte do sultão Malik-Shah em 1092, seus filhos lutam pelo trono, em uma prolongada crise pela sucessão.

1093

13 de novembro – Primeira batalha de Alnwick. O rei Malcolm III, da Escócia, invade a Inglaterra, mas é derrotado e morto.

O filho do imperador alemão Henrique IV, Conrado, se rebela, sendo apoiado pelo norte da Itália e pelo papa.

Godofredo de Bouillon atacando a muralha de Jerusalém (15 de julho de 1099), em uma ilustração que mostra os defensores como selvagens, em vez dos soldados bem equipados que eram.

bastante moderadas de Alp Arslan, foi assassinado tão logo retornou a Constantinopla.

A Batalha de Manzikert foi certamente uma grande derrota, mas apenas uma batalha não poderia destruir completamente séculos de infraestrutura militar bizantina. A restauração do exército logo foi iniciada pelo imperador Aleixo II Comneno (1081-1 118), que aniquilou os pechenegues em 1091 e se preparou para reconquistar as terras arrebatadas pelos seljúcidas na Ásia Menor.

Conclamação para a Cruzada

Nesse ponto, as agendas militares da Europa Oriental e Ocidental convergiram de uma forma surpreendente, o que, em última análise, foi devastador para o Império Bizantino. Aleixo, carente de tropas, enviou um embaixador ao papa Urbano II, pedindo sua ajuda para contratar mercenários no Ocidente. Urbano estava bastante interessado em enviar cavaleiros ocidentais para o Oriente, mas por razões bem diferentes. O papa estava profundamente preocupado com a guerra endêmica na Europa e se envolveu na proclamação da Trégua de Deus em um esforço para limitar a devastação no continente.

Sendo ele mesmo filho de uma família francesa de cavaleiros, Urbano presenciou a destruição causada

1094

O califa fatímida al-Mustansir morre, depois de quase 60 anos de governo, gerando uma prolongada crise de sucessão.

Batalha de Cuarte, Espanha. Rodrigo Díaz (*El Cid*) põe em retirada um exército almorávida.

Batalha de Bairén. Rodrigo Díaz (*El Cid*) derrota fragorosamente um exército almorávida.

Duque Roberto da Normandia na Primeira Cruzada. Ele hipotecou seu ducado a seu irmão e nunca mais conseguiu recuperá-lo ao retornar da Terra Santa.

por um grande número de filhos mais jovens que não tinham outra atividade senão a luta e nenhuma segurança dentro da sociedade. E, mais importante, o papa era produto da espiritualidade ocidental do século XI e sua fascinação com o lar terreno de Jesus Cristo, a Terra Santa, que os cristãos consideravam território injustamente mantido pelos muçulmanos.

Assim é que o imperador Aleixo não conseguiu o que esperava quando pediu ajuda ao papa Urbano. Em vez disso, em um grande concílio reunido em Clermont, na França, em novembro de 1095, Urbano proclamou aquela que se tornaria conhecida como a Primeira Cruzada. O objetivo já não era uma guerra contra os turcos para preservar o império bizantino, mas uma guerra contra todos os muçulmanos para reconquistar Jerusalém para a cristandade. E aqueles que se envolvessem na guerra não deveriam ser mercenários, mas recebedores de uma grande recompensa espiritual: a remissão das penas por todos os pecados cometidos até aquele momento.

A proclamação da Primeira Cruzada capturou o imaginário da Europa Ocidental, especialmente na França. Pregadores nômades espalharam a novidade e nada menos que cinco grandes exércitos viriam a

1094

El Cid captura Valência, Espanha.

1095

Março – Concílio de Piacenza, em que emissários do imperador bizantino Aleixo Comneno pedem ajuda papal contra os turcos.

27 de novembro – O papa Urbano II proclama a primeira cruzada no Concílio de Clermont.

ser enviados ao Oriente. Calcula-se que algo entre 30.000 e 70.000 combatentes tenham participado, em conjunto com aproximadamente 30.000 não combatentes, o que representou um desafio logístico sem precedentes desde a época romana. Talvez até nove décimos desses homens e mulheres tenham morrido ou desistido antes de atingirem seu objetivo. Não obstante, os primeiros cruzados conseguiram tomar Jerusalém em 14 de julho de 1099 e estabelecer uma série de pequenas colônias europeias na costa oriental do Mediterrâneo. A luta para manter esses pequenos estados em face dos esforços islâmicos de retomá-los se tornaria um tema importante na guerra europeia por séculos, conforme cruzada após cruzada partia para manter ou reconquistar a Terra Santa.

....

Cruzados na cidade de Niceia. A cidade negocia sua rendição ao imperador bizantino Aleixo.

As Lições da Primeira Cruzada

A Primeira Cruzada, por ter acontecido nos anos de 1096 a 1099, fornece uma cartilha do que eram as capacidades militares da Europa no final do século XI.

Um exame mais de perto mostra que os exércitos da Primeira Cruzada, quando bem liderados por nobres principais, constituíam uma força militar incrivelmente bem treinada e coesa, com liderança e apoio logístico surpreendentemente sofisticados.

1096-1099	1096
Primeira Cruzada.	Cruzados alemães liderados pelo conde Emicho de Leiningen atacam e destroem comunidades judaicas na Renânia.
	Agosto – Batalha de Niceia. Uma força seljúcida massacra grande parte da "Cruzada Popular" liderada por Pedro, o Eremita.
	21 de outubro – Batalha de Civetot. Os remanescentes da "Cruzada Popular" são emboscados e aniquilados por um exército seljúcida.

Esta miniatura de Jean Fouquet (datada de aproximadamente 1450) retrata a conclamação do papa Urbano II para Primeira Cruzada durante o Concílio de Clermont, em 1095.

Sem as evoluções no transporte ocorridas no século XI, a cruzada jamais teria sucesso. De fato, alguns cruzados partiram sem os aprovisionamentos adequados: a chamada Cruzada Popular se abasteceu de saques em seu caminho através da Hungria e os cruzados alemães liderados por Emicho de Leiningen roubaram mantimentos enquanto massacravam grande parte da população judaica da Renânia. Em contrapartida, grandes senhores como o duque Godofredo da Baixa Lotaríngia, o duque Roberto da Normandia ou o príncipe normando italiano Boemundo de Taranto compraram materiais de antemão, cuidaram para que houvesse mercados em sua rota e inteligentemente se muniram de dinheiro e bens para uma expedição que sabidamente duraria vários

1097-1102

Guerra entre Hungria e Veneza. O rei Calomar I da Hungria obtém o controle da costa da Dalmácia.

1097

19 de junho – A Niceia (Ásia Menor) se rende condicionalmente após um curto cerco pelo exército cruzado e uma frota bizantina.

1 de julho – Batalha de Dorylaeum. Os seljúcidas, comandados pelo sultão Kilij Arslan, tentam emboscar o exército cruzado, porém sofrem uma derrota crucial que põe termo à ameaça seljúcida à Primeira Cruzada.

Rodrigo Díaz (*El Cid*) conquista Almenara, Espanha.

1097-1098

Outubro de 1097- 3 de junho de 1098 – Cerco de Antioquia. Após um longo e doloroso cerco, o exército cruzado entra em Antioquia quando um traidor abre um dos portões da cidade.

anos. Na verdade, o fato de os cruzados não terem atravessado nenhum período sério de fome até o longo cerco de Antioquia, em 1097-1098, quando um exército turco bloqueou sua rota de abastecimento, é um tributo à sua capacidade de organização.

Uma segunda lição importante é que a cavalaria pesada europeia, quando bem conduzida por capitães conhecidos e respeitados por seus homens, podia lidar muito bem com situações inesperadas. O exemplo mais notável disso aconteceu na Batalha de Dorileia, em 1 de julho de 1097, quando os seljúcidas emboscaram os cruzados, cuja resposta rápida e eficaz transformou uma catástrofe em uma vitória convincente, com os cavaleiros e soldados de infantaria ocidentais trabalhando em estreita coordenação sob fogo inimigo. A disciplina e a capacidade dos combatentes ocidentais se mostraram novamente na Batalha de Antioquia, em 28 de junho de 1098, quando, apesar de famintos e da morte da maioria dos cavalos, manobraram para vencer as forças vastamente superiores de Kerbogha, governador de Mossul. A terceira vitória importante, em uma batalha fora de Ascalon em 12 de agosto de 1099, deixou a lição de que esse era um exército profissional treinado, não uma horda de bárbaros. Os cruzados também mostraram que os europeus tinham aprendido muito no último século sobre fortificações e como superá-las. Em seu ataque anfíbio a Niceia, em 1097, utilizaram uma série de mecanismos de cerco, alguns dos quais podem evidentemente ser atribuídos a seus aliados bizantinos. Em Antioquia, os muros eram imponentes demais para um ataque, porém os líderes cruzados mantiveram um bloqueio efetivo há mais de sete meses. E em Jerusalém, podemos ver toda a gama dos conhecimentos europeus sobre cercos, incluindo máquinas que atiravam pedras e grandes dardos, aríetes e duas enormes torres de cerco.

O Futuro da Guerra Europeia

Um elemento final da Primeira Cruzada indica o que caracterizaria a guerra europeia no futuro: a presença de frotas. As cidades navais italianas, especialmente Pisa, Veneza e Gênova, proporcionaram apoio logístico em momentos cruciais, antecipando de um envolvimento naval muito maior no futuro. Além disso, em outro sinal dos tempos por vir, marinheiros de Veneza e Pisa entraram em conflito no porto de Rodes, em 1099, em seu caminho para se unirem aos cruzados. Claramente, a guerra no Mediterrâneo oriental não seria travada apenas contra os muçulmanos.

1098		1099-1102	1099
28 de junho – Batalha de Antioquia. Os cruzados partem de Antioquia e derrotam Kerbogha, governador de Mossul. Rodrigo Díaz (*El Cid*) toma a aparentemente inexpugnável Rocha de Murviedro, confirmando sua reputação como um dos maiores comandantes de sua época.	Um exército fatímida comandado por Wazir al-Afdal toma Jerusalém dos turcos seljúcidas. O galês Gruffudd ap Cynan lança invasões navais em Anglesey e Gwynedd em aliança com o rei de Mann e, em seguida, derrota os condes de Chester e Shrewsbury em uma batalha naval ao largo de Anglesey. Magnus III Bareleg da Noruega conquista as Órcades, as Hébridas e a Ilha de Man.	Os almorávidas conquistam Valência, Espanha.	Morte de Rodrigo Díaz (*El Cid*). **15 de julho** – Jerusalém cai para os cruzados da Primeira Cruzada, que massacram seus habitantes. **12 de agosto** – Batalha de Ascalon. Os cruzados surpreendem e desbaratam um grande exército egípcio comandado por Wazir al-Afdal.

Século XII: Castelos e Cruzados

O século XII assistiu à "maioridade" de várias tendências na guerra europeia. Agora, a Europa já estava completamente fortificada. Nobres e governantes construíram castelos cada vez mais complexos; cidades eram fortificadas com muralhas impressionantes. E embora tenha sido alegado que muralhas em cidades foram particularmente construídas mais por orgulho cívico que por necessidade militar, muitas cidades, especialmente no século XII, precisavam, de fato, se defender.

Em grande parte por causa dos desafios especiais da guerra de cerco, tornou-se cada vez mais comum no século XII a contratação de uma infantaria treinada, em vez de ser feita uma convocação geral de homens frequentemente mal equipados e disponíveis apenas para um serviço limitado. Essa prática, é claro, pressionava ainda mais os sistemas governamentais, que nunca haviam sido preparados para suportar esses custos.

Felizmente, a guerra dentro dos limites da Europa estava se tornando cada vez mais rara e os monarcas não mais realizavam campanhas anuais como de hábito. Porém, embora houvesse menos oportunidades domésticas para a classe militar, as cruzadas floresciam no século XII. Quase todos os anos, naquele século, contingentes de

À esquerda: O papa Alexandre III abençoa o doge Sebastião Ziani em sua partida com a frota veneziana. À direita: As muralhas da cidade de Ávila, na Espanha (1090), estão entre os mais impressionantes muros medievais que restaram na Europa.

Impressão europeia da incursão turca contra Anatólia, um dos fatores que desencadeou a Primeira Cruzada.

guerreiros rumaram para a Terra Santa e o conceito de cruzada também passou a abranger os não cristãos nas fronteiras da Europa.

Os Cavaleiros

No século XII, os europeus aprenderam a usar a cavalaria pesada, sendo esta, efetivamente, o ramo de elite dos exércitos na última parte da Idade Média. A situação social dos cavaleiros elevou-se na maioria das regiões, embora a Alemanha continuasse a ter um grande número de "cavaleiros servos" (*ministeriales*) e a Espanha ainda contasse com vários cavaleiros camponeses, equipados como servos militares por seus senhores, mas ainda considerados como membros da classe mais baixa.

Na França, porém, o status de cavaleiro se tornara majoritariamente hereditário, uma prática que a Inglaterra imitaria cada vez mais. E em toda a Europa, cavaleiros poderiam ser vistos no final do século criando conscientemente uma autoidentidade "nobre", seja em romances literários de missões de cavalaria ou em cerimônias religiosas para "fazer" de alguém um cavaleiro, introduzidas no decorrer do século.

A produção de ferro aumentou no século XII, graças a fornos melhores e à introdução do fole acionado pela força da água (moinhos de martelos também começariam a ser usados por volta do século XIII). Isso significava que, financeiramente, um cavaleiro tinha mais oportunidades para se equipar com as melhores armas e armaduras possíveis. Os cavaleiros já usavam uma cota de malha de correntes. A ela, adicionaram perneiras de malha de correntes (*chausses*) em torno de 1150 e, logo em seguida, armaduras para os pés.

Ao final do século XII, as mangas das cotas de malha eram algumas vezes prolongadas para deixar descobertos apenas os dedos. Capacetes melhores também foram desenvolvidos, com elmos de topo arredondado surgindo em meados do século XII e a adição de um protetor de rosto vindo logo em seguida. No início do século XIII apareceriam os elmos de topo achatado, que envolviam completamente a cabeça do cavaleiro. Na verdade, ao final do século, matar

---

1100-1101

A "Cruzada de 1101", liderada pelo duque Guelfo IV da Baviera, conde Estevão de Blois, duque Guilherme IX de Aquitânia, conde Guilherme II de Nevers e conde Hugo de Vermandois.

1101

Agosto – Batalha de Merzifon. Turcos danismendidas aniquilam um exército cruzado lombardo, alemão e francês na Ásia Menor.

20 de agosto – Batalha de Heraclea (Ásia Menor). Os turcos emboscam e destroem a maior parte de um exército de cruzados da Baviera e da Aquitânia.

26 de agosto – Batalha de Heracleia (Ásia Menor). Os turcos aniquilam o exército cruzado de Guilherme de Nevers.

6 de setembro – Batalha de Ramla. O rei Balduíno I de Jerusalém, derrota um grande exército fatímida em um ataque surpresa ao amanhecer.

1102

17 de maio – Segunda Batalha de Ramla. Um exército fatímida comandado por Saraf destrói uma força combinada de colonos e cruzados liderados por Balduíno I de Jerusalém. Balduíno é um dos pouquíssimos sobreviventes.

um cavaleiro não era trabalho fácil.

Mas o que fazer com os cavaleiros no campo de batalha continuou a ser uma questão de experiência. Hoje tendemos a pensar que um cavaleiro era inseparável de seu cavalo, porém não era esse o pensamento dos comandantes do século XII, que muitas vezes empregavam cavaleiros desmontados para fortalecer uma linha de infantaria. Essa tática podia vencer batalhas importantes, como a vitória de Henrique I da Inglaterra sobre seu irmão, o duque Roberto da Normandia em Tinchebrai em 1106, ou o triunfo inglês sobre o rei David da Escócia, na Batalha do Estandarte de 1138.

Ao longo do século, porém, a carga em massa da cavalaria se tornou cada vez mais a norma.

A Maldição Mercenária

Os comandantes responderam à ameaça crescente da cavalaria com uma infantaria mais altamente treinada e equipada com arcos ou lanças. Isso, por sua vez, ajuda a explicar por que os governantes do

....

Acima: O cavaleiro teutônico desta ilustração está totalmente equipado com uma armadura típica do final do século XII, incluindo a proteção de cota de malha para mãos e pés.
À direita: Página de um manuscrito francês do século XIII retratando o comércio e a indústria.

1103	1105	1105-1106	1106
O rei norueguês Magnus III Bareleg é morto durante uma campanha na Irlanda.	**20 de abril** – Batalha de Artah. O príncipe Tancredo de Antioquia derrota Ridwan de Aleppo.	Henrique, filho do imperador alemão Henrique IV, se rebela e força o pai a abdicar do trono.	**28 de setembro** – Batalha de Tinchebrai. O rei Henrique da Inglaterra derrota e captura seu irmão, duque Roberto da Normandia, reunindo Inglaterra e Normandia.

À esquerda: Na Batalha do Estandarte (1138), a força inglesa se reuniu em torno de um carroccio, *uma carroça com um enorme estandarte montada em um mastro de navio, um dispositivo comum no continente, mas inédito na Inglaterra.*

Abaixo: Bestas se tornaram um padrão na guerra europeia do século XII.

século XII empregaram cada vez mais soldados mercenários. Os governantes tinham direito ao serviço militar de seus nobres, assim como os nobres tinham o direito de exigir serviços de cavaleiros que mantinham em suas terras. Porém, muitas vezes o efetivo militar disponível não era aquele que o comandante realmente necessitava em uma determinada situação de combate. Cavaleiros compareciam com escudeiros e sargentos, menos fortemente armados, mas geralmente a cavalo. Arqueiros treinados, especialmente arqueiros capazes de lutar como uma equipe, não eram incluídos nos deveres feudais, ainda que todos os exércitos do século XII precisassem de arqueiros e lanceiros de infantaria para atuar com os cavaleiros.

Mesmo quando o dever feudal era invocado, sua utilidade era reduzida pelos prazos limitados de serviço que poderiam ser exigidos e que, na maioria das vezes, não passavam de 40 dias por ano.

1107-1110	1108	1109-1111	1109
Guerra germano-polonesa.	A invasão da Hungria pelos alemães é repelida. A frota cruzada do rei Sigurd, da Noruega, com 60 navios, derrota uma frota muçulmana ao largo da costa de Portugal.	Cruzada de Boemundo, da Antioquia, contra o Império Bizantino. Boemundo cerca a cidade de Durazzo, mas o imperador Aleixo Comneno destrói a frota de Boemundo. Este é aprisionado e forçado a concordar com um tratado humilhante.	Conquista latina de Trípoli. **14 de agosto** – Batalha de Glogau (Hundsfeld). Um exército polonês, liderado por Boleslau III, derrota uma invasão da Silésia pelos alemães. Batalha de Naklo. Boleslau III da Polônia retoma a Pomerânia.

Provavelmente havia alguns mercenários nos campos de batalha desde o início da Idade Média, mas na segunda metade do século XII os governantes confiavam grande parte de sua força militar a companhias de mercenários. Os melhores soldados vinham das cidades, na forma de confrarias militares de munícipes. Assim, os reis ingleses, por exemplo, concentravam seus esforços de recrutamento nas cidades de Flandres.

Seus empregadores geralmente podiam controlar mercenários pagos e ativamente engajados. No entanto, durante a temporada de tranquilidade ou quando seus empregadores ficavam sem dinheiro (uma ocorrência frequente), os mercenários se tornavam uma ameaça. Frequentemente seus empregadores não conseguiam controlar seus indisciplinados empregados e companhias de mercenários vagavam pelo interior da Europa, praticando saques e estupros à vontade. Iniciativas locais surpreendentes apareceram, como a força privada reunida pelo abade de São Marcial, Limoges, em 1177, para lutar contra os mercenários brabançones que devastavam a região. Em uma batalha de cinco horas em Malemort, o exército do abade obteve uma vitória notável, matando, segundo relatos, 2.000 homens e mulheres brabançones, um número que enfatiza a dimensão

do problema. O Terceiro Concílio de Latrão, em 1179, excomungou tanto os mercenários quanto seus empregadores, com poucos resultados. Mercenários tinham se tornado necessários para travar uma guerra e a opinião dos clérigos não importava muito.

Batalhas em uma Era de Transição

A Batalha de Brémule, travada entre Henrique I de Inglaterra e Luís VI da França, em 1119, demonstra bem as

A Batalha de Brémule (1119) foi um dos muitos confrontos entre Inglaterra e França no século XII.

1110	1111	1111-1112	1113-1115
Uma frota cruzada norueguesa, comandada pelo rei Sigurd, conquista Sidon para o Reino de Jerusalém.	26 de outubro – Batalha de Sepúlveda. O rei Afonso de Aragão, "o Batalhador", derrota os partidários de sua esposa repudiada Urraca e reclama Castela, herança de sua esposa, para si.	O rei Balduíno de Jerusalém cerca Tiro, mas é forçado a levantar o cerco por não contar com uma frota.	Cruzada para as Ilhas Baleares. Uma frota combinada pisana, francesa e catalã, apoiada por cruzados catalães e franceses do sul, conquista as Ilhas Baleares de seu governante muçulmano.
Os cruzados conquistam Beirute.			

No século XII, algumas cidades eram tão fortes que tudo o que as forças inimigas podiam fazer era acampar fora das muralhas e aguardar que os defensores fossem assolados pela fome.

táticas dessa era de transição. O rei Luís invadiu a Normandia em apoio à reivindicação ao ducado feita por Guilherme Clito, filho do derrotado e aprisionado Roberto da Normandia. Luís decidiu por uma carga de cavalaria contra as forças de Henrique, mas aparentemente seus cavaleiros ainda não tinham toda a destreza necessária para uma carga em massa.

A primeira carga francesa contra a infantaria anglo-normanda foi valente, mas indisciplinada, sendo repelida. Uma segunda carga rompeu a primeira linha da infantaria inimiga, só para ser parada pela segunda linha de infantaria de Henrique, que tinha sido reforçada por cavaleiros desmontados, combatentes mais altamente treinados e com armaduras muito melhores do que o infante típico. Em seguida, aproveitando a desordem nas fileiras francesas, Henrique lançou sua cavalaria em uma carga eficiente que rompeu as fileiras francesas e capturou o estandarte do rei Luís.

O tipo de tática empregada era, obviamente, importante, mas como mostra o caso de Brémule, a capacidade do comandante para exigir obediência de seus homens e usá-los de forma inteligente era o fator crucial da época, quando não havia uma clara superioridade de uma abordagem táctica em detrimento de outra. O uso do terreno era crucial, como em 1128, quando Guilherme Clito derrotou o conde Dietrich, da Alsácia, na Batalha de Thielt, escondendo sua reserva atrás de uma colina. E, às vezes, vencer ou perder uma batalha era uma questão de sorte. Por exemplo, o príncipe Rogério da Antioquia era um comandante inteligente e hábil, mas foi morto com a maioria do seu exército, no "Campo de Sangue" em 1119, quando o vento soprou poeira no rosto dos cristãos. Até a ajuda sobrenatural era levada

1115-1116	1115	1116	1118
Os almorávidas do norte da África conquistam as Ilhas Baleares, devolvendo-as ao controle muçulmano.	**Fevereiro** – Batalha de Welfesholz. Lotário de Supplinburg, duque da Saxônia, derrota o imperador Henrique V da Alemanha. **24 de julho** – Morre a condessa Matilda, de Toscana. A morte de Matilda torna a posse das chamadas "terras matildinas" um novo pomo de discórdia entre o imperador e o papa.	**Outono** – Batalha de Philomelion. O imperador bizantino Aleixo Comneno derrota os turcos seljúcidas e recupera a costa de Anatólia.	**Novembro** – Batalha de Alençon, França. O conde Fulque V de Anjou debanda um exército anglo-normando comandado pelo rei Henrique I.

À esquerda: Esta imagem mostra as selas altas e que ofereciam bom apoio, desenvolvidas para a cavalaria no século XII.
Abaixo: Na armadura de montaria do século XII, bardas inteiriças se tornaram cada vez mais comuns.

em conta, como em 1097, quando os primeiros cruzados creditaram sua vitória em Antioquia à Lança Sagrada que haviam descoberto, ou mesmo à intervenção pessoal de São Jorge ou de outros santos guerreiros.

As duas chaves para uma carga de cavalaria bem-sucedida eram a capacidade de treinar homens para atuarem em equipe e ao desenvolvimento de uma lança mais pesada e que pudesse ser posta em riste, ou seja, estendida horizontalmente sob o braço do cavaleiro e descansando sobre o pescoço do cavalo para maior estabilidade. A lança desenvolvida era feita de madeira de lei, com aproximadamente 4 metros de comprimento, cuja ponta metálica em forma de folha tinha um acessório em asa por trás para evitar uma penetração profunda.

Conforme a carga de cavalaria se torna importante, também se tornou mais comum equipar cavalos com

armaduras, pelo menos na forma de um tecido acolchoado ou manta de couro (conhecidas como *caprison* ou barda). Afinal, cavalos ainda eram a parte mais cara do equipamento de um cavaleiro.

O restante da eficácia de um cavaleiro era, em grande parte, uma questão de treinamento. Cavalos têm forte instinto gregário, que facilitava uma carga em massa, mas que também tornava mais difícil para os cavaleiros controlarem seus

1119	c. 1120	1120-1121
28 de junho – Batalha do Campo de Sangue. Uma força liderada por Atabeg Ilghazi de Aleppo derrota e mata o príncipe Rogério da Antioquia com a maioria de seu exército.	Fundação da Ordem dos Cavaleiros Pobres do Templo de Salomão (os Cavaleiros Templários) por Hugh de Payens.	O imperador bizantino João II Comneno retoma a maior parte da Anatólia dos turcos seljúcidas.
14 de agosto – O rei Balduíno II de Jerusalém marcha para salvar Antioquia com uma força de 700 cavaleiros e uma infantaria de vários milhares de homens, derrotando o exército de Ilghazi de Aleppo em Hab, sudoeste de Aleppo.	O berbere Muhammad ibn Tumart funda a dinastia almôada no norte da África.	
20 de agosto – Batalha de Brémule. Henrique I de Inglaterra derrota Luís VI de França, detendo uma invasão francesa da Normandia.		

Carlos, o Bom, conde de Flandres (c. 1084-1127), foi assassinado quando tentava tirar o direito de uma poderosa família de "ministeriales".

animais durante retiradas. As esporas dos cavaleiros não eram apenas simbólicas, pois eram um equipamento fundamental para o controle do cavalo, especialmente considerando-se que, em combate, utilizava-se quase que exclusivamente garanhões. O treinamento de uma equipe de cavaleiros e cavalos para agir em um conjunto coeso aparentemente começava com pequenos grupos de 10 a 12 homens. E para praticar, havia os torneios.

Torneios e Guerra

Para ser eficaz, cargas organizadas de cavalaria precisavam de prática organizada em grande escala. Em toda a Europa, os senhores incentivavam competições formais, os torneios, em que equipes de cavaleiros lutavam entre si em batalhas simuladas.

Essas competições se tornariam um elemento central da cultura cavaleiresca. No início do século XII, já se tornara comum que nobres importantes promovessem seus próprios torneios e participassem de competições realizadas por outros. Por exemplo, o conde Carlos, o Bom, de Flandres (c. 1127) viajava para os torneios em toda a França e Normandia com uma comitiva de 200 cavalos, o que sugere a escala de alguns desses eventos. O uso da heráldica para marcar bandeiras, sobretudos ou escudos dos cavaleiros com emblemas distintivos das famílias provavelmente teve seu início nos primeiros torneios do século XII, já que obter reconhecimento público era uma parte muito importante do empreendimento. Apesar de os concorrentes não lutarem para matar, essas batalhas simuladas eram muito perigosas, mesmo para aqueles equipados com a melhor armadura possível. Por exemplo, em 1186, Godofredo, filho de Henrique II da Inglaterra, foi pisoteado até a morte em um torneio.

Os grandes campeões de torneios ganhavam fama e recompensas bastante concretas. O maior campeão do século XII, Guilherme, o Marechal, da Inglaterra (1144-1219), tem a fama de ter derrotado 500 cavaleiros em torneios (muitas vezes trabalhando em parceria com um companheiro cavaleiro).

Além da riqueza que amealhou com suas muitas vitórias, Guilherme

1121	1122-1128	1122	1123
7 de maio – O exército do duque Lotário da Saxônia ataca a cidade imperial de Münster, Alemanha, queimando a catedral e a maior parte da cidade.	Guerra naval inconclusiva entre venezianos e o Império Bizantino.	O imperador bizantino João III Comneno esmaga os pechenegues na Batalha de Beroia (atual Bulgária).	**Maio** – Uma frota veneziana com aproximadamente 40 navios, comandada pelo doge Domenico Michiel, impõe uma derrota total à frota fatímida (egípcia) fora do porto de Ascalon.

À esquerda: Efígie de Guilherme, o Marechal (c. 1146-1219), Temple Church, em Londres.
Abaixo: São Bernardo de Claraval (1090-1153), abade cisterciense incrivelmente carismático que popularizou os Cavaleiros Templários e pregou a Segunda Cruzada.

aproveitou sua fama para alcançar uma posição honrosa a serviço do rei Henrique II e, com o tempo, recebeu a suprema recompensa: o casamento com uma herdeira e, consequentemente, o condado de Pembroke.

Como muitos aspectos da guerra medieval, porém, os torneios sofreram forte oposição dos religiosos, que persistentemente condenavam essas simulações de batalhas como uma violência suicida. Carlos de Flandres teve de expiar seu amor por torneios com penitências pesadas. São Bernardo de Claraval simplesmente proclamou que qualquer um morto em um torneio iria para o inferno. E o Primeiro Concílio de Latrão, de 1139, negou enterro cristão aos homens mortos nesses eventos. Outros concílios da Igreja proibiram os torneios, em 1148, 1157, 1179, 1215 e 1245, o que mostra como tal condenação era ineficaz. Os torneios eram úteis para os senhores e emocionantes e rentáveis para os cavaleiros, que tinha cada vez menos oportunidades para mostrar suas habilidades, pelo menos dentro das terras centrais da Europa.

Graças ao moderno sistema de numeração, estamos acostumados a pensar nas cruzadas como guerras específicas e circunscritas, como a Primeira Cruzada de 1096-1099, a Segunda Cruzada de 1147-1149 e assim por diante.

Na realidade, porém, as cruzadas à Terra Santa formaram um processo massivo em evolução, que pode ser mais bem visualizado como uma linha flutuante, com picos ocasionais quando um governante ou

1124

16 de fevereiro –7 de julho – Segundo cerco cruzado a Tiro pelo exército do Reino de Jerusalém e uma frota veneziana. Tiro se rende.

Março – Batalha de Bourgthéroulde. O exército de Henrique I derrota rebeldes normandos que apoiavam Guilherme Clito.

1125-1135

Guerra civil pelo trono da Alemanha entre o guelfo Frederico da Suábia e o gibelino Lotário II.

1125

Afonso I de Aragão ataca Granada.

Coroação do conde Balduíno de Flandres e Hainaut como primeiro imperador do Império Latino de Constantinopla, em 1204.

magnata rumava para o Oriente para lutar contra os muçulmanos, mas com cruzados (e colonos latinos no Reino de Jerusalém) envolvidos em operações militares quase todos os anos.

A Cruzada de 1101 foi pelo menos tão grande como a expedição da Primeira Cruzada, já que aqueles que tinham feito o voto cruzado e não o cumpriram foram obrigados a voltar ao Oriente para reforçar a frágil conquista de Jerusalém em 1099, e se mostrou um fracasso tão grande que poucos cronistas ocidentais se dispuseram a escrever sobre ela. É útil, porém, considerar os eventos de 1101 de modo a evitar uma sensação demasiado presunçosa de qualquer suposta superioridade militar do Ocidente. A bem da verdade, os primeiros cruzados obtiveram uma vitória relativamente fácil em grande parte por causa da desunião de seus inimigos. Quando a segunda onda de cruzados chegou ao Oriente, encontrou uma resistência muito mais organizada.

Os turcos seljúcidas adotaram a política da terra arrasada. Desentendimentos entre os líderes cruzados e erros táticos completaram a

1127	1128	1130-1208	1130-1135
2 de março – Assassinato do conde Carlos, o Bom, de Flandres, por *ministeriales* que o serviam. Guerra civil pelo controle de Flandres.	**21 de junho** – Batalha de Thielt. O exército de Guilherme Clito derrota a força do conde Dietrich da Alsácia, seu rival na reivindicação do condado de Flandres.	Guerra civil norueguesa pelo controle do trono.	Guerra dos bizantinos contra os turcos danismendidas.

tragédia e, após várias batalhas, quase toda a força cruzada foi aniquilada. A cavalaria pesada ocidental mostrou ser ineficaz quando mal conduzida.

Aqueles que conseguiram se estabelecer no pequeno reino latino, contudo, foram capazes de tirar partido de uma superioridade limitada em equipamentos sobre seus oponentes muçulmanos, quando as condições foram propícias. Assim, o rei Balduíno I de Jerusalém obteve uma impressionante vitória sobre o exército egípcio nem Ramlah, em 6 de setembro de 1101. Apesar de contar com uma força muito menor que a do comandante fatímida egípcio (provavelmente apenas cerca de 260 cavaleiros e 900 infantes), Balduíno usou-os bem, atacando de surpresa o acampamento fatímida ao amanhecer. O inexperiente exército fatímida debandou, sofrendo baixas particularmente pesadas entre os 21.000 soldados de infantaria que, segundo relatos, estavam presentes e que não conseguiram escapar dos cavaleiros latinos. Os equipamentos muçulmanos eram mais leves, mesmo os cavaleiros geralmente vestiam pouca armadura corporal e cavalgavam montarias mais leves. Tal disparidade, contudo, não chegou a fazer grande diferença. No ano seguinte, o rei Balduíno sofreu uma séria derrota, também em Ramlah.

Uma grande força fatímida surpreendeu o rei, que estava em reconhecimento com apenas cerca de 500 cavalarianos. Balduíno tentou uma carga contra os muçulmanos, em que só ele e alguns de seus cavaleiros sobreviveram. Balduíno escapou, retornando 10 dias mais tarde, reforçado por um bando de cruzados e, neste segundo encontro, derrotou os fatímidas.

Conquistando o Reino Latino

A experiência do rei Balduíno em Ramlah, em 1102, é típica das guerras cruzadas no século XII. Os reis e grandes senhores do Reino de Jerusalém muitas vezes tinham uma boa compreensão de objetivos militares racionais e de como lutar contra as forças muçulmanas. Porém, não teriam pessoal suficiente para grandes expedições militares se não pudessem ter contado com o fluxo constante de reforços do Ocidente, homens ansiosos para provar seu valor, lutar contra os inimigos de Deus e encontrar a riqueza. Os reis eram geralmente capazes de controlar bandos menores de cruzados, porém os cruzados mais importantes, ignorantes da situação militar, podiam tornar a situação na Terra Santa pior em vez de melhor.

Esse foi o caso da cruzada miseravelmente mal administrada do rei Luís VII da França e do imperador

1130	1132	1134	1135
Rogério II une as conquistas normandas da Itália meridional e da Sicília em um único reino, com um forte governo central.	**24 de julho –** Batalha de Nocera. Rebeldes apulianos derrotam o rei Rogério II da Sicília.	**4 de junho –** Batalha de Fotevik, Skane. O rei Niels da Dinamarca, derrota seu rival Érico e obtém o controle da Dinamarca. **17 de julho –** Batalha de Fraga. Afonso I de Aragão inicia um grande avanço para dentro do Vale Ebro, mas é derrotado em Fraga por uma grande força almorávida.	Militarização da Ordem do Hospital de S. João de Jerusalém (Cavaleiros Hospitalários). O papa Inocêncio II oferece uma indulgência cruzada para quem lutar contra o rei Rogério II da Sicília.

Partida do rei Luís VII da França para a Segunda Cruzada (1148), de uma crônica do século XV.

Conrado III da Alemanha, geralmente conhecida como a Segunda Cruzada, que culminou em um ataque vão e estrategicamente indefensável a Damasco.

Trabalhando em conjunto, colonos e cruzados conseguiram criar e manter viáveis diversas colônias europeias ocidentais na Terra Santa durante o século XII. Os reis de Jerusalém e seus aliados gradualmente tomaram os portos muçulmanos na costa, repelindo ataques periódicos de seus vizinhos muçulmanos e mesmo expandindo seu território para o Egito, como no frustrado ataque conjunto a Damieta, no Egito, por uma força militar do reino latino e seus aliados bizantinos, em 1169.

Como era comum, o principal motivo para o fracasso do empreendimento foi a falta de cooperação entre os aliados. Durante suas repetidas guerras contra os Estados muçulmanos em suas fronteiras, os colonos ocidentais se adaptavam quando era militarmente conveniente fazê-lo. Por exemplo, os reis de Jerusalém fizeram uso crescente da cavalaria ligeira (turcópolos) ao longo do século XII, apesar de não abandonarem seus próprios cavaleiros. Os muçulmanos, por sua vez, introduziram uma cavalaria pesada para complementar seus próprios cavalarianos ligeiros. Os ocidentais chegaram a adotar o uso de pombos-correios, introduzidos pelos palestinos muçulmanos. Outros elementos distintivos da organização militar da Terra Santa, porém, eram fundamentalmente europeus: a construção de um grande número de castelos para manter a terra e a introdução das ordens militares religiosas.

Os Monges Combatentes

O Reino Latino de Jerusalém carecia de pessoal, não tanto para seus esforços de expansão, mas para manter a terra ano após ano contra vizinhos hostis. Embora as conquistas fossem

---

1136

Batalha de Crug Mawr. Uma força de rebeldes galeses liderados por Owam Gwynedd derrota uma força anglo-normanda.

1136-1153

Guerra civil na Inglaterra entre pretendentes rivais ao trono, o conde Estevão de Blois e a imperatriz viúva Matilda (filha do rei Henrique I).

1137

O imperador Lotário III da Alemanha lidera uma expedição contra o rei Rogério II da Sicília, a convite do papa.

30 de outubro – Batalha de Rignano. O duque Ranulfo da Apúlia derrota o duque Rogério II da Sicília em uma luta pelo controle da Apúlia.

divididas entre os cavaleiros como feudos, a reserva de força de combate proporcionada dessa forma não era grande o suficiente para as necessidades dos assentados quando os cruzados voltavam para casa, como era normal depois de uma curta campanha.

A resposta veio na forma das ordens religiosas militares, cujos membros faziam votos permanentes no estilo monástico, sendo que, ao contrário dos monges, carregavam armas. Esse novo fenômeno nasceu na sequência da Primeira Cruzada, quando um grupo de cavaleiros jurou permanecer na Terra Santa para guardar as estradas para locais de peregrinação. Por volta de 1120, esse grupo se organizou como a Ordem dos Pobres Cavaleiros de Cristo e do Templo de Salomão (os Cavaleiros Templários). Os Templários provaram ser apenas o primeiro exemplo de uma vocação imensamente popular que se espalhou pela Europa e pelo Oriente Próximo.

Os Templários foram logo seguidos pelos Cavaleiros Hospitalários, por várias ordens na Espanha e diversas ordens no Báltico que acabaram por ser absorvidas pelos Cavaleiros Teutônicos. Todas deram solução para dois grandes problemas militares dos séculos XII e XIII: como produzir uma força militar permanente absolutamente profissional e como financiá-la. A chave foi a forte motivação religiosa por trás das

Xilogravura mostrando o exército da Segunda Cruzada ao encontrar os restos da Cruzada Popular, destruída em Civetot em 1096.

organizações. Apesar de um refúgio para os filhos mais novos das classes nobres e cavaleiros, as ordens militares eram uma forma de vida religiosa, com um regime estrito de oração e de um sistema moral mantido por punições que eram, em alguns casos, draconianas. As regras incluíam uma rígida disciplina militar, com penas pesadas para quem evitasse o inimigo,

1137-1138	1138	1139
O imperador bizantino João III Comneno ataca o principado cruzado de Antioquia.	**22 de agosto** – Batalha do Estandarte (Northallerton). Um exército inglês do norte, arregimentado pelo arcebispo Thurstan de York, derrota decisivamente um exército escocês comandado pelo rei David I.	**25 de julho** – Batalha de Ourique. Um exército cristão português derrota uma força invasora almorávida muito maior. O príncipe português Afonso Henriques se declara rei de Portugal como D. Afonso I.

deixasse um estandarte baixar ou cair, ou avançasse para além da linha durante uma carga de cavalaria. Essas regras eram vistas como um meio de ganhar a salvação e, ao mesmo tempo, manter a honra e o prestígio da cavalaria.

A organização das ordens foi decalcada dos mosteiros, cujos membros individuais juravam obediência absoluta ao seu líder, uma característica valiosa no campo de batalha. E os europeus que não podiam se juntar às ordens poderiam, pelo menos, ganhar méritos por apoiar uma empresa santa. Todas as ordens logo formaram uma complexa infraestrutura de terras e privilégios recebidos de fiéis cristãos, infraestrutura esta administrada para canalizar dinheiro e suprimentos para os guerreiros das ordens nas fronteiras da cristandade.

No século XII, os reis apoiavam as ordens militares, tanto na Terra Santa quanto na Península Ibérica. Os

À direita: Um cavaleiro de Malta. Os Cavaleiros Hospitalários sobreviveram à Idade Média, passando para Rodes e, em seguida, para Malta para continuar a guerra contra os turcos no Mediterrâneo. À esquerda: Uma reunião do Capítulo Geral da Ordem dos Templários, liderada pelo grão-mestre Roberto de Craon (1147). Abaixo: Os Cavaleiros Teutônicos, da última das grandes ordens religiosas militares, gradualmente transferiram suas operações da Terra Santa para o Báltico.

guerreiros das ordens – que contavam com infantaria e sargentos com armas ligeiras, além dos cavaleiros – podiam permanecer em campo por mais tempo que os recrutados locais e eram muito mais bem treinados. Esses guerreiros

---

C. 1140

D. Afonso I, rei de Portugal, e cerca de 70 navios cruzados promovem um cerco mal sucedido a Lisboa.

1141

3 de fevereiro – Batalha de Lincoln. Uma força matildina, liderada por Roberto de Gloucester, chega em auxílio do Castelo de Lincoln, cercado pelo rei Estevão. Na batalha que se seguiu, Estevão é derrotado e capturado.

14 de setembro – Batalha de Winchester. As forças da imperatriz Matilda que sitiam o Castelo de Wolvesey são cercadas e derrotadas pelo exército do rei Estevão.

21 de dezembro – O Castelo de Weinsberg, Saxônia, ocupado por rebeldes guelfos, se rende ao imperador Conrado III após um longo cerco.

também conheciam as condições locais de uma forma que poucos cruzados transitórios conheciam. Por exemplo, as ordens militares na Terra Santa venceram muitos inimigos por se recusarem a ajudar cruzados a conquistar terras que não poderiam ser mantidas.

Mas as próprias ordens aceitavam terras de fronteira dos monarcas, defendendo-as com a construção maciça de castelos como nenhum monarca da época teria sido capaz de fazer. Para citar apenas um exemplo, o maior castelo de uma ordem, a fortaleza Krak des Chevaliers, dos Hospitalários, no sul da Síria, foi um baluarte formidável no flanco do Reino de Jerusalém e cuja aparência, hoje, lembra sua antiga glória graças a um grande projeto francês de restauração na década de 1930. O castelo ocupava um espaço de aproximadamente 140 metros x 210 metros em um morro facilmente defensável em terreno montanhoso, com um elaborado conjunto duplo de defesas. Em tempos de necessidade, o castelo poderia manter mais de 2.000 soldados. O Krak sobreviveu a ataques em 1125, 1163, 1167, 1188, 1207, 1208, 1229, 1252, 1267 e 1270, caindo apenas após ter sido quase completamente evacuado em 1271. O reino latino não teria sobrevivido por muito tempo sem essas defesas e os membros das ordens militares as manejavam.

Em 1187, os Templários e os Hospitalários conseguiam reunir cerca de 600 cavaleiros que estavam na ativa no Oriente, quase metade de

....

Krak des Chevaliers, na Síria, construído pelos Cavaleiros Hospitalários. Expandido com frequência entre 1150 e 1250, podia abrigar uma guarnição de até 2.000 homens.

1142	1142-1143	1144	1145-1150
1 de julho – Batalha de Wilton. Roberto de Gloucester sitia o rei Estevão em Wilton. O exército de Estevão é derrotado quando este foge da cidade, mas o rei escapa. **Setembro-dezembro** – O rei Estevão cerca Matilda em Oxford, tomando a cidade e bloqueando o castelo. Matilda escapa, após o que a guarnição se rende.	O imperador bizantino, João III Comneno, ataca o principado cruzado de Antioquia.	O exército do imperador bizantino Manuel Comneno derrota o príncipe Raimundo de Antioquia. **28 de novembro a 24 de dezembro** – Imad ad-Din Zengi, de Mossul, sitia e conquista Edessa, o primeiro principado cruzado a ser retomado pelo Islã.	O almóada Abd al-Mu'min conquista e une os pequenos Estados da Espanha muçulmana.

Sigurd I Magnusson da Noruega (1103-1130) foi o primeiro rei escandinavo a empreender uma cruzada. Nos últimos anos de vida, estava mentalmente desequilibrado. Diz a lenda que apenas uma criança ousou repreender seu mau comportamento.

todo efetivo de cavaleiros disponíveis para os reis de Jerusalém, além de um grande número de sargentos mais levemente armados e infantes.

Controlar o Mar

O papel das ordens militares religiosas na tomada e posse das terras na Palestina, na Península Ibérica e do Báltico é bem conhecido. Contudo, o papel do poder naval na expansão da Europa é frequentemente ignorado.

Ainda assim, o século XII é o primeiro grande século de marinhas medievais, tanto na Itália quanto mais ao norte. De um início tímido na Primeira Cruzada, as frotas, particularmente das cidades italianas, vieram a ser um elemento essencial da guerra nas terras em volta do Mediterrâneo. Já em 1107, Sigurd da Noruega, o rei cruzado, derrota frotas muçulmanas ao largo de Portugal e da Palestina e ajuda o rei Balduíno I tomar a cidade portuária de Sidon, em 1110. Uma frota cruzada de 116 navios da Inglaterra, da Noruega, dos Países Baixos e da Renânia também se junta a D. Afonso I de Portugal para tomar Lisboa em 1147.

ALPHONSVS HENRICVS REX I.

D. Afonso I Henriques (1139-1185), que se tornou o primeiro rei de Portugal após sua vitória sobre os muçulmanos em Ourique (1139).

1145	1145-1152	1147-1149	
Dezembro – O papa Eugênio III proclama a Segunda Cruzada.	**1145-1149** – Segunda Cruzada. **1146-1152** – Campanhas dos normandos sicilianos no norte da África, tomando Trípoli, Mahdia e Malta. **1147-1149** – Cruzada contra os vênedos.	**26 de junho** – O príncipe vênedo Nyklot lança um ataque preventivo contra Lübeck, onde tropas estão se preparando para uma cruzada contra os vênedos. O ataque destrói navios e mata 300 homens. No norte de África, a dinastia almorávida é derrubada pelo líder almóada Abd al-Mu'min.	O rei Rogério II da Sicília realiza um grande ataque contra a Grécia, saqueando Tebas, Corinto e Atenas e conquistando a ilha de Corfu. **28 de junho - 24 de outubro** – Uma frota de cruzados do norte europeu, com 116 navios, se une a D. Afonso I de Portugal para tomar Lisboa de seu governante muçulmano. A primeira evidência de um trabuco acionado por tração na Europa Ocidental.

As campanhas do Mediterrâneo, no entanto, foram dominadas pelas frotas das cidades italianas, especialmente Gênova, Pisa e Veneza.

Essas frotas incluíam embarcações mercantes e galés a remo, tripuladas por cidadãos livres dessas cidades que eram, em grande parte, independentes e cujos governos normalmente negociavam importantes privilégios comerciais em troca de assistência naval. A dinâmica entre as frotas italianas e suas cidades criou um novo nível de guerra empresarial agressiva no século XII, especialmente presente no movimento das cruzadas. De 1100 em diante, essas frotas também transportaram a maioria dos cruzados para o leste.

Pisanos e genoveses já haviam demonstrado seu espírito de iniciativa naval no final do século XI. Até certo ponto, esses italianos continuaram a se envolver em expedições conjuntas com outras frotas, como em 1113-1115, quando frotas pisanas, francesas e catalãs se juntaram aos cruzados para tomar as Ilhas Baleares. Conforme o século avançava, no entanto, tornou-se norma que apenas uma cidade se juntasse aos cruzados em um determinado momento, em troca de grandes concessões.

O melhor exemplo desse fenômeno é a Cruzada Veneziana de 1123-1124. A cidade investiu recursos

A frota veneziana, vitoriosa sobre a frota do imperador Frederico Barba Ruiva, retratada em 1407 como parte de uma série de pinturas em homenagem ao papa Alexandre III.

importantes nesse empreendimento, cerca de 40 navios comandados pelo doge Domenico Michiel. A força certamente incluía quatro navios

1147	1148	
17 de outubro – A cidade de Almeria, na Espanha, ocupada por muçulmanos, cai para uma força cruzada combinada naval e terrestre, na maior parte genovesa, comandada por Afonso VII de Leão e Castela.	O Concílio de Rheims proíbe os torneios.	**24-28 de julho** – Cerco de Damasco, na Síria. Um exército cruzado, comandado por Luís VII da França e Conrado III da Alemanha, tenta sitiar Damasco, mas logo é forçado a se retirar.
	Janeiro – Batalha de Cadmus. Cruzados franceses são derrotados por um exército turco na Ásia Menor.	
	Uma frota bizantino-veneziana derrota a marinha de Rogério II da Sicília.	
25 de outubro – Segunda Batalha de Dorylaeum. Um grande exército turco embosca e debanda cruzados alemães.	Batalha de Adalia. A infantaria cruzada francesa é emboscada e quase destruída na Ásia Menor, enquanto o rei Luís VII e a maioria da cavalaria seguem para o Reino de Jerusalém por mar.	**Dezembro** – Queda de Tortosa. A cidade cai para Raimundo Berengário IV de Barcelona, em aliança com uma frota de cruzados genoveses.

A captura de Tiro pelos venezianos, em 1124, como mostra uma das muitas pinturas renascentistas de Veneza que retratam a grandeza medieval da cidade.

mercantes de grande porte, bem como galés, algumas carregando catapultas adaptadas. A presença de navios mercantes confundiu o comandante da frota fatímida, que deixou a segurança do porto de Ascalon em maio de 1123 para atacá-los. Os venezianos repeliram a frota egípcia e passaram a navegar ao longo da costa da Palestina, apreendendo navios mercantes muçulmanos em seu caminho. A Cruzada Veneziana culminou com o cerco de Tiro, um porto insular quase impenetrável, ligado ao continente apenas por uma ponte estreita. O cerco durou de 16 de fevereiro a 7 de julho de 1124. Os venezianos bloquearam a cidade por mar, enquanto o rei de Jerusalém atacava por terra. Quando Tiro finalmente caiu, os venezianos

obtiveram valiosas concessões comerciais. Da mesma forma, quando uma frota genovesa ajudou o rei Afonso VII de Leão e Castela a tomar Almeria, em 1147, Genova recebeu um status comercial privilegiado.

Os reis da Sicília também se aproveitaram do poder marítimo em sua busca incansável por território e glória. Embora os ataques contra a Grécia falhassem em face de o contínuo arrojo militar e naval do Império Bizantino, o rei Rogério II da Sicília teve considerável sucesso em ataques ao norte da África, capturando a ilha de Djerba na Tunísia em 1135 e passando a conquistar territórios ao longo do litoral africano.

Um Fracasso Naval

De forma geral, os governantes muçulmanos não conseguiram arregimentar uma resistência naval eficaz contra os ataques ocidentais. Isso provavelmente deve ser considerado como falta de determinação e não um sinal de que os navios ocidentais fossem melhores que os do mundo islâmico. Na verdade, os europeus melhoraram seus navios graças à adoção de técnicas

1149	c. 1150	c. 1150-1300	1151
28 de junho – Batalha de Inab. Uma força da Antioquia, liderada pelo príncipe Raimundo de Antioquia, chega para aliviar o cerco de Inab por Nur ad-Din, mas sofre uma derrota esmagadora. O príncipe Raimundo é morto.	Primeiro uso conhecido do *cog*, um navio redondo aperfeiçoado. Introdução das perneiras de malha de corrente.	*Drang nach Osten* ("Marcha para o Oriente") alemã, expansão e colonização em terras eslavas da Europa Oriental.	Primeiro uso conhecido do Fogo Grego na Europa Ocidental (pelo conde Godofredo V de Anjou no cerco de Montreuil-Bellay). Conquista da cidade de Ancona, sul da Itália, por uma força bizantina.
Corfu é retomada dos normandos pelos bizantinos.			

árabes de aparelhamento e navegação e, no final do século XII, foram substituindo os remos, usados também para direcionar a embarcação, por um leme (uma inovação trazida do norte da Europa para o Mediterrâneo). É improvável, porém, que os navios europeus dispusessem de uma superioridade tecnológica. Entretanto, as frotas italianas em particular parecem ter contado com um moral elevado, lutando pelo bem de suas cidades e muitas vezes conduzidas por seus líderes cívicos.

Por outro lado, era raro um governante muçulmano que investisse no poder marítimo no século XII. Há hipóteses de que, nessa época, os muçulmanos não gostassem do mar e o temessem e simplesmente não tinham intenção de travar uma guerra naval. Certamente, entre 1100 e 1160 nenhum líder muçulmano fez qualquer esforço concentrado para atacar cidades portuárias cristãs na Terra Santa, o que permitiu livre acesso aos cruzados. Após a queda de Ascalon para o rei Balduíno III, em 1153, a frota fatímida não contava com nenhum refúgio ao longo da costa, tornando uma agressão naval muçulmana ainda menos provável. O sultão Saladino tentou reconstruir a frota fatímida na década de 1170, porém os remadores, inexperientes e relutantes, não se saíram bem em combate e o investimento não foi compensador. Nessa fase, as frotas cristãs no Mediterrâneo desenvolveram meios para proteger seus remadores

1151-1153	1153	1154	1155-1168
Guerra bizantina contra a Hungria.	O rei Balduíno II de Jerusalém conquista Ascalon.	Primeira expedição do imperador Frederico I (Barba-Ruiva) contra o norte da Itália, tentando forçar os lombardos a reconhecerem o imperador como seu soberano.	Guerra bizantina contra a Hungria.
	Novembro – Tratado de Winchester. Fim da guerra civil inglesa, tornando o filho da imperatriz Matilda, Henrique, herdeiro do rei Estevão.	Henrique II se torna rei da Inglaterra. Início de uma campanha para reduzir o número de castelos baroniais e aumentar o número de castelos reais.	

À direita: Captura do rei Guilherme, o Leão, na batalha de Alnwick (1174), um encontro confuso em que ambos os lados foram prejudicados pelo forte nevoeiro. Abaixo: Rei David I da Escócia (1124-1153), que tentou conquistar a Nortúmbria durante o caos da guerra civil inglesa.

contra flechas e outros projéteis que dominavam os primeiros tempos das batalhas navais. Ao final do século, os cristãos tinham aprendido a montar torres de cerco e escadas em navios, lançando ataques ousados mesmo contra muralhas pesadamente fortificadas.

As Fronteiras Europeias

As terras da Europa central, regiões ricas em metais que poderiam equipar cavalarias pesadas e suas tropas com um volume de metal com que as terras periféricas só podiam sonhar, tenderam a se expandir no século XII. Polônia, Boêmia, Hungria e Escandinávia fizeram, pelo menos, uma transição parcial para o estilo de luta da Europa Ocidental, criando efetivos de cavalaria pesada para lutar lado a lado com tropas mais ligeiras. Governantes com

---

1155

O papa Adriano IV faz do imperador bizantino, Manuel I Comneno, seu aliado contra o rei Guilherme I, o Mau, da Sicília.

Batalha de Apúlia. A marinha bizantina derrota Guilherme I da Sicília.

1155-1157

Invasão bizantina do sul da Itália, em uma tentativa fracassada de retomar a região dos normandos.

1156

Batalha de Brindisi. Os normandos, comandados por Guilherme I da Sicília, derrotam decisivamente os invasores bizantinos, expulsando-os da Itália.

recursos suficientes se mantiveram atualizados em relação às inovações militares, tanto para impedir que fossem destituídos por outros monarcas quanto pela vantagem que essas inovações proporcionavam sobre seus súditos. Essa transformação militar pode ser traçada particularmente bem na Escandinávia quando, como pretendente ao trono dinamarquês, Érico impõe uma derrota decisiva ao rei Niels da Dinamarca em Fotevik, em 1134. Com uma força de ataque de aproximadamente 60 cavaleiros apenas, mas que foi muito bem empregada, Érico devastou uma grande formação de infantaria tradicional recrutada, conquistando para si a coroa. A Escandinávia também testemunhou grandes avanços na construção de castelos no século XII. A situação escandinava é, de certa forma, comparável à da Escócia, cujos reis encorajaram assentamentos normandos no século XII, mas que nunca contou com um corpo de cavalaria pesada comparável ao da Inglaterra, França ou Alemanha. Os escoceses invadiam o norte da Inglaterra com frequência, pilhando e escravizando prisioneiros, mas não conseguiam travar uma batalha campal em igualdade de condições. Por exemplo, na Batalha do Estandarte (ou Northallerton) em 1138, o arcebispo de York, Thurstan, arregimentara um exército do norte

para enfrentar David I da Escócia, que promovera uma invasão com um exército muito maior. O rei David tinha um bom plano de batalha, mas faltava a ele um controle firme de seus homens e cedeu quando seus soldados celtas de Galway (escoceses do sul) exigiram o direito de lançar o primeiro ataque contra os ingleses, que ocupavam uma posição defensiva em um aclive, misturando arqueiros com cavaleiros desmontados e mantendo a cavalaria na reserva. Os celtas, indisciplinados e mal armados, atacaram a pé, apenas para serem crivados de setas ("como

....

Uma taça almóada. A dinastia almóada do norte de África (1130-1269) assumiu o controle da Espanha muçulmana no século XII.

O rei Henrique II de Inglaterra (1154-1189), que pacificou a Inglaterra após a guerra civil entre Estevão e Matilda, mas seu próprio reinado terminou em conflito civil.

ouriços", diz um informe da época) e rechaçados em confusão.

Na única grande batalha campal entre escoceses e ingleses, no século XII, combatida em Alnwick em 13 de julho de 1174, uma força de Yorkshire se aproveitou de uma espessa neblina para surpreender os escoceses comandados por seu rei, Guilherme, o Leão, derrotando-os decisivamente e capturando o rei.

Os cristãos que lutavam para ampliar suas posses na Espanha enfrentavam problemas um tanto diferentes, já que a dinastia almorávida norte-africana provavelmente se equiparasse a eles em termos de equipamento e capacidade militar. Ainda assim, os reis de Aragão, Castela e Portugal fizeram progressos significativos durante o século XII, em grande parte graças a levas regulares de cruzados, a quem foram prometidas recompensas espirituais como a seus homólogos que lutavam por Jerusalém (a um custo muito mais baixo). Em 1139, os cristãos já haviam conquistado uma vitória sobre os almorávidas em Ourique, Portugal, sugerindo que o poder militar almorávida estava em declínio. Afonso I de Portugal sitiou Lisboa em duas oportunidades (com a ajuda de grandes frotas cruzadas), tomando a cidade em 1147.

Neste ano, entretanto, um novo inimigo apareceu na Península Ibérica: os almóadas, uma nova dinastia militar do norte da África, que tomam Sevilha quase que imediatamente e, logo, interrompem avanços cristãos. A situação foi complicada por rivalidades entre os reis cristãos do norte. Em 1195, Leão e Navarra chegaram a se aliar aos almóadas contra Castela, apesar dos fortes protestos e ameaças do papa, principalmente após o califa almóada Al-Nasir derrotar

1160	1162	1163	1164
Fundação da Liga Hanseática, uma aliança comercial de cidades do norte da Europa.	**1º de março** – Milão se rende a Frederico I Barba-Ruiva, após um cerco de nove meses. A população é dispersada entre as aldeias e, em seguida, a cidade é sistematicamente destruída.	O duque Henrique, o Leão da Saxônia, toma Werle, um grande centro vêneo.	Fundação da ordem religiosa militar de Calatrava, na Espanha.
9 de agosto – Batalha de Carcano, Itália Frederico I Barba Ruiva tenta levantar o cerco de Carcano pelos milaneses, mas seu exército é rechaçado.			Batalha de Demmin (Verchen). O duque Henrique, o Leão da Saxônia, derrota os obotritas.

fragorosamente Afonso VIII de Castela, em Alarcos, em 17 julho de 1195.

As Terras Centrais e os Selvagens Desarmados

Apenas em duas regiões, as terras eslavas do leste da Europa e as nações celtas (Irlanda e País de Gales), a superioridade tecnológica das terras centrais se mostrou decisiva. O caso mais evidente é o da Irlanda. No início do século XII, os reis mais importantes da Irlanda empregavam alguma cavalaria, mas poucos contavam com a armadura pesada dos cavaleiros das terras centrais. A infantaria, por sua vez, era suficiente para as lutas contra outros reinos irlandeses, mas de pouco uso contra os cavaleiros mais bem

O rei Luís VII, tomando a auriflama em Saint-Denis, em 1147, antes da sua partida para a Segunda Cruzada.

equipados da França ou da Inglaterra. Muitos deles eram *kerns*, guerreiros de classe baixa, sem armadura, que lutavam com espadas e dardos.

Os irlandeses receberam uma dura lição sobre os desenvolvimentos militares da época no ano de 1169, quando o rei Dermot McMurrough de Leinster recrutou o conde anglo-normando Ricardo de Clare (apelidado de *Strongbow*, ou "arco forte") para ajudar a combater o rei rival de Ossory. As forças irlandesas nativas se mostraram incapazes de lidar com os cavaleiros anglo-normandos e

1165	1166	1167
Criação do margraviato e bispado de Schwerin em território obotrita.	Expedição inglesa contra o País de Gales, liderada pelo rei Henrique II. A expedição fracassa por causa do mau tempo.	Grande levantamento dos serviços de cavaleiro devidos na Inglaterra, realizado por ordem do rei Henrique II.
Maciça revolta galesa contra a soberania inglesa.	O antipapa Pascoal III canoniza Carlos Magno, em um esforço para aumentar o apoio ao imperador Frederico I Barba-Ruiva.	

1167

19 de março – O rei Amalrico de Jerusalém, em aliança com o vizir Shawar do Egito, invade o Egito, mas é derrotado por Shirkuh, comandante de Nur al-Din, em al-Babein, a 320 km ao sul do Cairo. Amalrico é obrigado a se retirar.

Junho-julho – O imperador Frederico I Barba-Ruiva ataca Roma e toma a Cidade Leonina e de São Pedro, entronizando seu antipapa. No dia seguinte, irrompe uma epidemia (talvez malária), praticamente destruindo o exército de Frederico.

"Coroação" do duque Henrique, o Leão, e da princesa Matilda da Inglaterra, do Evangeliário de Henrique, o Leão (1188).

seus arqueiros e Ricardo *Strongbow* derrotou várias forças superiores, como em 1170, quando 10 cavaleiros e 70 arqueiros foram suficientes para derrotar 3.000 homens de Waterford. Ricardo *Strongbow* logo reivindicaria a realeza de Leinster. Seu soberano, Henrique II da Inglaterra, estava alarmado com o crescente poder de seu vassalo e ansioso por reformar a Igreja irlandesa para apaziguar o papa, escandalizado com o recente assassinato de Thomas Becket. Assim, em 1171, Henrique invade a Irlanda com uma força de aproximadamente 4.000 homens, incluindo 500 cavaleiros.

Os irlandeses nem sequer tentaram uma resistência militar, e os reis e nobres da maior parte da ilha juraram fidelidade a Henrique, dando início a uma presença militar inglesa na Irlanda que continua até hoje. Os ingleses que receberam feudos na Irlanda logo começaram a construção de castelos para ajudá-los a manter a terra, como o impressionante Castelo de Trim, cuja torre data de aproximadamente 1173.

Da mesma forma, os galeses eram incapazes de enfrentar os ingleses em batalhas campais no século XII, apesar de ressentimento com o rei da Inglaterra por sua reivindicação de soberania sobre Gales. O ano de 1164 testemunhou uma enorme revolta galesa e, no ano seguinte, a resposta, uma grande expedição punitiva que incluiu soldados de todo o império angevino de Henrique II. Os galeses sobreviveram graças somente à chuva intensa, que tolheu a movimentação da expedição e impediu o exército de Henrique de forçar os galeses a uma batalha campal.

Na fronteira oriental da Europa, os boêmios eslavos e poloneses se uniram em estados no século X, mas ainda havia um grande número de tribos eslavas, muitas vezes, unidas em frouxas confederações.

1168

Em um ataque anfíbio, as forças comandadas pelo rei dinamarquês Waldemar I capturam Arcona na ilha de Rügen, principal reduto dos vênedos.

Waldemar I da Dinamarca tenta invadir a Noruega, mas não consegue porque os defensores bloqueiam um importante estreito com catapultas.

Batalha de Semlin (Zeumun). O imperador bizantino, Manuel I Comneno, derrota os húngaros e anexa a Dalmácia.

1169

Batalha do Passo de Gowran, na Irlanda. O rei Diarmuid McMurrough de Leinster e seu aliado normando, conde Ricardo de Pembroke (*Strongbow*), derrotam a força superior do rei MacGillipatric, de Ossory.

A rainha do rei Estevão implora por sua libertação à sua rival ao trono da Inglaterra, a rainha Matilda.

Oto I da Alemanha subjugara diversas dessas tribos em meados do século X; estas, porém, recuperaram sua liberdade política na grande revolta eslava de 982. No século XII, entretanto, os alemães voltaram à ofensiva, conquistando e colonizando dois quintos do território que é hoje a Alemanha, durante os anos de 1125-1346.

Uma cruzada proclamada contra os vênedos 1107-1108 teve pouco sucesso e o mesmo aconteceu com a chamada "Cruzada Vêneda" de 1147-1149. Em ambos os casos, os cruzados das terras centrais, embora desfrutassem de uma grande superioridade tecnológica sobre seus inimigos, se viram impossibilitados de forçá-los ao combate aberto. Os eslavos combatiam com ataques preventivos, como o ataque do príncipe Nyklot a Lübeck antes do início da cruzada, ou usavam táticas de guerrilha e de emboscada. A configuração dos exércitos da Europa Ocidental, com base na cavalaria pesada e dependendo da vontade do inimigo de sair e lutar, não foi muito eficaz nessas circunstâncias. O duque Henrique, o Leão da Saxônia, teve mais sucesso em uma série de campanhas contra os vênedos e contra os obotritas nos anos de 1158-1166.

O duque adaptou suas táticas às do inimigo, travando uma guerra de emboscadas e represálias. As fortalezas

1170-1171

O conde Ricardo de Pembroke (*Strongbow*) conquista Leinster, na Irlanda.

1171

Setembro – Batalha de Castleknock, Irlanda. Ricardo *Strongbow* derrota o exército do rei supremo Rory O'Connor.

O rei Henrique II da Inglaterra invade a Irlanda com uma força de aproximadamente 4.000 homens é homenageado pelos reis irlandeses.

1172

Saladino, sultão aiúbida, começa uma campanha sistemática de construção naval para criar uma marinha a ser empregada contra o Reino de Jerusalém.

Rei Estevão da Inglaterra (1135-1154), de cujo reinado a maior parte foi gasta em uma guerra civil com sua prima Matilda pelo trono da Inglaterra.

obotritas, como Werle, se mostram incapazes de suportar o ataque das máquinas de cerco ocidentais. Assim, quando conseguiu forçar os obotritas a uma batalha próxima a Demmin, em 1164, o duque pode derrotá--los facilmente. Os dinamarqueses também tiveram suas experiências, com o rei Valdemar I conquistando Rügen em 1168 e o arcebispo Absalão destruindo a frota da Pomerânia em 1184. Ao final do século, tanto alemães quanto dinamarqueses, ansiosos por expandirem suas redes de comércio e obterem novas terras, voltavam seus olhos para os territórios do Báltico para além dos eslavos.

A Primeira Guerra Civil Inglesa

Embora a maior concentração de guerras tenha se deslocado das terras centrais da Europa para as fronteiras, a Europa do século XII não era, de modo nenhum, um refúgio de paz. A Inglaterra viu duas grandes rebeliões no decurso do século: uma guerra civil entre os seguidores de Estevão e Matilda pelo controle do trono inglês, entre 1138 e 1153, e uma grande rebelião contra Henrique II em 1173-1174. A guerra entre Estevão e Matilda, que eclodiu após a filha e o sobrinho de Henrique I reclamarem, ambos, o trono da Inglaterra, ilustra muito bem a situação militar na Europa da primeira metade do século XII.

Em 1066, havia sido possível para Guilherme, o Conquistador, tomar a Inglaterra com uma batalha decisiva. Tal hipótese era impossível para Matilda quando seu meio-irmão, Roberto de Gloucester, levantou a bandeira da rebelião em nome dela, em 1138. O problema era as centenas de castelos que pontilhavam a paisagem inglesa. Alguns eram estruturas simples, do tipo *motte and bailey*, com paliçadas de madeira. Porém mesmo essa estrutura poderia retardar fatalmente

1173-1174	1173	1174
Grande revolta contra o rei Henrique II de Inglaterra. Luís VII da França, William o Leão da Escócia, os condes de Flandres, Bolonha e Blois, quatro condes ingleses e o próprio filho de Henrique se unem na revolta.	Batalha de Fornham. Uma força leal a Henrique II derrota o conde rebelde, Roberto de Leicester, perto de Bury St Edmund. **3-28 julho** – Henrique II toma a cidade de Leicester, ocupada pelos rebeldes, após um curto cerco. **9 de agosto** – Batalha de Verneuil. Luís VII da França sitia Verneuil, na Normandia.	Saladino se torna governante de Damasco. **13 de julho** – Segunda batalha de Alnwick. O rei Guilherme, o Leão, da Escócia, invade a Inglaterra.

um exército atacante. Muitos outros castelos eram torres de menagem robustas de pedra, de onde uma pequena guarnição poderia repelir os invasores por semanas, senão meses. Os castelos tinham sido projetados para impedir que os inimigos tomassem a terra e essas construções demonstraram repetidamente que podiam desempenhar a tarefa muito bem.

Costuma-se dizer que batalhas campais se tornaram muito mais raras nos séculos XII e XIII, com os comandantes não estando dispostos a arriscar tudo em um único encontro decisivo. Os historiadores têm representado batalhas como quase acidentais, geralmente se desenvolvendo quando uma força chegava para socorrer uma guarnição sitiada. Mas esse tipo de batalha não era nada acidental, tendo sido, de fato, muito comum. Uma força de socorro era formada com a expectativa de lutar e a força sitiante geralmente estava preparada para combatê-la. Esse foi certamente o caso na guerra entre Estevão e Matilda.

Para dar um exemplo, o rei Estevão chegou a sitiar Lincoln em Christmastide, em 1140. Os cidadãos deixaram-no entrar na cidade, mas o castelo dentro da cidade resistiu. Quando Roberto de Gloucester apareceu com um exército maior para socorrer o castelo, em fevereiro de 1141, vinha certamente na expectativa de um embate decisivo. Estevão não poderia, de fato, recuar facilmente pelos campos durante o inverno com o exército de Roberto nas proximidades. O rei, então, decidiu ficar e lutar, saindo para encontrar o exército inimigo em vez de forçar Roberto a sitiá-lo. Ato contínuo, Estevão foi derrotado e aprisionado. A guerra civil teria acabado se Matilda não alienasse os cidadãos de Londres, que impediram

Frederico I Barba-Ruiva em Aachen, onde foi coroado rei da Alemanha em 4 de março de 1152, em uma pintura do século XIX por Albert Bauer.

1174-1176	**C. 1175**	**1175-1176**
Campanhas do imperador Frederico I Barba-Ruiva contra a Liga Lombarda no norte da Itália.	Niort, França. Primeiro uso conhecido da balestreira, uma galeria de pedra que se projetava de uma parede da fortaleza, com aberturas para que os defensores deixassem cair projéteis sobre os atacantes.	Aprovação do papa para a Ordem de Santiago e para a organização que logo se chamaria Ordem de Alcântara, na Espanha.

sua coroação como rainha regente. Matilda foi forçada a libertar Estevão meses mais tarde, depois de sofrer um destino semelhante ao de Estevão em Lincoln. Em setembro de 1141, o exército de Matilda sitiava o Castelo de Wolvesey próximo a Winchester, mas uma força de socorro, leal a Estevão, subjugou as forças matildinas, que foram cercadas e derrotadas quando tentavam uma escapada. No processo, o comandante de Matilda, Roberto de Gloucester, foi capturado. Sem suas habilidades de liderança, a causa de Matilda falharia completamente e, sendo assim, a senhora concordou em trocar Estevão por Roberto.

Diversas batalhas da guerra civil inglesa foram igualmente combatidas ao pé de muralhas de cidades ou castelos, ou mesmo dentro de cidades. Isso não chega a surpreender, já que cercos envolviam operações lentas e difíceis, que paralisavam o exército sitiante e o expunham a problemas de suprimentos, doenças (especialmente disenteria) e ataques inimigos. Os ingleses fizeram algumas tentativas de utilizar equipamentos de cerco. Estevão, por exemplo, construiu uma torre para seu segundo cerco ao Castelo de Lincoln em 1144, mas abandonou o cerco quando a torre desabou, matando 80 homens. No continente, o marido de Matilda, conde Godofredo de Anjou, parece ter sido mais inovador, fazendo o primeiro uso conhecido do Fogo Grego no Ocidente.

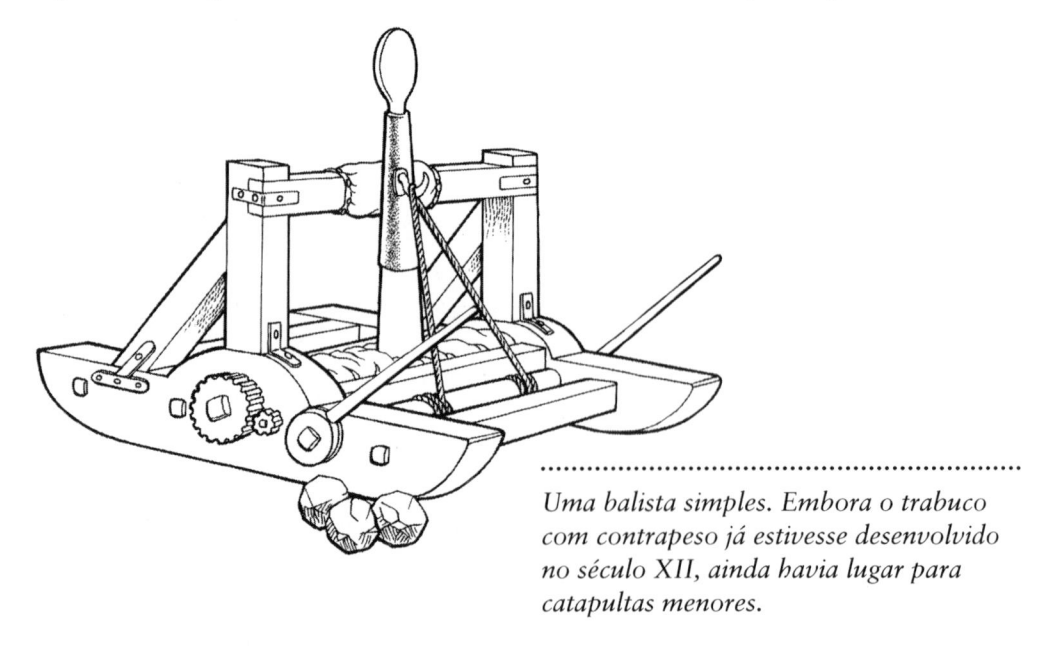

Uma balista simples. Embora o trabuco com contrapeso já estivesse desenvolvido no século XII, ainda havia lugar para catapultas menores.

1176

29 de maio – Batalha de Legnano. O exército aliado da Liga Lombarda, de Veneza e do papado derrota o imperador Frederico I Barba-Ruiva.

Primeira menção da ordem militar religiosa portuguesa de Évora.

17 de setembro – Batalha de Myriocephalon (próximo da atual Denizli, Turquia). O imperador bizantino, Manuel I Comneno, invade o território seljúcida com um grande exército, mas é catastroficamente derrotado pelo sultão Kilij Arslan II, enfraquecendo fatalmente o Império Bizantino.

1177

17 de Abril – (Domingo de Ramos) Batalha de Malemort, França. O abade de São Marcial, Limoges, leva as forças locais a uma grande vitória contra os mercenários brabançónes que saqueiam a região.

25 de novembro – Batalha de Montgisard. O rei Balduíno IV de Jerusalém derrota o invasor, sultão Saladino, ajudado pela "aparição" de São Jorge à força cristã.

Derrota do imperador Frederico Barba-Ruiva em Legnano (1176), em uma pintura de Massimo Taparelli d'Azeglio (1798-1866).

1179

O Terceiro Concílio de Latrão proíbe torneios e condena mercenários.

O duque Henrique, o Leão, da Saxônia, é declarado fora da lei por se recusar a servir militarmente a Frederico I Barba-Ruiva. Henrique tenta resistir, mas Lübeck, seu último reduto, cai em agosto de 1181, depois do que Henrique se rende e aceita o exílio.

10 de junho – Saladino derrota o exército do Reino de Jerusalém, mas não consegue explorar a sua vitória, pois chegam novos cruzados liderados pelo conde Henrique de Champagne.

1180-1190

Construção do Castelo de Dover, a um custo de 7.000 libras.

1180-1196

Liderados por Estevão Nemanya, os sérvios se rebelam com sucesso contra o Império Bizantino.

1181

Contagem das Armas, na Inglaterra. O rei Henrique II ordena que todos os homens livres da Inglaterra levantem armas pelo rei quando solicitado. O edital estabelece as armas e armaduras necessárias para cada categoria.

2. A vanguarda alemã recua diante da cavalaria milanesa.

3. Frederico Barba-Ruiva lidera uma carga de cavalaria que penetra profundamente nas linhas milanesas.

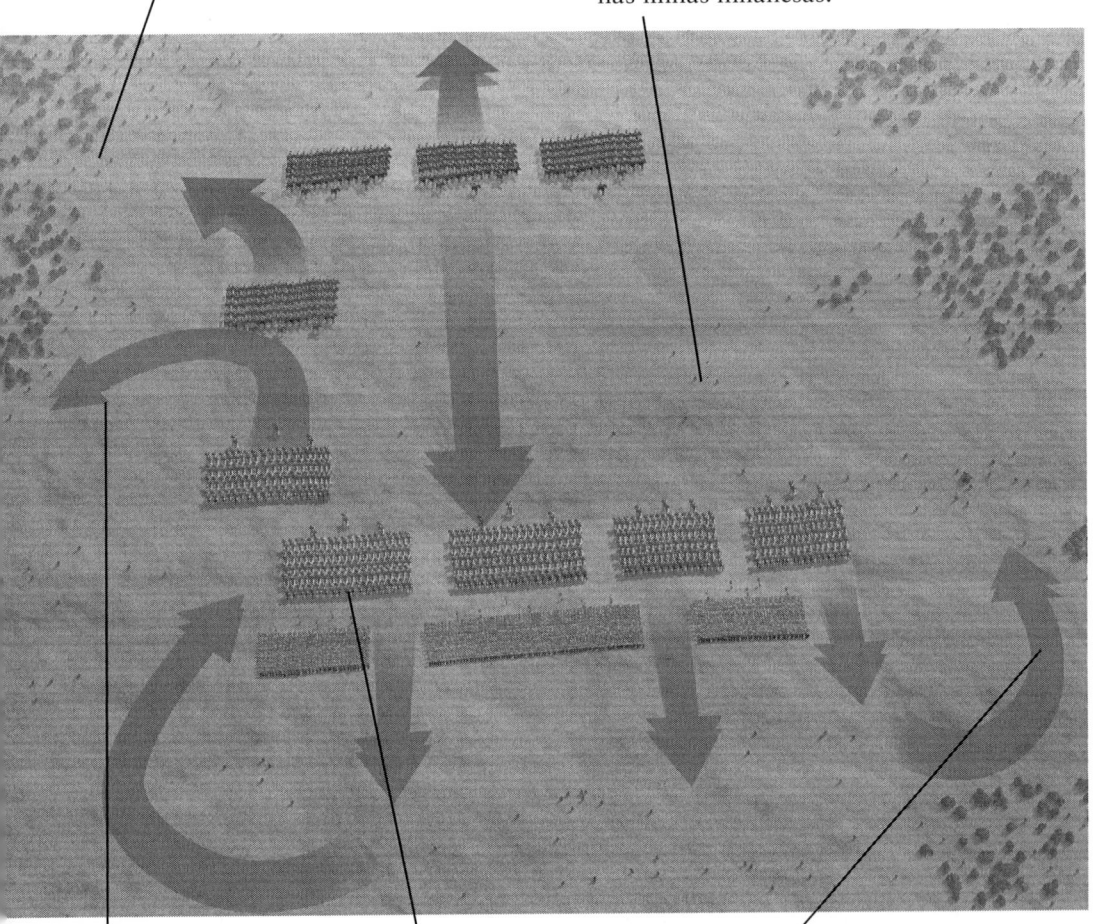

1. A cavalaria milanesa surpreende a vanguarda alemã na primeira fase da batalha.

4. A cavalaria milanesa foge, deixando a infantaria italiana para receber e defender, com sucesso, o peso da carga alemã.

5. A cavalaria milanesa, após se reagrupar por trás de suas linhas de infantaria, ataca os alemães em seu flanco esquerdo, causando uma debandada das tropas imperiais.

Batalha de Legnano, 1176

1182

Paz de Constança. A Liga Lombarda reconhece a soberania do imperador Frederico I Barba-Ruiva sobre norte da Itália, em princípio. Em contrapartida, Frederico abandona sua pretensão a terras imperiais na região e autoriza a continuação da existência da Liga Lombarda.

Saladino invade a Galileia, mas está parado no castelo de Saffuriyah.

1183

Saladino invade a Galileia, mas está parado novamente no castelo de Saffuriyah.

1184

Massacre de europeus ocidentais, principalmente comerciantes, em Constantinopla.

Batalha de Pentecostes de Stralsund. O arcebispo dinamarquês Absalão destrói uma frota pomerana que ataca Rügen.

1185

Batalha de Berrhoe. Os búlgaros derrotam um exército bizantino na Trácia.

O rei Guilherme II da Sicília ataca a cidade de Tessalônica, na Grécia.

7 de novembro – Batalha de Strymon (Struma), Tessália. O exército do rei Guilherme II da Sicília é desbaratado em combate e os tessalonicenses danificam uma grande parte da frota siciliana de invasão.

A guerra civil acabou finalmente por um acordo em 1153: Estevão concordou em aceitar o filho de Matilda, Henrique (o futuro Henrique II) como seu herdeiro e Henrique herdou devidamente o trono em 1154. Grande parte de sua energia foi direcionada, então, à redução do número de castelos baroniais na Inglaterra e a aumentar o controle real de recursos vitais e trabalhosos.

Frederico Barba-Ruiva na Itália

Maior até que a ferocidade e duração da guerra civil inglesa foi o longo esforço do imperador Frederico I da Alemanha para recuperar o controle imperial das terras italianas, perdido nas longas guerras durante a Questão das Investiduras. Chamado de Barba-Ruiva por causa da cor de sua barba, Frederico parece ter um temperamento explosivo e um forte traço de teimosia, ansiando desesperadamente pelos recursos da Itália na esperança de restaurar a monarquia alemã à sua antiga força. Assim sendo, começou suas expedições italianas, o cerne das guerras europeias de 1154 até o restabelecimento de uma paz relutante em Constança, em 1182. As cidades-estados do norte da Itália haviam

desfrutado de meio século de liberdade do domínio imperial até o momento em que o imperador iniciou seu esforço para pô-las sob seu tacão. Essas cidades tinham estabelecido oligarquias fortes e incentivavam um intenso sentimento cívico em seus cidadãos, que não estavam preparados para aceitar humildemente um governo imperial.

Isso era especialmente verdadeiro em Milão, a maior cidade do norte, que guardava a estrada da Alemanha para a Itália. Nos anos 1156-1158, os cidadãos de Milão, temendo as intenções de Frederico, construíram

....

Xilogravura comovente de Gustave Doré, retratando os mortos do Reino de Jerusalém após a Batalha de Hattin, 1187.

1186	1186-1187	1187	1187-1189
Agosto – Godofredo da Bretanha, filho de Henrique II e Eleanor da Aquitânia, é morto em um torneio.	Os búlgaros se rebelam contra o domínio bizantino e fundam um império independente, regido por Ivan Asen I.	Saladino invade a Galileia, mas está parado no castelo de Saffuriyah. 4 de julho – Batalha de Hattin. Um exército muçulmano de 30.000 homens, comandado por Saladino, impõe derrota decisiva ao exército do Reino de Jerusalém, comandada pelo rei Guy de Lusignan (com aproximadamente 20.000 homens). 2 de outubro – Jerusalém se rende a Saladino após um cerco de 12 dias.	Todas as principais fortalezas do Reino de Jerusalém, exceto Tiro, caem perante Saladino.

uma muralha de 5 km, o *Terraggio*, para reforçar as muralhas romanas da cidade, contornando a estrutura com um fosso. Em meados do século XII, porém, a guerra de cerco no continente havia avançado muito além do mero sítio fora das muralhas à espera que os habitantes cedessem à fome.

Quando Barba-Ruiva investiu sobre a cidade, minou pontos fracos da muralha, usando máquinas para bombardeá-la que talvez incluíssem trabucos de contrapeso primitivos, que poderiam lançar uma pedra pesada com força suficiente para danificá--la. De fato, a cidade logo se rendeu, aparentemente porque não havia sido devidamente aprovisionada para um cerco.

A guerra de Frederico perdeu impulso em uma longa série de cercos lentos e dolorosos que ilustram todos os métodos possíveis, conhecidos na época, de invasão a lugares fortificados. Os engenheiros de cerco de Frederico concebiam meios de ruptura cada vez mais elaborados, enquanto os lombardos construíam sempre defesas mais elaboradas para detê-los, como no caso do castelo de Alexandria, que era vital e Frederico nunca conseguiu

....

Rei Filipe II Augusto da França (1180-1223), que tomou a Normandia do rei João da Inglaterra e derrotou o Imperador Oto IV na Batalha de Bouvines (1214).

tomar. No cerco de Crema, em 1159, por exemplo, uma cidade protegida por muralhas duplas com um fosso entre elas, o imperador não se contentou em estabelecer o cerco e aguardar a rendição. Em seu primeiro assalto, seus homens construíram um passadiço e rolaram uma torre de cerco contra a muralha, protegendo-a de bombardeio inimigo amarrando prisioneiros de Crema a ela. O ataque falhou e quando Frederico conseguiu romper a muralha, defensores rapidamente construíram outra por trás dela. O exército imperial teve sucesso apenas após o principal engenheiro de cerco de Frederico construir uma torre de cerco blindada de 45 m de altura, com uma grande ponte por onde os atacantes puderam entrar na cidade. Quando a torre estava em posição, os cidadãos se renderam, mas as tropas raivosas de Frederico ainda assim saquearam e destruíram a cidade. Da mesma forma, quando Milão se rendeu ao imperador pela segunda vez em 1162 após um cerco de nove meses, os cidadãos foram obrigados a partir

1188	1189-1192	1189-1191
Instituído o "Dízimo de Saladino" para levantar dinheiro na Inglaterra e na França para a reconquista de Jerusalém.	Terceira Cruzada.	Agosto de 1189-12 julho 1191 – Cerco a Acre pelo rei Guy de Jerusalém, com sua força sendo aumentada por cruzados que chegavam ao Oriente. Acre finalmente se rende, depois do que a maioria dos cruzados franceses comandados por Filipe II Augusto volta para casa.

e a cidade, incluindo as igrejas, foi destruída.

A destruição de Milão teve um efeito negativo: as cidades lombardas formaram uma liga de 16 cidades contra Barba-Ruiva, capaz de reunir 20.000 homens em campo.

A guerra estava se tornando, claramente, um grande negócio. A luta continuou em intervalos, embora Frederico achasse cada vez mais difícil convencer nobres e cavaleiros alemães a atravessarem os Alpes por ele, já que os homens morriam como moscas diante dos ataques inimigos e de doenças. Por fim, em 29 de maio de 1176, as forças da Liga Lombarda derrotaram o imperador, com a carga de cavalaria alemã em Legnano sendo incapaz de penetrar a formação compacta da infantaria da Liga. Frederico atribuiu sua derrota à recusa do duque Henrique, o Leão, da Saxônia, em apoiá-lo na campanha. Barba-Ruiva retornou à Alemanha com sangue nos olhos e acusou o duque Henrique de falhar em seus deveres feudais. O duque foi declarado fora da lei em 1179, embora tenham sido

....

Conta a lenda que, na Primeira Cruzada, o companheiro de Godofredo de Bouillon, Geraldo de Avesnes, foi capturado pelos muçulmanos e crucificado nas muralhas de Asur, uma das muitas atrocidades cometidas por ambos os lados nas cruzadas.

necessários um exército em grande parte de mercenários e quase dois anos de devastação na Saxônia para levá-lo ao exílio.

Ricardo Coração de Leão e um Estado em Guerra

O único comandante cristão no século XII que pode ser comparado a Frederico Barba-Ruiva na entrega total de seu Estado aos objetivos militares foi Ricardo I da Inglaterra (1189-1199), apelidado Coração de Leão. O reinado de Ricardo foi tão fortemente dedicado à guerra, tanto na França quanto na cruzada, que ele passou meros dez meses de seu reinado na Inglaterra e, mesmo assim, somente para arrecadar dinheiro para mais guerra. Ricardo tinha boas razões para lutar. Antes de

1190	1191	1192-1194	1193
18 de maio – Batalha de Icônio (Ásia Menor). O contingente alemão da Terceira Cruzada, liderado pelo imperador Frederico I Barba-Ruiva, consegue uma vitória importante sobre os turcos seljúcidas. **10 de junho** – Frederico I Barba-Ruiva se afoga ao atravessar o pequeno rio Salef, na Ásia Menor. O exército cruzado alemão se desintegra, com a maioria dos cruzados retornando para a Europa.	**6 de maio** – Batalha de Kolossi, Chipre. A força cruzada do rei Ricardo I da Inglaterra derrota Isaac Comneno, governador bizantino do Chipre, após Isaac ter detido cruzados ingleses. Ricardo assume o controle do Chipre. **Agosto** – Batalha de Jaffa. Uma pequena batalha, onde uma força de cruzados comandados por Ricardo I repele um ataque da cavalaria ligeira de Saladino. **7 de setembro** – Batalha de Arsuf, Reino de Jerusalém. O exército cruzado derrota uma força de Saladino.	Ricardo I Coração de Leão é feito prisioneiro e mantido refém na Alemanha, depois de naufragar quando regressava da cruzada.	O papa Celestino III ordena que os reis espanhóis parem de guerrear entre si e interrompam suas tréguas com os muçulmanos.

As ruínas de Château Gaillard, o "Castelo Insolente" de Ricardo Coração de Leão, construído para defender a Normandia da invasão francesa.

chegar ao trono, se uniu a uma grande rebelião contra seu pai, Henrique II, que negara a seus filhos qualquer papel significativo quando atingiram a idade adulta. Mas seu primeiro grande desafio foi a Terceira Cruzada, proclamada após o sultão Saladino aniquilar o exército do Reino de Jerusalém na Batalha de Hattin e tomar a maior parte do reino, incluindo a cidade santa de Jerusalém, em 1187. Três governantes – Ricardo, Filipe II Augusto da França e o já idoso imperador Frederico Barba-Ruiva – assumiram compromisso com a cruzada. Contudo, Frederico se afogou em um rio turco antes de chegar à Palestina e Filipe não tinha os

recursos e a determinação para retomar a Terra Santa. Isso deixava a iniciativa nas mãos de Ricardo e seu exército surpreendentemente bem equipado e caro, com talvez até 17.000 soldados e marinheiros, uma força enorme para o século XII.

O fato de Ricardo ter imposto um empate a Saladino em combate é um tributo extraordinário àquilo que um exército da Europa Ocidental poderia realizar quando bem comandado. Toda a vantagem estava do lado muçulmano, incluindo o acesso a suprimentos e uma sequência de vitórias que elevou o moral, além de contarem com um líder carismático que criara grande entusiasmo por uma guerra santa contra os cristãos. Ricardo concluiu a conquista de Acre, que havia sido sitiada por mais de dois anos, empregando a mais recente tecnologia de cerco, talvez emulando as campanhas de Frederico na Itália.

Vitória de Ricardo sobre Saladino

A capacidade militar no final do século XII pode ser mais bem percebida, porém, na vitória de Ricardo sobre Saladino em Arsuf, em 7 de setembro de 1191.

1193	1193-1196	1194	1195
4 de março – Morte do sultão aiúbida, Saladino.	**Primavera de 1193-1196** – Filipe II Augusto da França tenta tomar a Normandia, aproveitando-se da prisão de Ricardo I na Alemanha.	Batalha de Fréteval. Filipe II da França tenta evitar uma batalha campal com Ricardo I, mas a retaguarda de Filipe é atacada e seu comboio de suprimentos é capturado. Ricardo I cria o primeiro estaleiro real inglês em Portsmouth. O imperador Henrique VI da Alemanha toma o reino da Sicília em nome de sua esposa, Constança.	**18 de julho** – Batalha de Alarcos. Um grande exército almóada, comandado pelo califa al-Mansur, impõe forte derrota ao exército de Afonso VIII de Castela.

A maioria das tropas cristãs era formada por súditos de Ricardo, mas o exército cruzado também incluía membros das ordens religiosas e diversos cruzados de outras regiões.

Após tomar Acre, o exército partiu para Jaffa, naquilo que se transformaria em uma marcha combatente pela estrada costeira da Palestina. Em contraste com a desordem da marcha de Luís VII em circunstâncias semelhantes na Segunda Cruzada, os homens liderados por Ricardo foram claramente instruídos a manterem suas formações e assim o fizeram. O rei posicionou sua infantaria e seus arqueiros à esquerda, onde mantinham os arqueiros turcos montados à distância e protegiam os suprimentos da expedição.

Em 7 de setembro, quando os ataques de Saladino atingiram seu auge, os arqueiros ingleses mantiveram o inimigo longe até estarem próximos à exaustão, momento em que Ricardo estava pronto para uma carga maciça de cavalaria. Ricardo acreditava, ainda, que suas tropas eram tão disciplinadas que os cavaleiros iniciariam o ataque ao sinal de seis trombetas, porém dois cavaleiros atacaram antes do sinal e foram seguidos pelo restante deles. A carga prematura, mas ordenada, pegou os muçulmanos de surpresa, embora Ricardo não tenha obtido a vitória decisiva que esperava. No fim, Ricardo teve que partir da Terra Santa sem tomar Jerusalém, mas deixou o restante do Reino Latino mais bem preparado para se defender.

A caminho de casa, Ricardo naufragou e foi capturado e mantido refém por um enorme resgate. Filipe Augusto da França aproveitou a ausência prolongada de seu inimigo para tomar várias possessões continentais de Ricardo. Após seu retorno, Ricardo passou o resto de seu reinado envolvido em uma longa guerra com a França, uma guerra que continuou a exigir mais recursos do que nunca. Para dar apenas o exemplo mais notório, Ricardo gastou mais que sua receita anual para a Normandia na construção da grande fortaleza de Château Gaillard, o "Castelo Insolente", destinado a proteger uma importante rota na Normandia.

Carga de Cavalaria e Castelos

No momento em que Ricardo morreu de uma ingloriosa gangrena, após ter sido ferido por uma seta de besta enquanto cercava um pequeno castelo, ele havia confirmado diversas lições militares centrais do século XII. A carga de cavalaria e os castelos teriam um longo futuro, apesar do fato de mesmo o gênio militar de Ricardo não ter sido suficiente para recuperar o ardor amortecido de futuras cruzadas por Jerusalém.

1196	1196-1198	1198	1199
O papa Celestino III excomunga Afonso IX de Leão e incentiva seus súditos à rebeldia, após Afonso fazer aliança com os almóadas muçulmanos contra Castela.	Ricardo I constrói o Château Gaillard, na Normandia, aproximadamente 32 km Sena acima partindo de Rouen, a um custo de 11.500 libras.	Militarização dos Hospitalários de Santa Maria dos Alemães em Jerusalém (Cavaleiros Teutônicos). Primeira cruzada contra os livonianos. Batalha de Gisor. Ricardo I da Inglaterra derrota um exército francês.	Cruzada contra Markward de Anweiler em Romagna e Marcha de Ancona, primeira cruzada empreendida contra um governante cristão. **6 de abril** – Morte de Ricardo I Coração de Leão no cerco a Chalus, Aquitânia.

Século XIII: Uma Era de Guerras

O século XIII é notável na história da guerra europeia medieval por um aumento na escala de enfrentamentos militares. O tamanho dos exércitos vinha aumentando ao longo do século XII, um século que também testemunhou várias guerras mais longas, notadamente diversas cruzadas de grande porte. No século XIII, no entanto, guerras de vários anos se tornaram muito mais comuns.

Antes dessa época, tais guerras simplesmente estavam muito além dos recursos financeiros e militares dos Estados europeus. Entretanto, a economia da Europa estava florescendo e graças a burocracias em desenvolvimento, os reis eram cada vez mais capazes de desviar verbas para seus próprios projetos, com a guerra no topo de sua lista de interesses. De fato, no início do século já podemos ver protestos contra a política belicista e cara dos reis no Estado politicamente mais precoce da Europa, a Inglaterra.

À esquerda: Castelo de Harlech, País de Gales, construído em 1283-1290 para o rei Eduardo I da Inglaterra.
À direita: Medalha de ouro do imperador Manuel I Comneno, conhecido como "o Grande" (1143-1180).

Ao final do século, as revoltas contra extorsões reais estavam se tornando endêmicas, conforme as despesas com a guerra superavam em muito a capacidade dos reis de pagá-las. As pessoas ainda podiam fazer fortuna no campo de batalha, mas o alto custo da guerra significava que, para um governo, o lucro se tornara muito raro.

O Declínio Bizantino

Uma das poucas regiões onde um governante corajoso ainda poderia esperar obter fortuna e fama era o Império Bizantino, cujo governo e capacidade militar haviam enfraquecido significativamente no decorrer do século XII. Os bizantinos

Rei Guilherme
II da Sicília
(1166-1189)
sendo coroado
por Cristo,
um mosaico
da catedral
construída por
Guilherme em
Monreale, perto
de Palermo.

haviam iniciado fortes o século, com
o imperador João III Comneno (1118-
1143) dando continuidade aos esforços
do pai para reviver a capacidade militar
de Bizâncio.

João travou guerras vitoriosas contra
os venezianos, os turcos danismendidas e
o principado cristão latino de Antioquia,
ao mesmo tempo em que destruía
a ameaça pechenegue contra suas
fronteiras. No entanto, seu sucessor,
Manuel I Comneno (1143-1180) era
demasiado ambicioso e lançou uma
expedição contra o Estado normando da
Sicília e o sul da Itália em 1155-1157,
apenas para ser expulso com pesadas

perdas. Esta derrota, no entanto, não foi
nada comparada ao desastre sofrido pelo
exército bizantino em Myriocephalon,
em 17 de Setembro de 1176. O
imperador Manuel invadiu o território
seljúcida com um grande exército e
equipamento de cerco, claramente
na intenção de recuperar o território
perdido. Enquanto marchavam perto
da passagem de Tzibritze, no entanto, o
sultão Kilij Arslan II lançou um ataque
surpresa. Os bizantinos, incapazes de
se mobilizarem, foram aniquilados,
enfraquecendo fatalmente seu império.

Tendo perdido grande parte de
seu exército, os dignitários bizantinos,

c. 1200	1201	1201-1204	1202
A Hungria toma a Bósnia com apoio do papa, já que o país abrigava hereges. A Hungria também tenta conquistar a Sérvia Ortodoxa.	Os almóadas conquistam as Ilhas Baleares.	Quarta Cruzada, que é desviada para a conquista de Constantinopla cristã.	A ordem militar religiosa dos Irmãos da Espada é estabelecida em Riga, Livônia. **1º de agosto** – Batalha de Mirebeau. Artur da Bretanha, um pretendente à coroa da Inglaterra, vinha cercando sua avó Leonor da Aquitânia em Mirebeau. O rei João da Inglaterra levanta o cerco, derrotando Arthur e seus aliados decisivamente. **Novembro** – Conquista da Zara, na Dalmácia. O exército da Quarta Cruzada toma a Zara cristã.

agora, estavam desesperados por dinheiro e cada vez mais ressentidos com as concessões comerciais obtidas pelas grandes cidades italianas, que empobreciam as cidades e o império e desviavam de recursos que, de outra forma, iriam para o imperador. Um massacre dos residentes ocidentais em Constantinopla, em 1183, aumentou o ódio e a desconfiança dos europeus em relação aos bizantinos, uma situação agravada pela divisão religiosa entre os dois ramos da cristandade. O rei Guilherme II da Sicília invade o império em 1185, um dos muitos ataques normandos no decorrer do século,

Conquista de Constantinopla, *1204, de Domenico Tintoretto (1560-1635), uma representação historicamente imprecisa, mas comovente da confusão do ataque e do orgulho veneziano com sua realização.*

1203-1204	1203	1204	1204-1261
Agosto de 1203 **6 de março de 1204 –** Cerco de Château Gaillard (Normandia). O rei Filipe II Augusto da França toma o castelo, supostamente invencível, após um longo cerco.	**17 de julho** – Ataque a Constantinopla pelos cruzados franceses e uma frota veneziana. Os cruzados conseguem tomar uma seção da muralha e, depois disso, a cidade aceita Aleixo IV, patrocinado pelos cruzados, como imperador.	**12 de abril** – Cruzados franceses e uma frota cruzada veneziana liderada pelo doge Enrico Dandolo conquistam Constantinopla. Emposse do conde Balduíno de Flandres como primeiro imperador latino de Constantinopla.	Império Latino de Constantinopla.

Esta xilogravura de Constantinopla, da Crônica de Nuremberg (1493), dá uma indicação das fortificações impressionantes da cidade.

tanto provenientes da Itália quanto de Antioquia. Guilherme é derrotado em Strymon em 7 de novembro de 1185, mas a desconfiança entre Oriente e Ocidente aumentou ainda mais. Na verdade, quando Frederico I Barba-Ruiva decidiu tomar a rota terrestre ao partir para a Terceira Cruzada em 1189, o imperador bizantino estava tão suspeitoso das intenções de Frederico que renovou sua aliança com Saladino, o grande inimigo dos cruzados.

A Quarta Cruzada

A Terceira Cruzada não conseguiu retomar Jerusalém, por isso era inevitável que uma nova cruzada fosse proclamada.

Um número importante de nobres franceses tomou a cruz e negociou transporte naval com a cidade de Veneza, que dedicou todos os seus recursos por um ano para providenciar serviços de transporte para 33.500 homens e 4.500 cavalos, além de 50 galés militares. Mas apenas aproximadamente 12.000 cruzados compareceram ao encontro, no verão de 1202.

Os venezianos, então, começaram a desviar a cruzada para seu próprio benefício, em um esforço para recuperar suas pesadas perdas. Primeiro, convenceram os cruzados a ajudar a retomar a cidade de Zara, na costa oriental do Adriático, que Veneza perdera alguns anos antes. Então, apresentou-se o que parecia ser a oportunidade perfeita: o filho de um imperador bizantino deposto suplicou aos cruzados que ajudassem a recuperar seu trono. Em troca, prometeu pagar a dívida dos cruzados com Veneza e participar de uma campanha para libertar Jerusalém. Ignorantes da situação política bizantina e esperando que uma demonstração de força fosse suficiente, os cruzados concordaram.

Todavia, Constantinopla não abriu suas portas para os cruzados e a força de franceses e venezianos rumou para tomar a cidade não uma, mas duas vezes, em 1203 e 1204. A defesa de Constantinopla era impressionante,

1205	1206	1207	1208
5 de abril – Batalha de Adrianópolis. Os búlgaros, comandados pelo czar Kalojan, impõem uma derrota desastrosa a uma força latina, capturando o rei Balduíno de Constantinopla. Uma força de socorro, liderada pelo doge Enrico Dandolo de Veneza, resgata os remanescentes do exército.	Unificação dos mongóis liderados por Gengis Khan (c. 1162-1227).	O papa Inocêncio III emite um ato de interdição contra a Inglaterra, em um esforço para forçar o rei João a aceitar sua escolha de Estevão Langton como arcebispo de Canterbury.	Henrique I de Constantinopla derrota dos búlgaros comandados pelo czar Boril na Batalha de Plovdiv (Filipópolis).

cercada de água por três lados, com muralhas de mar que, em muitas áreas, se elevavam diretamente do oceano. No lado terrestre havia um grande muro de 4,6 metros de espessura na base, com torres que se projetavam a cada 55 metros. Um muro mais baixo foi construído em frente ao muro maior, com 2 metros de espessura, também protegido por torres, com um fosso escavado à sua frente.

Os cruzados franceses atacaram a muralha do lado terrestre, enquanto os venezianos, que haviam adentrado o Corno de Ouro (grande porto de Constantinopla), atacavam a muralha do lado do mar, desembarcando homens com escadas onde havia praias estreitas e baixando pontes dos mastros de seus navios. Quando já haviam tomado parte da muralha, o usurpador bizantino fugiu e os cidadãos abriram seus portões para acolher o soberano deposto. O imperador restaurado, contudo, se viu incapaz de manter suas promessas aos cruzados, que em 1204 tomaram a cidade novamente, saqueando-a e instalando um cristão latino como imperador.

....

Doge Enrico Dandolo de Veneza, recrutando para a Quarta Cruzada, por Jean Leclerc (1621). Relatos da época, feitos por Godofredo Villehardouin, deixam claro que esse foi um evento carregado de emoção.

O Império Bizantino Latino durou até 1261, lutando contra búlgaros, combatendo bizantinos que queriam restabelecer o regime grego e, por fim, sendo forçado a sair quando uma força bizantina irrompeu por um portão desguarnecido. O Império Bizantino restaurado, no entanto, nunca se recuperou de fato, provando ser menos capaz de proteger o flanco leste da Europa contra a nova ameaça turca que logo surgiu.

Cruzadas Subsequentes

Apesar do fracasso da Terceira Cruzada e do estranho desvio da Quarta Cruzada, o movimento das cruzadas era fundamental demais para a crença religiosa e militar medieval para que fosse simplesmente interrompido. O entusiasmo popular pode ser visto na

1209-1229	1209	1210	1211
Cruzadas albigenses contra os hereges cátaros do sul da França.	**22 de julho** – Queda de Béziers, na França, para os cruzados. Os habitantes são massacrados. **Agosto** – Queda de Carcassonne, França, para cruzados comandados pelos legados papais Arnoldo Aimery e Simão de Monforte.	**3 de junho-22 de julho** – Cerco de Minerve na Cruzada Albigense. O castelo se rende aos cruzados quando termina seu suprimento de água. Aos defensores é prometido que suas vidas serão poupadas, porém 140 cátaros são queimados.	Batalha de Castelnaudary. Cruzados albigenses, liderados por Simão de Monforte, derrotam uma aliança de nobres franceses do sul.

"Cruzada das Crianças" de 1212, um êxodo em massa de jovens pobres que esperavam que suas orações libertassem Jerusalém. O esforço terminou quando o Mediterrâneo não se abriu para que os cruzados o atravessassem a pé, mas uma nova cruzada logo foi proclamada, tendo sido cuidadosamente preparada, com um elaborado sistema de captação de recursos papais para ajudar a pagar as pesadas despesas de mais de 10.000 soldados (incluindo aproximadamente 1.200 cavaleiros). Esses cruzados avançaram contra o Egito, certos de que a única maneira de tomar e manter Jerusalém seria atacar o coração do poder muçulmano. Os cruzados chegaram a capturar a grande cidade portuária de Damieta, em 1219, mas logo a perderam quando, ao avançar, o exército foi cercado e se rendeu ao inimigo em al-Mansurah no Nilo.

Em 1229, o Imperador Frederico II recebe Jerusalém por tratado, no curso de uma cruzada bizarra quase sem tropas, comandada por um governante que fora excomungado precisamente por não cumprir sua promessa de partir em uma cruzada. Entretanto, o Reino de Jerusalém seria assolado de 1229 a 1243 por uma rebelião contra a administração de Frederico. A luta interna só terminou realmente com uma selvagem reconquista muçulmana da cidade, em 11 de julho de 1244. Muçulmanos khwarezmianos, aliados do governante aiúbida da Síria, passaram a aniquilar o exército do reino latino em La Forbie.

O fluxo de cruzados que continuavam a viajar para lutar no Oriente, no entanto, retardou a destruição do reino latino. Luís IX liderou uma cruzada de 1248-1254 que, como a Quinta Cruzada, acabou por atacar o Egito. A cruzada de Luís é mais notável pelos recursos que foi capaz de reunir para a expedição do que por seus sucessos limitados. O rei liderou um exército de pelo menos 15.000 homens, fornecendo ele mesmo aproximadamente metade das tropas. Ele e seu exército acabaram por se render ao inimigo, e Luís teve

O exército do rei Luís IX da França captura Damieta, em 6 de junho de 1249. A cidade oferece pouca resistência, mas Luís logo a perdeu, depois que ele e seu exército foram capturados.

1212

Cruzada das Crianças. Milhares de adolescentes e pessoas pobres partem para libertar Jerusalém.

16 de julho – Batalha de Las Navas de Tolosa. Pedro II de Aragão lidera uma força aliada espanhola para conquistar uma grande vitória contra o califa almóada al-Nasir.

1213

31 de maio Uma frota inglesa de 500 navios surpreende uma frota francesa que se preparava para invadir a Inglaterra comandada pelo príncipe Luís em Damme (o porto de Bruges) e a destrói.

12 de setembro – Batalha de Muret. Pedro II de Aragão traz um exército a Toulouse para apoiar seu aliado, conde Raimundo, contra os cruzados albigenses.

1214

27 de julho – Batalha de Bouvines, França. Em uma dura batalha, Filipe II Augusto da França derrota decisivamente o exército invasor do imperador Oto IV da Alemanha.

À esquerda: A cruzada mais incomum foi a do imperador Frederico II Hohenstaufen, que estava excomungado na época e não combateu nenhuma batalha.
Abaixo: Atacantes podiam esperar derramamento de sangue durante um ataque, o que explica os massacres após um ataque bem-sucedido.

que pagar, literalmente, o resgate de um rei para ganhar sua liberdade. Mesmo depois disso, Luís permaneceu na Palestina por mais de um ano, restaurando fortificações.

Uma surpreendente soma em dinheiro foi levantada e despendida com o empreendimento, demonstrando magnificamente os recursos que poderiam ser investidos em uma guerra que, mesmo se bem-sucedida, nunca poderia ter rendido muito mais em termos de ganhos tangíveis, embora possa ter colhido recompensas espirituais e reforçado a honra dos participantes. A segunda cruzada de Luís, em 1270, desviada para o norte da África pelo rei da Sicília, irmão ambicioso de Luís, acabou sem nenhuma conquista e com a morte do rei por disenteria.

O *Interlúdio Mongol*

O tempo de sobrevivência do enclave latino no Mediterrâneo foi graças à

1215-1217	1215	1216
Guerra dos Barões na Inglaterra, uma grande rebelião contra o rei João.	**15 de junho** – O rei João da Inglaterra recebe a Carta Magna. **10 de novembro** – Rochester, ocupada pelos rebeldes, se rende a uma força de cerco comandada pelo rei João quando seus suprimentos de comida se esgotam. O Quarto Concílio de Latrão proíbe os torneios.	**15 de janeiro** – O rei João de Inglaterra toma a cidade de Berwick de assalto e, em seguida, entra ainda mais na Escócia para punir o rei Alexandre II por sua aliança com os barões rebeldes da Inglaterra. **Maio** – A convite dos barões rebeldes, o príncipe Luís da França invade a Inglaterra. A frota inglesa, assolada por uma tempestade, não consegue interceptar a frota de invasão. Invasão escocesa da Inglaterra, liderada pelo rei Alexandre II em aliança com rebeldes ingleses.

Uma imagem fantasiosa de Gengis Khan pelo artista francês Pierre Duflos (1780). Na realidade, o líder mongol se orgulhava de se vestir e viver como seus guerreiros.

unificação dos mongóis sob Gengis Khan (c. 1162-1227) e sua devastação de boa parte do mundo islâmico. Somente a periferia da Europa sofreu ataques diretos dos mongóis. Em todos os casos, o poder militar ocidental se mostrou incapaz de lidar com o estilo mongol de lutar – uma força completamente a cavalo, em sua maior parte formada por arqueiros, especializada em emboscadas, fingindo fugir para atacar à distância.

Os mongóis primeiro atacaram a Rússia em 1223, conquistando uma vitória significativa no rio Kalka, mas depois se retiraram. Retornaram novamente de 1237 a 1240, derrotando os exércitos de vários príncipes russos e tomando diversas cidades russas, mais notadamente Kiev, de assalto. Esmagaram uma força combinada alemã e polonesa de aproximadamente 20.000 homens comandada pelo duque Henrique II da Silésia em Leignitz, em 9 de abril de 1241, e apenas dois dias depois aniquilaram o exército húngaro comandado por Béla IV em Mohi.

Depois disso, os guerreiros das estepes recuaram, continuando a governar partes da Rússia por séculos, sem perturbar, porém, o restante da Europa.

Mongóis às portas de Leignitz em 1241, após derrotar o exército do duque Henrique II da Silésia. Eles trazem a cabeça de Henrique em uma lança.

1217	1217-1221	1218-1215
Segunda invasão da Inglaterra pelo rei Alexandre III, em apoio aos barões rebelados contra o rei João.	Quinta Cruzada (Cruzada de Damieta).	**Novembro 1219** – Cerco e conquista de Damieta, no Egito, por forças da Quinta Cruzada, lideradas pelo duque Leopoldo da Áustria.
Segundo cerco e batalha de Lincoln. Os barões rebeldes cercam Lincoln. O regente Guilherme, o Marechal, chega para socorrer os monarquistas.		
24 de agosto – Batalha de Sandwich (Dover). Uma frota francesa enviada à Inglaterra é interceptada e derrotada por uma frota inglesa comandada por Herberto de Burgh.		
Batalha de Alcácer do Sol. Uma força cruzada portuguesa liderada por Afonso II de Portugal derrota o almóadas.		

Ruínas de um castelo cruzado, um dos muitos tomados pelo sultão egípcio Baibars (1260-1277).

A Queda do Reino de Jerusalém

Talvez a maior importância dos mongóis para a história da guerra na Europa tenha sido o fato de uma nova elite militar, os mamelucos, ter se destacado no Egito, após derrotarem uma invasão mongol em 'Ain Jalut em 1260. O sultão mameluco Baibars preparou um plano longo e cuidadoso para livrar a Palestina dos cruzados de uma vez por todas. Um por um, ele tomou os castelos do Reino de Jerusalém por ardis, assalto ou sítio, utilizando equipamento pesado de cerco, incluindo trabucos de contrapeso capazes de romper

Em 1265, o sultão mameluco Baibars capturou as cidades cruzadas de Haifa, Arsuf e Cesareia. Os massacres de civis que promoveu ajudaram a provocar uma cruzada em 1267.

muralhas. No cerco de Beaufort em 1268, por exemplo, Baibars tinha 26 dessas máquinas.

Várias outras pequenas cruzadas chegaram à Terra Santa, conseguindo um pouco de tempo para os postos avançados do Ocidente, mas sem acabar com a ameaça. Finalmente, em 1291, o sultão mameluco al-Asraf Halil avançou contra Acre, o último grande enclave cruzado, tomando a cidade em 18 de maio de 1291 após um curto cerco, matando todos os defensores do sexo masculino que não conseguiram escapar por navio e escravizando mulheres e crianças. Apesar de esforços para recuperar Jerusalém continuarem a ser planejados até o final da Idade Média, a era das cruzadas para a Terra Santa havia efetivamente chegado ao fim.

A Conquista da Prússia

O século XIII também viu o desenvolvimento de uma grande frente cruzada no Báltico.

1219	1221	1222

1219

14 de maio – Morte de Guilherme, o Marechal, conde de Pembroke e regente da Inglaterra.

15 de junho – Batalha de Reval (Talim). Uma grande vitória dinamarquesa sobre pagãos estonianos, ajudados por um estandarte milagroso que teria caído do céu, o *Danebrog* (uma cruz branca sobre fundo vermelho).

1221

29 de agosto – O exército da Quinta Cruzada, cercado em Mansurah no Nilo durante marcha no Egito, se rende ao sultão aiúbida al-Kamil. Os cruzados oferecem Damieta como resgate por sua liberdade.

1222

A ordem militar religiosa dos Cavaleiros de Dobrin é estabelecida na Prússia.

Boleslau V da Polônia e seu sucessor, Leszek, o Negro. Boleslau, conhecido como "o Casto", era o príncipe supremo de um estado polonês fragmentado, que reconstruiu a Cracóvia, destruída em 1241 pelos mongóis, mas sofreu outro ataque devastador em 1259.

Comerciantes alemães haviam fundado Riga no final do século XII e, por iniciativa de um bispo alemão, estabeleceram uma ordem militar religiosa, os Irmãos da Espada, para proteger colonos e missionários, em cerca de 1202. Outra pequena ordem, os Cavaleiros de Dobrin, seria criada na periferia da Prússia aproximadamente 20 anos depois. Os dinamarqueses tiveram algum sucesso contra os estonianos não cristãos, como na Batalha de Reval em 1219, uma vitória abençoada por um estandarte santo (o *Danebrog*, que inspirou a bandeira dinamarquesa moderna) que diziam ter caído

do céu. A fronteira, no entanto, se mostrava altamente instável. Livonianos, estonianos, prussianos e outros povos do Báltico estavam naturalmente relutantes em admitir colonos estrangeiros que roubaram suas terras e tentaram impor uma religião estrangeira a eles. Um levante nativo na Estônia matou centenas de alemães, incluindo quase a metade dos Irmãos da Espada. Defender fronteiras, sem falar em expandi-las, exigia forças organizadas que pudessem manter o território, além de vencer batalhas.

Em 1230, o duque Conrado da Mazóvia, incapaz de impedir as incursões da Prússia, convidou uma das ordens militares da Terra Santa, os Cavaleiros Teutônicos, para a Prússia. Como os Templários e Hospitalários, a Ordem Teutônica tinha uma infraestrutura considerável de propriedades (sobretudo na Alemanha) para pagar suas aventuras militares, bem como um número maior de membros do que seu nicho na Terra Santa poderia justificar. Assim, o mestre da ordem, Herman von Salza, estabeleceu uma segunda frente para a ordem na Prússia. O Imperador Frederico II prometeu que a ordem poderia ter todo o território da Prússia que conseguisse ocupar e uma série de papas estava feliz em conceder indulgências de cruzadas para europeus que ajudassem os Cavaleiros

1223	1224	1225	1226
Maio – Batalha do rio Kalka. Invasores mongóis comandados por Subedei desbarataram um exército dos príncipes russos. Revolta dos estonianos contra o domínio cristão.	Um edital ordena que todos os ingleses com os recursos financeiros necessários devem ser cavaleiros. João de Niceia derrota a força militar do Império Latino de Constantinopla na Batalha de Poimanenon.	Os Cavaleiros Teutônicos são expulsos da Hungria pelo rei André.	Bula de Ouro de Rimini. O imperador alemão Frederico II concede aos Cavaleiros Teutônicos o distrito de Kulm e todas as terras da Prússia que pudessem conquistar.

Cavaleiros Teutônicos, como retratados no clássico filme russo Alexander Nevsky (1938), que celebra a vitória do príncipe de Novgorod sobre a Ordem Teutônica, na Batalha do Lago Peipus.

Teutônicos em sua guerra contra os povos não cristãos do Báltico.

Entre 1230 e 1285, a ordem, complementada por expedições cruzadas regulares, conquistou a Prússia e estabeleceu uma igreja independente do estado. Inicialmente, a tarefa deve ter parecido fácil. A nobreza prussiana nativa contava com cavalaria ligeira, enquanto os pobres lutavam a pé, muitas vezes armados apenas com pedras e paus. A ênfase era sobre o heroísmo individual em vez do trabalho em equipe.

No entanto, os cavaleiros ocidentais e sua infantaria mais bem armada e treinada estavam, na verdade, despreparados para a conquista. Os prussianos travaram uma guerra de guerrilha, em vez de aceitar batalhas campais que certamente perderiam. Os Cavaleiros Teutônicos e seus aliados foram forçados a tomar a terra quilômetro por quilômetro, "pacificando" cada região com castelos que precisavam de guarnição durante todo o ano.

Otokar I, primeiro rei da Boêmia (1198-1230), um título concedido por Frederico II Hohenstaufen em troca de ajuda militar.

1227	1227-1229	1228-1230
Batalha de Bornhöved. O rei Waldemar II da Dinamarca é derrotado e forçado a deixar a Estônia.	O duque Jaroslav de Novgorod toma a Finlândia oriental.	Conquista de Maiorca pelo rei Jaime I de Aragão e Catalunha.
O papa Gregório IX excomunga o imperador Frederico II por não fazer o voto cruzado devido a uma doença grave.	Cruzada do imperador Frederico II (que estava excomungado na época).	

Minerve no Languedoc era um refúgio importante para os cátaros, que se rendeu aos cruzados depois de um cerco em 1210. Entre 150 e 180 cátaros foram então queimados vivos.

Boêmios e escandinavos também dedicaram recursos consideráveis para a apropriação de território no Báltico e também se depararam com uma luta longa e difícil. Por exemplo, o rei da Boêmia lançou um grande ataque à Samogícia em 1256. Em 1257, os samogicianos pediram uma trégua de dois anos para considerar suas opções e, em seguida, decidem lutar por sua religião e costumes nativos.

Eles derrotaram várias forças enviadas contra eles, instigando uma série de revoltas anticristãs em terras que supostamente já haviam sido conquistadas. E os ocidentais descobrem que é difícil se sair bem contra emboscadas e incursões. Em 1260, os samogicianos emboscam com sucesso uma força dos Cavaleiros Teutônicos em Durben, iniciando uma guerra de 30 anos justamente quando a ordem pensou que conseguira dominar a região. Os sudóvios, o último dos povos do Báltico no território da Prússia, se rendem em 1283, o mesmo ano em que a Ordem Teutônica começa uma nova grande guerra contra a Lituânia, que duraria por quase dois séculos.

Cruzadas contra Cristãos

Tecnicamente, uma cruzada é uma guerra de convocados pelo papa, que recebem uma indulgência, ou seja, uma isenção de penitência pelos pecados. As primeiras cruzadas foram contra os muçulmanos, mas no início do século XII o termo já fora expandido para incluir guerras contra não cristãos nas fronteiras da Europa. No final do século XII, em 1199, o termo foi

1229-1239	1229	1229-1243	1230
Os aragoneses conquistam as Ilhas Baleares.	**18 de fevereiro** – Tratado de Jaffa. Um acordo entre Frederico II e al-Kamil concede Jerusalém aos cristãos por dez anos. **12 de abril** – O tratado de Meaux-Paris põe fim às cruzadas albigenses e dá ao rei da França o controle sobre a porção oriental do Languedoc.	Rebelião contra o domínio de Hohenstaufen no Reino de Jerusalém.	O duque Conrado da Mazóvia convidou os Cavaleiros Teutônicos para a Prússia, para defender seu território contra invasores pagãos. **9 de março** – Ivan Asen II derrota e captura Teodoro de Epiro, na Batalha de Klokotnitsa.

ampliado novamente para incluir guerras contra os cristãos que se revelassem de alguma forma inimigos da fé.

As Cruzadas Albigenses contra hereges cátaros do sul da França, entre 1209 e 1229, se mostraram um empreendimento militar devastador que combinava objetivos religiosos com um desejo de cavaleiros por terras. A maioria dos nobres provençais que pegaram em armas não era, na verdade, hereges. No máximo, algumas vezes protegeram os cátaros. Os estágios iniciais da guerra foram marcados por diversos cercos cruzados vitoriosos, como em Béziers e Carcassonne, no verão de 1209. Em ambos os casos, quando os cruzados tomaram a cidade, mataram os moradores indiscriminadamente, um tratamento geralmente reservado aos inimigos não cristãos, e queimaram um grande número de prisioneiros cátaros.

Como era comum na Europa até o século XIII, o processo foi bastante retardado pelo grande número de castelos que pontilham a paisagem, que precisavam ser assediados individualmente (embora os cruzados

Esta impressão artística do século XVIII, de Simão de Monforte, o Velho (1160-1218), sugere a liderança carismática do cruzado. (A armadura é um lamentável anacronismo do século XV).

pelo menos não precisassem temer o ataque de uma força de socorro). Um dos sítios mais notáveis foi o de Minerva em 1210, um castelo no cimo de um pico inacessível. A única fraqueza do castelo era o abastecimento de água e os cruzados bombardearam os defensores que tentavam alcançar o poço com trabucos de alta potência e precisão. Os defensores acabaram por se render, com a condição de que suas vidas seriam poupadas, o que não impediu os cruzados, porém, de queimar 140 cátaros.

A Cruzada Albigense incluiu diversas batalhas campais, vencidas pela liderança do nobre Simão de Monforte, que assumiu o comando das forças cruzadas e planejava conquistar para si o condado de Toulouse. Sua vitória mais notável foi em Muret, em 13 de setembro de 1213. O conde Raimundo de Toulouse e seu aliado, Pedro II de Aragão, sitiavam a cidade cruzada de Muret quando Simão de Monforte chegou para romper

1230-1283	1234	1234-1235
Conquista da Prússia pelos Cavaleiros Teutônicos e cruzados.	**27 de maio** – Batalha de Altenesch. Os camponeses da Stedingen (noroeste de Bremen) se recusam a pagar dízimo e impostos ao arcebispo de Hamburgo-Bremen. A cruzada convocada contra eles em 1233 fracassa, mas um grande exército cruzado aniquila os camponeses em Altenesch. A frota da cidade hanseática de Lübeck derrota a frota dinamarquesa.	O príncipe Henrique da Alemanha se rebela contra seu pai, o imperador Frederico II, em aliança com Milão e outras cidades da Lombardia. A rebelião desmorona quando Frederico marcha contra a Alemanha e Henrique é capturado. Aprisionado, comete suicídio anos mais tarde.

o cerco com apenas uma pequena força de aproximadamente 800 cavaleiros e 1.400 a 1.500 de outros cavalarianos, além de uma infantaria que aparentemente não se envolveu no combate. Simão obteve uma vitória tática sobre os confiantes espanhóis, enviando dos esquadrões diretamente contra a força do rei Pedro, enquanto ele próprio liderava um terceiro esquadrão em um movimento oblíquo, atravessando um pântano e atacando o inimigo no flanco esquerdo. O ataque de flanco causou um pânico que se agravou quando Pedro (que tinha entrado na batalha vestido como um cavaleiro comum) foi morto.

A Extinção dos Hohenstaufen

Cada vez mais os papas convocavam cruzadas também contra seus inimigos políticos, na crença de que qualquer inimigo da Igreja institucional era,

inegavelmente, um herege. As mais notórias foram as repetidas cruzadas convocado pelos papas contra o imperador Frederico II Hohenstaufen (que morreu em 1250) e seus herdeiros.

Os Hohenstaufen governavam a Alemanha e o Reino da Sicília (sul da Itália e Sicília) graças a uma aliança dinástica. Em suma, eles rodeavam o estado papal e um livre-pensador independente e soberano como Frederico II inspirava um medo histérico à corte papal. Frederico II já havia sido excomungado pelo papa na década de 1220, quando esperou demais para partir em sua prometida cruzada e os esforços do papa para tomar o reino do sul italiano de Frederico em sua ausência sugerem tanto a força do medo papal quanto a extensão que o papa estava disposto a percorrer para eliminar a ameaça dos Hohenstaufen. Assim, não é de surpreender que, quando Frederico II seguiu os passos de seu avô Barba-Ruiva na tentativa de trazer a Lombardia de volta ao redil imperial, o papa Gregório IX tenha considerado

....

Frederico II Hohenstaufen (falecido em 1250) foi apelidado de "o Anticristo" pelos papas que a ele se opuseram por conviver em termos amigáveis com os muçulmanos em seu reino da Sicília e na Terra Santa.

1236

22 de setembro – Batalha do rio Saule, Livônia. Uma força de livonianos e seus aliados aniquilam a Ordem dos Irmãos da Espada e centenas de cruzados.

Conquista de Valência, Espanha, pelo rei Jaime I de Aragão e Catalunha.

1237

27 de novembro – Batalha de Cortenuova. O imperador Frederico II impõe derrota decisiva à Liga Lombarda.

Dezembro – Batalha de Kolomna. Os mongóis aniquilam uma força liderada pelo grão-príncipe Iuri II de Vladimir, que marchara para aliviar a cidade de Ryazan.

1237-1239

Os mongóis invadem a Rússia.

O papa Gregório IX (1227-1241), cuja incessante contenda com o imperador Frederico II ajudou a enfraquecer tanto o império alemão quanto o papado.

a manobra como um perigo para o papado.

O imperador levou um exército de aproximadamente 20.000 homens para o norte da Itália para enfrentar uma renovada Liga Lombarda, que entrou em campo contra ele. Frederico venceu uma grande batalha campal em Cortenuova em novembro de 1237, uma vitória que o imperador, um classicista, celebrou com um antigo triunfo romano. Embora Cortenuova deixasse a Liga Lombarda e muitas cidades se rendessem a Frederico, o

papa engendrou uma nova aliança anti-imperial e, em 1239, excomungou Frederico novamente, incentivando seus vassalos a se levantarem contra ele. Após anos de luta confusa, o papado foi ainda mais longe, providenciando para que o Concílio de Lyons, em 1245, excomungasse e depusesse o governante Hohenstaufen, declarando ser ele o Anticristo.

Frederico terminou o seu reinado com um revés, derrotado gravemente quando sitiava Parma, em uma batalha que resultou na captura das insígnias e do tesouro imperiais. O governante morreu, provavelmente de disenteria, em dezembro de 1250. Contudo, a vingança papal contra os Hohenstaufen se estendeu aos descendentes de Frederico. Os embaixadores do Papa ofereceram a coroa da Sicília (que, naquele meio tempo, fora assumida pelo filho de Frederico, Manfredo) a diversos governantes europeus, com a condição de um vultoso pagamento ao papado e uma intervenção militar para derrotar os Hohenstaufen e seus partidários.

Em 1254, Henrique III da Inglaterra aceitou a oferta em nome de seu filho caçula Edmundo, mas não conseguiu levantar o dinheiro e as tropas de que precisava, em face da oposição dos barões. Assim, depois que Manfredo obteve uma importante vitória sobre tropas papais em Foggia, no final de

---

1238	1239	1239-124-1
7 de fevereiro – Queda de Vladimir, na Rússia, para os mongóis.	Uma força naval de Lübeck derrota uma frota dinamarquesa.	Cruzadas de Teobaldo de Champanha e Ricardo da Cornualha.
Jaime I de Aragão conquista Valência.	**18 de outubro –** Queda de Cherigov, na Rússia, para os mongóis após um curto cerco.	
	6 de dezembro – Os mongóis atacam e destroem a cidade de Kiev.	
	O papa Gregório IX excomunga o imperador Frederico II pela segunda vez.	

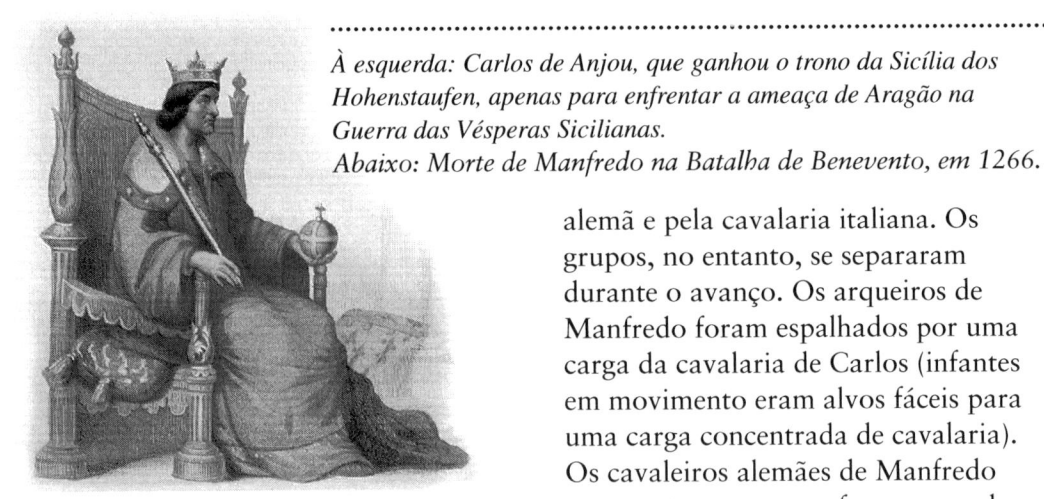

À esquerda: Carlos de Anjou, que ganhou o trono da Sicília dos Hohenstaufen, apenas para enfrentar a ameaça de Aragão na Guerra das Vésperas Sicilianas.
Abaixo: Morte de Manfredo na Batalha de Benevento, em 1266.

1254, o papa recorreu a proclamações de cruzadas, desviando cruzados em 1264 e 1265 da luta contra os mamelucos na Palestina para combater os Hohenstaufen no sul da Itália.

Por fim, o papado vendeu a Sicília a Carlos de Anjou, irmão mais novo de Luís IX da França. Carlos invadiu a Itália com uma força considerável, derrotando e matando Manfredo na batalha de Benevento, em 26 de fevereiro de 1266. Esse encontro mostra como estavam se tornando complexas as batalhas na segunda metade do século XIII. Carlos tinha assumido uma posição atrás do inundado rio Calore. Manfredo cruzou o rio para encontrá-lo, colocando seus arqueiros muçulmanos na frente (a Sicília contava com substancial população muçulmana), seguidos pela cavalaria

alemã e pela cavalaria italiana. Os grupos, no entanto, se separaram durante o avanço. Os arqueiros de Manfredo foram espalhados por uma carga da cavalaria de Carlos (infantes em movimento eram alvos fáceis para uma carga concentrada de cavalaria). Os cavaleiros alemães de Manfredo contra-atacaram, mas foram cercados pela cavalaria inimiga. A reserva de Manfredo estava afastada demais na retaguarda para prestar assistência.

Após da Batalha de Benevento, os filhos de Manfredo foram condenados

1240

15 de julho – Batalha do rio Neva. O príncipe Alexandre de Novgorod derrota uma invasão sueca em uma grande vitória que lhe rendeu o título de "Nevsky".

Haakon IV da Noruega suprime uma revolta liderada por Jarl Skuli.

1241

9 de abril – Batalha de Leignitz. Um exército mongol invasor derrota uma força alemã e polonesa.

11 de abril – Batalha de Mohi. Invasores mongóis esmagam o exército do rei Béla IV da Hungria. Os mongóis podem ter usado armas de fogo rudimentares nessa batalha.

A frota veneziana derrota uma força bizantina maior no Mar de Mármara.

Batalha de Montecristo. Os aliados pisanos do imperador Frederico II derrotam uma frota genovesa que transportava os bispos a Roma para um concílio destinado a condenar o imperador.

1242

21 ou 22 de julho – Luís VIII da França derrota Henrique III e seus aliados.

5 de abril – Batalha do lago Peipus. O exército de Novgorod derrota um exército invasor alemão e dinamarquês.

à prisão perpétua, porém Carlos ainda não estava em condições de desfrutar de sua conquista, pois o neto de Frederico II, Conradino, tentou em seguida reivindicar o reino da Sicília. Porém Conradino, com apenas 16 anos na época, foi derrotado em Tagliacozzo, em 1268, em uma batalha que foi perdida quando suas tropas se dispersaram prematuramente para saquear o acampamento de Carlos de Anjou, estando despreparadas quando os franceses se reuniram. Conradino foi capturado e executado logo depois.

A Guerra das Vésperas Sicilianas

Após Tagliacozzo, Carlos de Anjou pode reivindicar o reino da Sicília, mas seu governo foi marcado por profundos ressentimentos e uma grande rebelião eclodiu em 1282, evoluindo para uma guerra em grande escala entre Carlos (e seus herdeiros) e Aragão pelo controle da Sicília. O conflito é chamado de Guerra das Vésperas Sicilianas devido ao fato de os rebeldes terem usado um sino de vésperas para sinalizar o início do ataque a seus senhores franceses na segunda-feira de Páscoa de 1282. A guerra, travada sobretudo no mar, mostra o quanto as potências europeias conseguiram alcançar em termos militares, equipando uma série de frotas caras em uma escala inédita.

O rei Pedro III de Aragão reivindicava a Sicília através de sua

A grande rebelião contra o domínio angevino na Sicília, conhecido como as Vésperas Sicilianas, eclodiu quando um soldado angevino insultou uma mulher. Abaixo: Estátua de Rogério de Lauria, grande almirante de Aragão na Guerra das Vésperas Sicilianas.

esposa, Constança, filha de Manfredo, sendo rápido em aproveitar a rebelião e contando com recursos para fazê-lo. O pai de Pedro III, Jaime I "o Conquistador" (1213-1276), tinha estabelecido Aragão como potência dominante do Mediterrâneo ocidental, conquistando as ilhas Baleares e Valência e,

1244

11 de julho – Conquista de Jerusalém pelos corásmios, nômades da Ásia central, que são confederados dos sultões aiúbidas do Egito.

17 de outubro – Batalha de La Forbie (Gaza). Um exército egípcio corásmio esmaga o exército do Reino de Jerusalém, comandado por Walter de Jaffa e seus aliados da Síria.

Março – A última fortaleza cátara de Languedoc, Montsegur, cai após um cerco de 10 meses e 255 cátaros capturados são queimados.

Tratado entre Alexandre II da Escócia e Henrique III de Inglaterra, levando a 50 anos de paz entre os dois países.

1245

O Concílio de Lyon excomunga e declara a deposição do imperador Frederico II. O concílio também proíbe os torneios.

Batalha de Krücken. O duque Swantopulk da Pomerânia derrota os Cavaleiros Teutônicos.

4. Depois de esperar até que as tripulações angevinas esgotassem sua fonte de projéteis, os aragoneses se envolvem em um combate corpo a corpo com o angevinos.

2. A frota aragonesa, comandada por Rogério de Lauria, entra no Grande Porto de Malta, pondo a frota em linha para bloquear a entrada do porto.

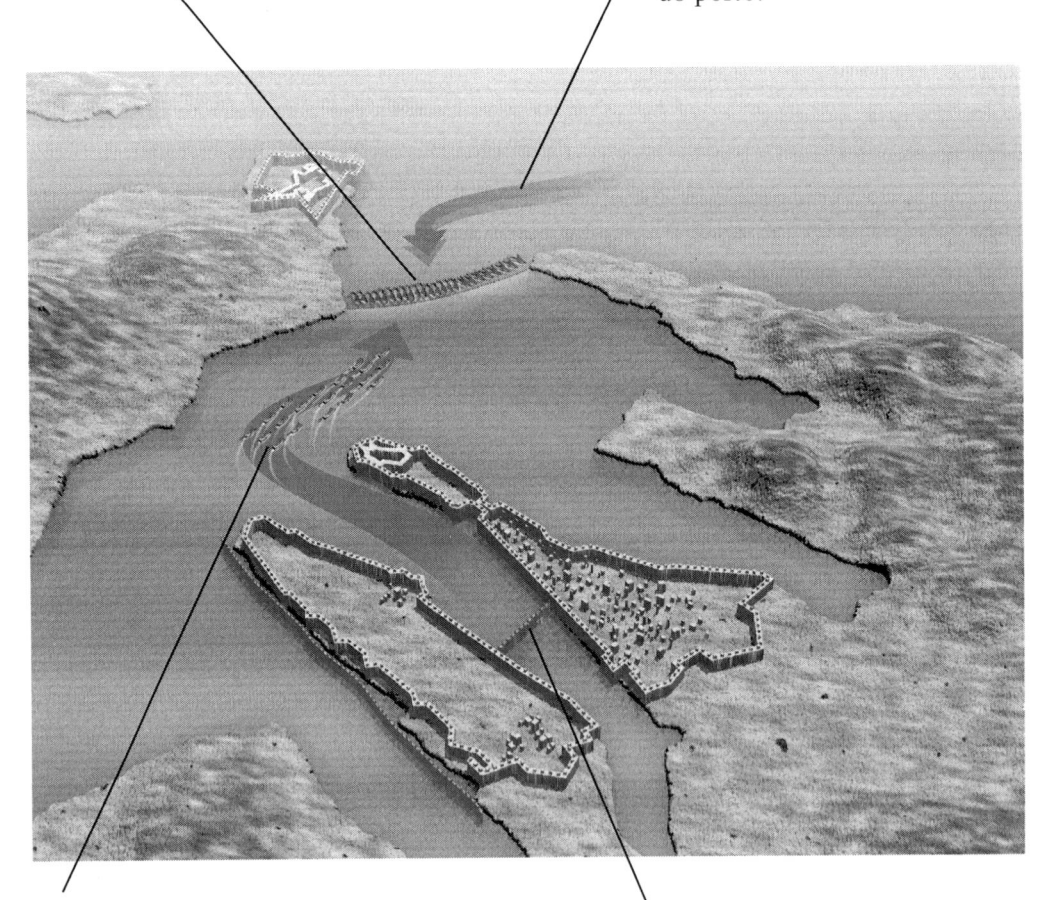

3. A frota angevina deixa sua posição de segurança na praia para confrontar os atacantes aragoneses.

1. Dockyard Creek, uma posição altamente defensiva, onde a frota angevina atraca para se proteger.

Batalha de Malta, 1283.

1246	1247	1248	1248-1254
Fernando II de Castela captura Jaén dos muçulmanos. João de Niceia conquista a Macedônia e a Trácia.	Os mamelucos conquistam Ascalon.	**18 de fevereiro** – Batalha de Parma. O imperador Frederico II sitia Parma durante o inverno, mas os parmesãos rompem o cerco e impõem séria derrota a Frederico. Queda de Sevilha para Fernando III de Leão e Castela. Navios do norte bloqueiam o rio Guadalquivir, impedindo uma frota muçulmana de socorrer a cidade.	Primeira Cruzada de Luís IX da França.

especialmente, construindo a frota aragonesa. Quando a Guerra das Vésperas Sicilianas eclodiu, o papa francês Martinho IV ofereceu a coroa de Aragão ao filho mais novo de Filipe III da França, incentivando, dessa forma, a invasão francesa de Aragão.

A expedição, entretanto, se mostraria um fracasso muito dispendioso, com a frota catalã destruindo os navios de apoio de Filipe III, que foi morto durante a retirada. Em 1283, arranjos chegaram a ser feitos para um duelo entre o rei Carlos e seu rival, rei Pedro, mas o evento nunca aconteceu. Desse momento em diante, a maioria das batalhas da guerra foi travada no mar. A guerra terminou em um acordo em 1302, com Aragão obtendo o controle da ilha da Sicília, enquanto os angevinos mantiveram o sul da Itália. Mesmo assim, por quase dois séculos ainda a guerra irromperia entre os dois inveterados inimigos.

Pedro III foi afortunado de ter um almirante brilhante, Rogério de Lauria, um expatriado siciliano. A sequência impressionante de vitórias de Rogério de Lauria mostra que a guerra

À esquerda: Bestas eram armas lentas, mas altamente eficazes em cercos e batalhas navais.

Abaixo: Uma visão do século XVII de Veneza, mostrando o tráfego marítimo que tornara rica a cidade nos séculos XII e XIII.

naval medieval era muito mais do que multidões de homens em embarcações atirando projéteis uns contra os outros enquanto se aproximavam, para depois se atracarem em um combate corpo a corpo com o inimigo. O almirante venceu seis importantes batalhas navais de Aragão, da Batalha de Malta em 1283 até a Batalha de Ponza em 1300. Em todos os embates, demonstrou que ele e sua tripulação aragonesa

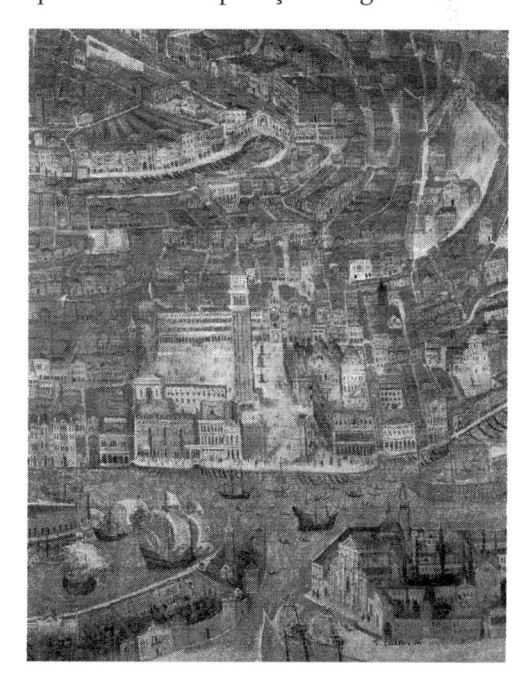

1249	1250	1250-1273
Uma frota da Liga Hanseática ataca Copenhague, na Dinamarca.	**8 de fevereiro** – Batalha de al-Mansurah. Uma força egípcia derrota o exército cruzado de Luís IX da França.	O interregno no império alemão termina com a eleição de Rodolfo I de Habsburgo.
6 de junho – O exército cruzado de Luís IX da França conquista Damieta, no Egito, após um cerco de dois dias.	**6 de abril** – O exército de Luís IX, assolado pela doença, se rende aos egípcios.	

simplesmente entendiam o mar melhor do que os angevinos.

Rogério usou uma variedade de truques, inclusive jogando potes de sabão nos conveses do inimigo para que os defensores perdessem o equilíbrio. Suas galés foram construídas com amuradas maiores, protegendo seus homens durante o bombardeio inicial conforme as embarcações inimigas se aproximavam. Acima de tudo, porém, a frota aragonesa contava com tropas leves especializadas, que se saíam muito melhor em um combate no mar do que as forças terrestres convencionais empregadas por Carlos de Anjou em seus navios. A armadura pesada de cavaleiros era uma séria desvantagem em uma batalha no mar, da mesma forma que o armamento mais modesto da infantaria. Em vez disso, Rogério empregava montanhistas aragoneses, tropas levemente armadas que lutavam com lanças. Acima de tudo, utilizou um grande número de besteiros numa época em que

Aragão era famosa por essa habilidade militar. Bestas eram usadas desde a época romana e foram especialmente populares nos cercos (apesar das tentativas dos clérigos de proibir seu uso em guerras contra cristãos). Essas armas foram especialmente eficazes no mar, onde os besteiros podiam recarregá-las sem se moverem, pois o navio fazia o trabalho de aproximá-los do inimigo.

A Luta pelo Mediterrâneo

Não eram somente os aragoneses e os angevinos que guerreavam no Mediterrâneo. No século XIII, a Itália setentrional e central consistia em mais de 200 estados independentes, que lutavam entre si constantemente. A causa mais comum era a competição pelo comércio entre as grandes cidades portuárias – Veneza, Gênova e Pisa – que muitas vezes lutavam umas com as outras e, outras vezes, contra a frota bizantina. Veneza e Gênova, em particular, empreenderam uma série de quatro guerras amargas no Mediterrâneo

Uma galé mediterrânica típica do século XIII, contando com remos, em vez de velas, quando em combate.

1253-1299	1254	1256	1257
A guerra entre Veneza e Gênova.	Batalha de Foggia. Manfredo, o herdeiro de Frederico II, obtém uma importante vitória sobre um exército papal.	O conde Guilherme da Holanda derrota um exército flamengo na batalha de Westkapelle, na Zelândia.	Uma frota veneziana expulsa embarcações genovesas do porto de Acre.
	O rei Otokar II da Boêmia funda Königsberg durante uma cruzada com os Cavaleiros Teutônicos.		
	Os húngaros tomam a Bósnia e Herzegovina dos sérvios.		

Navios transportando soldados, do Codex Benito de Santa Mora *(século XIV).*

Oriental durante o período de 1253 a 1381. As batalhas no Mediterrâneo foram vencidas ou perdidas sobretudo pela habilidade de almirantes, conforme sua capacidade de manter unida a frota durante um ataque, numa época em que a comunicação direta com outros capitães era impossível. Assim, uma frota veneziana comandada por Jacopo Dandolo destruiu toda a frota genovesa ao largo de Trapani, em 1266, provavelmente porque o almirante genovês insistiu em táticas defensivas, apesar do conselho de seus comandantes.

O tipo de navio preferido para guerrear no Mediterrâneo foi a galé, um navio relativamente longo e estreito, com um ou dois grupos de remadores. Ao contrário dos navios da antiguidade, esses modelos medievais não estavam equipados com aríetes. Seu propósito era capturar, em vez de afundar, o inimigo.

Batalhas entre galés eram particularmente cruéis, já que, depois de abordar e derrotar um navio inimigo, não havia realmente nada a fazer com os aprisionados, exceto matá-los ou jogá-los ao mar. Assim, uma ação bem-sucedida da frota poderia causar milhares de vítimas, mais do que qualquer batalha terrestre, exceto pelas mais cruentas. A guerra no mar era também terrivelmente cara para os padrões do século XIII. Os Estados operavam com recursos relativamente limitados e, sendo assim, era preciso cobrar impostos especiais para custear os navios e pagar suas tripulações. Geralmente, apenas um Estado desesperado construiria um grande número de galés novas. Por exemplo, Gênova começou a criar uma enorme frota de 120 galés em 1282, com 50 desses navios sendo novos e construídos pela cidade, mas foi uma época de desespero para os genoveses, após uma série de derrotas nas mãos de Veneza e Pisa.

O investimento genovês valeu a pena no curto prazo, mais notadamente na derrota total que impuseram à frota de Pisa em Meloria, em julho de 1284, uma vitória tão completa da qual Pisa jamais se recuperou. A frota genovesa também derrotou uma frota veneziana ao largo da costa da Cilícia em 1294. Porém Gênova acabou derrotada em seus próprios propósitos. Em 1295, a

....
*À esquerda: Selos de cera
apostos ao Documento
da Confederação da Liga
Hanseática.*

*Abaixo: O rei João da
Inglaterra (1199-1216),
um mau rei que sofreu
a inevitável reação
contra as guerras caras
e frustradas de seus
antecessores.*

eram mal adaptadas às águas mais revoltas do Atlântico e custavam mais do que os governos do norte realmente poderiam gastar (embora os franceses criassem um estaleiro para galés, o Cios des Galées, em Rouen, em 1294). Era mais comum empregar navios mercantes, os *cogs*, temporariamente a serviço do rei, acrescentando castelos de madeira na proa e na popa e, algumas vezes, pontos fortificados acima das velas. João da Inglaterra estabeleceu uma enorme frota de galés, que chegou a ter 65 navios em 1212, mas investiu tão pesadamente na guerra que desencadeou uma grande rebelião de seus súditos, que se sentiam sobrecarregados e ameaçados. Outros governantes foram mais prudentes.

A frota de João se mostra eficaz em 1213 quando, em um ousado ataque contra Damme, paralisa a frota francesa,

cidade reuniu uma frota de 165 navios e desafiou Veneza à batalha, mas Veneza recusou o desafio. Depois disso, as cidades italianas voltaram a empregar frotas menores e mais manejáveis, que não exigissem recursos demais.

Ainda assim, Gênova obteve uma grande vitória sobre uma frota veneziana em maior número ao largo da Ilha de Curzola, em setembro de 1298. Menos de uma dúzia das 96 galés venezianas escapou. Os 77 navios genoveses, um novo modelo de galé trirreme que logo passou a dominar a guerra do Mediterrâneo, eram maiores e mais bem equipados.

Os Mares do Norte

O século XIII também testemunhou melhorias na capacidade naval do norte da Europa. Embora França e Inglaterra empregassem algumas galés, estas

1259

Os samogicianos derrotam os exércitos da Prússia e Livônia, dando início a grandes revoltas anticristãs em ambas as regiões.

Outubro – Disposições de Westminster. Henrique III de Inglaterra é obrigado a aceitar a supervisão de sua administração pelos barões.

Outubro – Batalha da Pelagônia. Miguel Paleólogos de Niceia derrota Miguel Ducas de Épiro e seus aliados latinos, abrindo a porta para o restabelecimento do domínio grego em Constantinopla.

1260

Julho – Batalha de Kressenbrunn. O rei Otokar II da Boêmia derrota Béla IV da Hungria e toma Estíria.

Julho – Batalha de Durben (Livônia). Os samogicianos do Báltico e Otokar da Boêmia derrotam o exército de uma aliança entre Dinamarca, Suécia, Alemanha e os Cavaleiros Teutônicos, iniciando uma guerra de 30 anos.

evitando uma invasão planejada contra a Inglaterra. Uma frota inglesa parou outra invasão francesa em 1217, em uma batalha ao largo de Sandwich. Em geral, porém, era uma questão arriscada tentar interceptar um exército invasor no mar em uma era de comunicações pobres e embarcações frágeis. Em 1216, a frota inglesa tinha, de fato, sido arrasada por uma tempestade e, portanto, estava incapaz de impedir a flotilha invasora francesa. Além de sua eficácia parcial, a frota inglesa era demasiado cara de manter. Navios mercantes retornavam ao seu comércio, enquanto as galés, paradas, apodreciam. Mais ao norte, veleiros conhecidos como *cogs* eram o padrão de uso naval, como quando a Liga Hanseática bloqueou a Noruega em 1284.

Reações ao Alto Custo da Guerra

A primeira metade do século XIII foi marcada pela redução das ambições dos reis ingleses. Lançando mão dos recursos de um

grande império que incluía mais de metade da França, além da própria Inglaterra, Ricardo I equipara um dos exércitos cruzados mais magníficos já vistos, mas apenas porque vendera tudo aquilo que pudera (incluindo a liberdade da Escócia, que seu pai, Henrique II, havia reduzido à vassalagem). Como seu pai, Ricardo também pagou por guerras excessivamente ambiciosas arrancando cada *penny* que podia de seus súditos.

A reação inevitável veio no reinado de João (1199-1216), agravada pela própria personalidade do rei, um conflito com o papa Inocêncio III e o fato infeliz de o rei da França ter finalmente encontrado um pretexto legal para tomar a Normandia, apoiando o sobrinho de João como herdeiro após a morte de Ricardo, em

....

O rei João assina a Carta Magna, em 15 de junho de 1215, prometendo diminuir suas exigências dos nobres da Inglaterra. Logo depois, a Inglaterra mergulharia em uma guerra civil.

1260-1290	1261	1262
Longa guerra dos Cavaleiros Teutônicos para estabelecer controle sobre samogicianos, livonianos e prussianos.	Verão – O papa Alexandre IV absolve Henrique III da Inglaterra de seu juramento de manter as Disposições de Westminster.	Batalha de Prinitza. Os governantes francos da Moreia derrotam um exército bizantino que tentava recuperar o Peloponeso grego.
	25 de julho – Os gregos recuperam Constantinopla. O imperador bizantino Miguel VIII Paleólogos recupera Constantinopla, quando uma força passando pela cidade irrompe através de um portão indefenso. O imperador latino Balduíno foge sem lutar.	

À esquerda: Simão de Monforte, o Moço, tornou-se líder de um movimento de resistência baronial que derrotou e capturou Henrique III.
Abaixo: Queda de Simão de Monforte na Batalha de Evesham. Essa vitória pelo príncipe Eduardo da Inglaterra foi a primeira batalha em que Eduardo I mostrou suas habilidades de general.

Para salvar sua honra e suas receitas, João precisava desesperadamente recuperar a Normandia e, sendo assim, planejou uma grande invasão em duas frentes em 1205, mas os barões ingleses se recusaram a acompanhá-lo e, consequentemente, a expedição se desfez antes mesmo de iniciar. Após

vez de o próprio João. João obteve uma importante vitória sobre o sobrinho Artur da Bretanha em Mirebeau, em 1º de agosto de 1202, mostrando que realmente tinha algumas das habilidades militares do irmão Ricardo. Porém, quando Arthur desapareceu após ser preso por João, Filipe II Augusto de França declarou João um "vassalo contumaz" e o sequestro de seus territórios na França.

Muitos normandos ficaram felizes por terem um rei francês e sua conquista do ducado foi concluída em 1204, com o cerco vitorioso do poderoso Château Gaillard de Ricardo, que João não conseguiu socorrer a tempo.

1263

Batalha de Makoy Plagi. Os francos da Moreia derrotam um segundo ataque bizantino.

3 de outubro – Batalha de Largs (as Hébridas). O rei Haakon IV, da Noruega, tenta conquistar o Hébridas, mas uma tempestade joga alguns de seus navios contra a terra.

Assassinato de Alexandre Nevsky de Novgorod durante uma visita ao khan mongol da Horda de Ouro.

Batalha de Settepozzi (Spetsai). Uma frota de galés genovesas encontra uma frota veneziana cruzada e ataca, mas é rechaçada com pesadas perdas.

uma série de esforços desperdiçados, João finalmente criou uma estratégia enorme e terrivelmente cara para recuperar a Normandia em 1214, alistando um grande número de aliados do norte liderados pelo Imperador Oto IV e pagando-lhes a vultosa soma de 40.000 marcos. As tropas inglesas lideradas por João invadiram Poitou, enquanto os aliados deveriam atacar pelo norte, comprimindo o rei Filipe no centro. O plano fracassou no solo de Bouvines, onde Filipe obteve uma vitória decisiva sobre o imperador Oto.

Um cavaleiro do século XIII. Ele usa um capuz de malha que protege o pescoço e a garganta. A maioria dos cavaleiros usava capacetes de face aberta em campo de batalha, por acharem que a capacidade de ver e ouvir superava a maior proteção oferecida por um elmo.

1264

14 de maio – Batalha de Lewes, Inglaterra. Barões rebeldes comandados por Simão de Monforte, o Moço, derrotam e capturam o rei Henrique III e seu filho, príncipe Eduardo.

Grande revolta dos muçulmanos espanhóis sob regência cristã de Castela.

14 de agosto – Gênova derrota uma frota veneziana no Canal de Otranto, perto de Durazzo (atual Albânia).

Batalha de Trapani (Sicília). Veneza derrota a frota genovesa.

1264-1266

Primeira guerra entre Gênova e Veneza.

5. A ala esquerda dos aliados é derrotada e foge, sendo logo seguida por outras divisões aliadas.

3. A infantaria na ala direita francesa, que não era necessária para combater a cavalaria flamenga, se desloca para reforçar a divisão de centro de Filipe Augusto.

1. O exército francês, chegando cedo ao campo de batalha, é formado por três divisões compostas de cavalaria e infantaria.

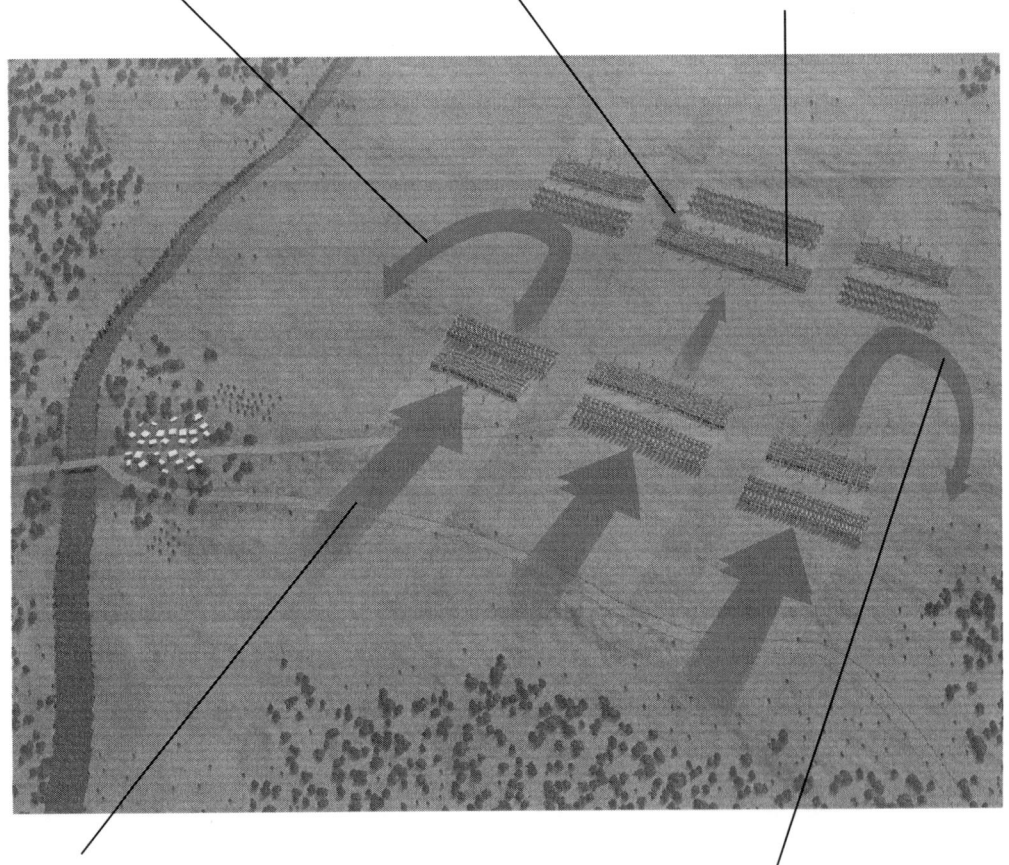

2. Conforme as tropas flamengas e alemãs chegam ao campo de batalha, imediatamente enfrentam a linha francesa.

4. As tropas inglesas e bolonhesas atacam a ala esquerda francesa, apenas para serem repelidas em desordem.

Batalha de Bouvines, 1214

1264-1267	**1265**	**1266**	**1267**
Guerra dos barões ingleses. Barões rebeldes, liderados por Simão de Monforte, o Moço, lutam para garantir seu direito de fiscalizar o governo do rei Henrique III.	2 de agosto – Batalha de Kenilworth. O príncipe Eduardo avança sobre o exército rebelde acampado fora do Castelo de Kenilworth em um ataque surpresa ao amanhecer, capturando vários líderes rebeldes. 4 de agosto – Batalha de Evesham. O príncipe Eduardo da Inglaterra lidera uma força real à vitória sobre os barões rebeldes. Morte de Simão de Monforte, o Moço.	26 de fevereiro – Batalha de Benevento. Carlos de Anjou derrota e mata Manfredo em uma batalha pelo controle do Reino da Sicília. Batalha de Trapani (Sicília). Uma frota veneziana, comandada por Jacopo Dandolo, destrói inteiramente a frota de guerra genovesa.	Primeira receita conhecida de pólvora na Europa Ocidental, em um tratado de Roger Bacon.

Após Bouvines, um grande número de barões de João o desafiou. João assina a Carta Magna em junho de 1215, uma carta de liberdades que promete o fim das excessivas exigências reais e a remoção dos mercenários da Inglaterra. Entretanto, o rei quase imediatamente quebraria sua palavra, logrando uma liberação papal de seus compromissos. O resultado foi a Primeira Guerra dos Barões da Inglaterra, travada entre 1215 e 1217, quando muitos dos magnatas da Inglaterra se levantaram contra seu rei. João conquistou de uma série de

Batalha de Dürnkrut (Marchfeld), 26 de agosto de 1278, na qual o imperador Rodolfo I de Habsburgo derrotou seu rival, Otakar II para proteger a dominação de Habsburgo sobre o Sacro Império Romano.

vitórias, incluindo o cerco a Rochester, que se rendeu em novembro de 1215 depois de o rei ter minado sua muralha com sucesso. O vingativo rei queria executar toda a guarnição, mas foi persuadido a enforcar apenas alguns besteiros mercenários. João passou a empreender uma campanha muito

1268	1269	1270	1271
18 de maio – Os mamelucos conquistam a Antioquia. A cidade foi arrasada e sua população morta ou escravizada.	Cruzada aragonesa para a Terra Santa.	**25 de agosto** – Morte de Luís IX da França durante o cerco de Túnis.	**8 de abril** – O sultão mameluco Baibars captura a grande fortaleza dos Hospitalários de Krak-des-Chevaliers.
23 de agosto – Batalha de Tagliacozzo. Carlos de Anjou derrota e captura Conradino, o último herdeiro da dinastia Hohenstaufen.		Segunda Cruzada de Luís IX da França (invasão de Túnis).	Construção do Castelo de Caerphilly, no País de Gales.
29 de outubro – Execução de Conradino, aos 16 anos de idade, pondo fim à dinastia Hohenstaufen.			

eficaz contra os rebeldes e os invasores escoceses no norte da Inglaterra, em janeiro e fevereiro de 1216. Contudo, os rebeldes convidaram o rei francês para participar, oferecendo o trono da Inglaterra a seu filho Luís. Luís invade com um exército grande e tem algum sucesso. Entretanto, quando João morre e deixa seu filho ainda menor como herdeiro, os rebeldes já não têm alguém contra quem lutar. Um dos líderes dos barões, o idoso Guilherme, o Marechal, se torna regente do jovem Henrique III e logo expulsa os franceses do país.

Os barões da Inglaterra se rebelariam novamente em 1264-1267 contra o fútil e fiscalmente irresponsável Henrique III. Os rebeldes, liderados pelo cunhado de Henrique, Simão de Monforte, o Moço, (filho do líder da Cruzada Albigense), vencem uma grande batalha campal em Lewes, em 1264, principalmente porque a cavalaria monarquista saiu do controle e passou muito tempo correndo atrás de

....

Rei Eduardo I da Inglaterra (1272-1307), um rei guerreiro que passou a maior parte de seu reinado lutando contra galeses, escoceses e franceses.

uma parte do inimigo fora do campo de batalha, que foi perdida em sua ausência. Porém, o príncipe Eduardo provou ser um comandante melhor do que seu pai, derrotando e matando Simão em Evesham em 4 de agosto de 1265.

O Momento da Cavalaria

A cavalaria pesada foi importante na guerra europeia desde o século X até o final da Idade Média. Foi somente no século XIII, no entanto, que a carga maciça de cavalaria chegou a ser considerada como a verdadeira força decisiva para vencer uma batalha. Como vimos, essa crença era demasiado simplista, mesmo no século XIII. Não obstante, o século foi marcado por uma série de decisivas batalhas campais em que a carga de cavalaria, de fato, dominou o campo de batalha, criando um breve "momento" da cavalaria, mesmo quando as forças militares se tornaram mais diversificadas e uma infantaria qualificada se tornou mais importante.

O equipamento do cavaleiro continuou a se desenvolver durante o século XIII. A montaria de combate típica da Idade Média media de 14 a 15 mãos (um cavalo de 15 mãos tinha 152 cm do chão ao alto da cernelha). Para o combate, o cavalo era equipado com uma couraça e placas de metal no peito, na garupa, nos flancos e na

1271-1272	1272	1274
Cruzada do Lorde Eduardo (o futuro Eduardo I da Inglaterra).	Última convocação feudal francesa para o serviço militar. O príncipe Eduardo I da Inglaterra negocia uma trégua de 11 anos com o sultão mameluco Baibars.	Concílio de Lyons. O imperador bizantino Miguel VIII Paleólogos aceita uma reunião das Igrejas oriental e ocidental para impedir uma cruzada contra ele, liderada por Carlos de Anjou. A união dura apenas oito anos.

cabeça. O cavaleiro também estava mais bem protegido no início do século XIII, vestindo uma armadura de chapa metálica, especialmente nas juntas, para reforçar a cota de malha.

Nesse século, os escudos tinham o topo achatado e eram menores, para que os cavaleiros pudessem manobrar melhor o cavalo. Os capacetes cônicos são substituídos pelo "grande elmo", um capacete de topo achatado que cobre toda a cabeça, embora este possa ter sido usado mais em torneios do que nos campos de batalha, devido à forma como interfeririam na visão, audição e respiração. Esses desenvolvimentos foram, provavelmente, uma resposta ao maior uso da besta, já que o dardo de uma besta podia penetrar uma cota de malha com relativa facilidade. No século XIII, também apareceram as espadas muito grandes de duas mãos, provavelmente para enfrentar as melhorias nas armaduras.

O primeiro dos grandes combates de cavalaria do século XIII foi a Batalha de Bouvines, travada em 27 de julho de 1214 entre os exércitos de Filipe II Augusto, da França, e do imperador alemão Oto IV e seus aliados. Curiosamente, Filipe estava presente no campo de batalha, mas passou o comando para o bispo Guérin, de Liège, um ex-cavaleiro Hospitalários que tinha muito mais experiência de combate. Em

Os ingleses desfilam com a cabeça do príncipe galês, Llywelyn ap Gruffud, depois que foi morto na Batalha de Irfon Bridge, em 1282.

Bouvines, Filipe tinha pelo menos 1.300 cavaleiros e talvez o mesmo número de sargentos montados, além de soldados de uma infantaria de 4.000 a 6.000 homens. A força de Oto provavelmente incluía mais cavaleiros e definitivamente mais infantaria.

A batalha aconteceu quando Filipe decidiu se retirar para oeste perante os invasores alemães, sendo interceptado pelo inimigo, porém, em uma ponte crucial em Bouvines. O exército

C. 1275	1277-1295	1277	1278
Primeira carta marítima, um manuscrito pisano com um desenho detalhado da costa do Mediterrâneo.	Eduardo I da Inglaterra conquista o País de Gales.	A revolta de camponeses búlgaros coloca Ivailo, o Guardador de Porcos, no trono da Bulgária. O levante é logo derrotado pelos boiardos búlgaros, com auxílio bizantino.	**26 de agosto** – Batalha de Dürnkrut (Marchfeld). O imperador Rodolfo I de Habsburgo derrota e mata seu rival Otakar II da Boêmia, em um dos maiores confrontos de cavalaria da Idade Média. Eduardo I da Inglaterra abre o suposto túmulo de Artur e Guinevere em Glastonbury, sepultando novamente os ossos perante o altar-mor da igreja da abadia.

Castelo Caernarvon, País de Gales. A construção do castelo foi iniciada em 1283 por Eduardo I e nunca concluída.

francês foi capaz de formar uma linha de batalha atrás de uma frente de cavalaria. Em seguida, o comandante francês, Guérin, lançou uma unidade de cavalaria de cada vez. As pequenas, porém repetidas, cargas minaram a resistência da cavalaria aliada. Quando foi a vez da carga alemã, esta foi desordenada, tanto por causa das ações francesa anteriores quanto por falta de liderança clara e coesão. Seguiu-se um imenso combate corpo a corpo, após o que os alemães rompem

Rei João Balliol da Escócia (1250-1313). Embora entronizado pelo rei Eduardo I da Inglaterra, João logo se rebelaria contra a interferência inglesa.

formação e fogem. Filipe permitiu que a perseguição continuasse por apenas uma milha antes de chamar de volta suas forças com trombetas, pois o sol estava se pondo (a obediência das forças de Filipe mostra um maior grau de disciplina da cavalaria do que em muitas outras batalhas, tanto anteriores quanto posteriores). Curiosamente, embora essa batalha decisiva tenha destruído a carreira de Oto IV e quase arruinado seu aliado, João da Inglaterra, as baixas (pelo menos entre os cavaleiros) foram mínimas, com apenas dois cavaleiros franceses mortos de imediato e aproximadamente 200 alemães. As armaduras haviam se tornado tão boas que matar um cavaleiro exigia um esforço considerável.

c. 1280	1281	1282	1282-1302
A bússola é introduzida no Mediterrâneo, incentivando a mudança para uma temporada de navegação durante todo o ano.	Batalha de Horns. O sultão mameluco Kala'un derrota um exército de mongóis ilkhans, pondo fim à invasão mongol da Síria.	**30 de março** – Vésperas Sicilianas. Uma rebelião irrompe contra Carlos de Anjou na Sicília, quando um francês insulta uma mulher casada.	Guerra das Vésperas Sicilianas. Indignado com o rigor do governo de Carlos de Anjou, o povo do Reino da Sicília se rebela e pede ajuda ao rei Pedro III de Aragão.
Carlos de Anjou, rei da Sicília, derrota um exército tunisiano na Batalha de Cartago.	Cerco de Berat (atual Albânia), na primavera. Forças bizantinas infligem pesada derrota ao rei Carlos da Sicília.	**11 de dezembro** – Batalha de Irfon Bridge. O príncipe galês Llywelyn ap Gruffudd é morto em uma pequena batalha contra os ingleses.	

Uma predominância similar da cavalaria pode ser vista em outras batalhas do século XIII, como em Las Navas de Tolosa, em 1212, quando Afonso VIII de Castela e Pedro II de Aragão obtiveram uma vitória decisiva sobre os almóadas, ou em Muret, em 1213, quando Pedro foi, por sua vez, derrotado e morto pela força de cruzados de Simão de Monforte no sul da França. Uma das maiores batalhas de cavalaria da Idade Média não seria travada até o final do século: a Batalha de Marchfeld (ou Dürnkrut), em 1278. Nesse embate, no qual o imperador Rodolfo I e o rei Otakar da Boêmia compareceram, cada um, com um exército de aproximadamente 20.000 homens, a força de Rodolfo incluía não apenas cavalaria pesada, mas seus aliados, arqueiros húngaros montados.

A batalha, travada ao norte de Viena, foi iniciada com esses arqueiros montados devastando o flanco direito de Otakar. Em seguida, a ala esquerda, composta de boêmios, fez carga contra Rodolfo, que foi atirado de seu cavalo, mas salvo por sua armadura. Contudo, Rodolfo tinha uma reserva forte, que rompeu a linha de Otakar, cuja retirada logo se transformou em debandada. A batalha garantiu a reivindicação de Rodolfo de Habsburgo ao trono imperial.

Por mais agradável que seja imaginar que os nobres cavaleiros lutavam por seus senhores e sua honra, a realidade é que os exércitos do século XIII confiavam cada vez menos nas obrigações feudais. Mesmo em 1202-1203, Filipe Augusto manteve um exército não feudal durante todo o ano, sendo que a maioria do serviço feudal foi transformada em um imposto militar.

A última convocação feudal na França foi em 1272 e se mostrou ineficaz. Na Inglaterra, decretos reais em 1224 e 1241 ordenavam que todos os titulares de feudo e latifundiários importantes se tornassem cavaleiros, numa medida que parece ter sido mais para garantir mão de obra para a administração local do

Batalha de Stirling Bridge (1297), uma importante vitória tática das forças rebeldes escocesas lideradas por Guilherme Wallace.

1283-1410	1283	1284	
Guerra da Ordem Teutônica contra a Lituânia.	**8 de junho** – Batalha de Malta. Uma frota aragonesa, comandada por Rogério de Lauria, derrota uma frota francesa e siciliana.	**5 de junho** – Batalha da Baía de Nápoles. O almirante aragonês Rogério de Lauria obtém uma importante vitória sobre uma frota siciliana e francesa, capturando 48 galés inimigas.	A Liga Hanseática, em aliança com a Dinamarca, bloqueia com sucesso a Noruega. Fundação do estaleiro da marinha naval em Barcelona a serviço do estado combinado de Aragão e Catalunha.
	11 de outubro – Batalha de Messina. Uma frota aragonesa e catalã, comandada por Rogério de Lauria, derrota a frota siciliana, obrigando o rei Carlos da Sicília.	**Junho** – Batalha de Meloria. A frota genovesa de 93 galés atrai uma força pisana de 72 galés para o combate. A frota pisana é completamente destruída.	**2-3 de setembro** – Batalha da Baía das Rosas, na Catalunha. O almirante Rogério de Lauria lidera uma frota de Aragão e Catalunha para destruir a frota de invasão francesa.

Na Batalha de Falkirk (1298), os arqueiros ingleses romperam as formações escocesas para que, em seguida, a cavalaria inglesa esmagasse o exército escocês, a maior parte de infantaria.

que para o campo de batalha. Ao final do século XIII, o termo "homem em armas" foi cunhado como referência a um cavalariano pesado, fosse aristocrata ou não.

As Campanhas de Eduardo I

A situação da guerra europeia no final do século XIII pode ser resumida por uma análise das campanhas empreendidas pelo rei Eduardo I da Inglaterra (1272-1307). Suas extensas guerras para conquistar o País de Gales

e a Escócia e para impedir a França de tomar o ducado da Aquitânia no Continente pressionaram a capacidade militar de seu reino até o limite. De fato, em determinado ponto, suas exigências levaram os barões da Inglaterra à beira da revolta. Eduardo, no entanto, lidou com a situação com uma compreensão da realidade prática muito maior que a de seu pai, Henrique III, ou seu avô João. Assim, suas ambições militares evoluíram para uma prática em que súditos importantes do rei eram consultados regularmente e receberam o direito de aprovar tributos – o Parlamento Inglês.

A conquista do País de Gales por Eduardo I entre 1277 e 1295 começou em pequena escala. Ao príncipe Llywelyn ap Gruffydd de Gwynedd fora concedida independência de fato da soberania inglesa no reinado do fraco Henrique III. Eduardo recordou Llywelyn de sua vassalagem em uma pequena campanha. Porém, em 1282, Llywelyn e outros nobres galeses se rebelaram, um movimento de surpresa que lhes permitiu tomar vários castelos ingleses. Eduardo respondeu com uma expedição maciça, destinada a subjugar seus vizinhos celtas de uma vez por todas. A pacificação parecia uma tarefa simples, especialmente depois que Llywelyn foi morto em uma escaramuça em Irfon Bridge, em dezembro de 1282. Como no século

1284-1285

Filipe III da França invade Aragão, depois que o papa ofereceu a coroa de Aragão ao filho de Filipe, Carlos de Valois. A invasão fracassa e Filipe morre durante a retirada.

1287

Os aragoneses conquistam Minorca.

23 de junho – Batalha dos Condes. Rogério de Lauria derrota a frota siciliano-francesa em uma batalha naval notável pelo número de nobres franceses que participaram e foram capturados.

XII, os galeses não foram capazes de se defrontarem com um exército inglês em uma grande batalha. Porém, os celtas se rebelariam novamente em 1287 e 1294. As campanhas são mais notáveis pelo uso que Eduardo I fez de frotas enormes para abastecer seus exércitos, mostrando um nível de envolvimento logístico que a Europa (e ele) havia aprendido nas cruzadas.

Para manter a terra, Eduardo iniciou um projeto altamente ambicioso de construir castelos, começando um anel externo de fortalezas em 1277 e um anel interno após 1283. Todas essas edificações foram projetadas para serem abastecidas por mar e eram obras de um mestre pedreiro de Sabóia, Jaime de São Jorge, sendo ocupadas por guarnições de 30 a 40 homens em tempos de paz, mas podendo receber um número muito maior em caso de rebelião. Por mais magníficas que sejam essas edificações, é preciso dizer que provavelmente não valiam seu custo: mais de 80.000 libras, aproximadamente quatro vezes a renda anual da coroa inglesa naquela época. Assim como outros governantes do seu tempo, o conceito de Eduardo de o que poderia e o que deveria ser feito militarmente ultrapassou em muito a capacidade de sua bolsa.

Quando chegou a hora de conquistar a Escócia, Eduardo reduziu a sua construção de castelos, mas seus exércitos estavam maiores e mais caros do que nunca. Em 1291, Eduardo foi convidado a adjudicar a sucessão escocesa, depois de uma crise de sucessão criada pela morte de Margarida, rainha criança da Noruega.

Todas as partes concordaram em aceitar a soberania de Eduardo e quando a escolha do rei da Inglaterra recai sobre João Balliol, João presta homenagem a Eduardo. Contudo, Eduardo tinha uma noção muito mais intrusiva de soberania do que os escoceses esperavam e logo João se rebelaria contra ele. A resposta de Eduardo foi invadir com um grande exército em 1296, capturando Berwick e expulsando os escoceses em Dunbar. O rei João logo se rendeu e passou o resto de sua vida encarcerado na Inglaterra como um vassalo infiel.

O administrador de João Balliol, no entanto, um cavaleiro chamado Guilherme Wallace, logo levantou a bandeira da rebelião no sul, como fez o conde de Murray, no norte. Os escoceses, pelos padrões da época, não se equiparavam aos ingleses no campo de batalha, contando com pouca cavalaria pesada e ainda se baseando principalmente no recrutamento entre camponeses, em vez de empregar uma infantaria treinada como a que Eduardo comandava.

Mesmo assim, Guilherme Wallace derrotou um exército inglês liderado

1288

5 de junho – Batalha de Worringen. A cidade de Colônia se rebela contra o arcebispo Siegfried von Westerburg, derrotando-o em uma grande batalha em que mais de 2.000 homens são mortos.

1289

2 de abril – Queda de Trípoli para os mamelucos. Massacre de toda a população masculina da cidade.

Batalha de Campaldino. A Liga dos Guelfos (liderada por Florença) derrota os gibelinos (liderados por Arezzo) em uma batalha que demonstra a crescente importância das bestas.

Essa pintura romântica do Castelo de Stirling visto do rio Forth (1857) dá uma boa impressão da importância estratégica do local.

pelo conde de Warenne e por Hugo de Cressingham na ponte de Stirling em 11 de setembro de 1297, aproveitando a desorganização das tropas inglesas quando atravessavam a estreita ponte.

Eduardo respondeu com uma força esmagadora, pondo em campo um exército de até 30.000 homens que, naquele momento, era o maior exército jamais reunido na Inglaterra. Os escoceses se defenderam fora de Falkirk em 22 de julho de 1298, formando quatro grandes falanges, que consistiam em lanceiros fortemente concentradas em círculos defensivos,

com arqueiros entre eles. As falanges, contudo, não resistiram por muito tempo a Eduardo, que primeiro rompeu as formações com seus arqueiros e depois completou o trabalho com uma carga de cavalaria maciça. Os lanceiros escoceses conseguiram provar seu valor, matando cerca de 2.000 combatentes ingleses, mas ainda assim a vitória foi de Eduardo. A partir de então, a resistência escocesa ficou reduzida à guerra de guerrilha em pequena escala. À época de sua morte, em 1307, Eduardo se tornara, efetivamente, governante da Escócia.

A guerra de Eduardo contra a França, que durou de 1294 a 1297 (terminando oficialmente por tratado em 1303), foi uma questão de dimensões bem menores, mas muito dispendiosa. Eduardo só podia envolver

1291	1294	1294-1298	1296-1306
18 de maio – Queda de Acre, o último grande posto avançado cristão do Reino de Jerusalém, para sultão mameluco al-Asfraf Halil.	Batalha de Alexandreta, ao largo da costa da Cilícia. Uma frota genovesa derrota os venezianos.	A guerra entre a França e a Inglaterra começa quando Filipe IV de França tenta confiscar o ducado da Aquitânia.	Os ingleses conquistam a Escócia depois de Eduardo I da Inglaterra condenar João Balliol da Escócia como vassalo infiel.
Crise na sucessão escocesa com a morte de Margarida da Noruega. O rei Eduardo I adjudica a disputa.	Batalha de Lajazzo. Veneza envia 14 galés para expulsar os genoveses de Famagusta e Lajazzo. 5 de março – Batalha de Maes Moydog (País de Gales). O conde de Warwick marcha um exército para socorrer o rei Eduardo I no Castelo de Conway, aniquilando uma força rebelde comandada por Madog em Maes Moydog.		Captura de Berwick (Escócia) pelo rei Eduardo I. Massacre dos habitantes.

um pequeno número de tropas, em virtude de seus compromissos na Escócia e no País de Gales. Ele, contudo, conseguiu recuperar seu ducado da Aquitânia de um grande exército francês de ocupação que o rei Filipe IV havia impingido após Eduardo ter se recusado a aceitar que um soberano tão duro quanto ele se opusesse a João Balliol.

Guerras de muitos anos, fortificações ambiciosas e exércitos maiores e mais profissionais do que nunca na Idade Média são as principais características das campanhas de Eduardo. Talvez a característica mais notável de todas seja o fato de os exércitos de Eduardo terem sido *seus* exércitos em um sentido muito mais direto do que os amálgamas de tropas soltas que eram típicos da guerra antes do século XIII (e algumas vezes durante o século). Um número impressionante de homens que Eduardo levou com ele em campanha eram tropas domésticas, pagas diretamente pelo rei – cerca de 800 deles na campanha de Falkirk em 1298, formando toda uma divisão do exército. O restante de seus exércitos era, na maior parte, recrutado, em vez de convocado como parte de uma chamada feudal às armas. Grande parte de sua cavalaria fora recrutada por contratos que incluíam promessas de indenização por perda de cavalos. E seu recrutamento de infantaria foi enorme: no País de Gales, o exército de Eduardo

chegou a contar mais de 15.000 infantes, enquanto quase 26.000 mil participaram da campanha escocesa de 1298.

O Alto Custo da Guerra

As guerras do século XIII levaram Estados em toda a Europa a um ponto máximo de tensão econômica. Ao final do século, a situação pode ser razoavelmente descrita como uma corrida armamentista europeia. Os Estados tinham de acompanhar seus vizinhos em termos de escala e qualidade de seus exércitos, técnicas de construção de castelos, navios e máquinas de sítio ou sofrer as consequências. Comandantes foram rápidos em adotar inovações militares, como a construção de castelos sofisticados com muralhas externas e torres redondas, como Eduardo fez no País de Gales. Enquanto isso, seus equipamentos de cerco se tornavam cada vez mais impressionantes: no cerco ao Castelo de Stirling em 1304, um dos trabucos de Eduardo, carinhosamente chamado "Warwolf" (lobo guerreiro), disparou pedras de 135 kg que derrubaram uma grande extensão de muralha. No cerco ao Castelo de Stirling, pode também ter sido usada pela primeira vez a pólvora na Europa Ocidental, uma invenção chinesa que teria um grande futuro na guerra europeia.

1297

Os aragoneses conquistam a Sardenha (embora os muçulmanos em breve retomassem a ilha).

20 de agosto – Um exército francês comandado pelo conde Roberto de Artois vence os flamengos na Batalha de Furnes.

11 de setembro – Batalha de Stirling Bridge. Rebeldes, liderados por Guilherme Wallace, derrotam um exército do conde de Warenne e Hugo de Cressingham.

5 de novembro – O rei Eduardo I da Inglaterra reedita a Magna Carta e cancela um imposto altamente impopular para financiar a guerra com França.

1298

2 de julho – Batalha de Göllheim. Os príncipes alemães que haviam deposto o imperador Adolfo de Nassau derrotam e matam Adolfo em uma batalha perto de Worms.

8 de setembro – Batalha de Curzola. Os genoveses derrotam os venezianos em um combate marítimo no Adriático.

1299

Batalha de Cabo Orlando. Uma frota aragonesa, comandada por Rogério de Lauria, derrota outra frota francesa-siciliana.

Século XIV: Uma Revolução da Infantaria?

A guerra europeia experimentou uma rápida mudança no século XIV. Em particular, a Guerra dos Cem Anos entre a França e a Inglaterra provou ser um laboratório para inovações militares, já que os dois países lutaram por uma predominância que nenhum deles poderia realmente financiar.

O século XIV tem sido aclamado como a era de uma "revolução da infantaria", época em que soldados comuns adotam novas técnicas que permitem subjugar a cavalaria pesada, nas condições exatamente corretas. Na maior parte do tempo, o que podemos ver nesse século é um grau maior de integração entre infantaria e cavalaria no campo de batalha. A guerra também se tornou mais sangrenta. Os nobres parecem ter gostado de matar plebeus que tentavam se opor a eles, sendo que o inverso também era verdadeiro.

Não causa surpresa que Flandres (aproximadamente o território dos atuais Países Baixos e partes da Bélgica) tenha mostrado o caminho para a criação de forças de infantaria que pudessem derrotar homens a cavalo fortemente armados. Flandres fora urbanizada de forma surpreendente e suas cidades haviam conquistado direitos consideráveis de autogoverno. Para proteger esses direitos, cidades como Bruges e Gent formaram milícias de cidadãos, principalmente de infantaria, mas ainda assim eficazes. Os milicianos urbanos eram bem equipados e organizados por profissão ou distrito, além de usarem uniformes, fomentando um elevado espírito de corporação.

O rei Filipe IV ("o Justo") da França tentou uma

À esquerda: *Batalha de Poitiers, 1356. Arco e flecha desempenharam um papel importante na vitória, embora o artista tivesse pouca noção de como os arqueiros foram realmente empregados. À direita: Estátua de Jacob van Artevelde (c. 1295-1345).*

anexação direta de Flandres em 1297, mas concidadãos e nobres flamengos se ressentiram de sua interferência em seus assuntos e se sublevaram em uma grande rebelião no final do século XIII. Parecia provável que fossem exterminados pelo exército de Filipe, já que a infantaria raramente fazia frente a cargas de cavalaria e, quando o faziam, era por ter sido reforçada por cavaleiros desmontados. A Batalha de Courtrai, em 11 de julho de 1302, também conhecida como a Batalha das Esporas Douradas, por causa dos 700 pares de esporas retiradas de cavaleiros franceses mortos no campo de batalha, acabou com a ideia de que a cavalaria sempre levaria a melhor sobre infantaria.

Esse confronto demonstrou como as dinâmicas do combate estavam mudando.

A força de Flandres era composta quase inteiramente de milicianos flamengos armados com piques (lanças longas com 5,5 metros de comprimento e uma ponta de aço de 25 centímetros) e clavas de madeira chamadas *goedendags* ("bom dia"),

....

Acima: Batalha de Courtrai, 1302. Uma batalha de cavalaria francesa contra uma infantaria flamenga bem posicionada, Courtrai foi a primeira grande vitória da infantaria no século XIV.
À esquerda: O rei Filipe IV, "o Justo", da França (1285-1314), cujo reinado foi dedicado ao fortalecimento do poder da monarquia em detrimento dos interesses regionais.

c. 1300

Desenvolvimento da viseira móvel para capacetes.

Batalha de Ponza. Batalha marítima culminante da Guerra das Vésperas sicilianas, em que Rogério de Lauria leva Aragão à vitória contra uma frota siciliana e francesa.

Desenvolvimento da arrecadação (mais tarde chamada provimento), na Inglaterra, um sistema de vendas obrigatórias de alimentos para o exército.

Desenvolvimento da alabarda.

O conde Guy torna cavaleiros mais de 30 líderes plebeus antes da batalha, para fortalecer o moral (um processo razoavelmente comum). Oito foram dispostos em uma posição cuidadosamente escolhida, defendida por canais e com um rio às suas costas, para que os milicianos não pudessem debandar e fugir, mesmo se quisessem fazê-lo.

O comandante francês, Roberto de Artois, estava excessivamente confiante, aparentemente desdenhoso da força não profissional que tinha diante de si. O solo, escavado com poços e trincheiras, não era adequado para uma carga maciça de cavalaria, mas foi exatamente isso que Roberto ordenou. Para agravar seu erro,

uma referência jocosa ao seu impacto. Os líderes flamengos, Guy de Namur e Guilherme de Jülich, combatiam desmontados na linha de frente, junto com seus guarda-costas.

....

Acima: Estátua do conde Roberto III de Artois (1287-1342), no palácio de Versalhes. Roberto III passou a maior parte de sua carreira a serviço da Inglaterra.
À direita: Armas longas eram importantes nos exércitos de infantaria do século XIV. Essa ilustração mostra uma seleção dessas armas, que eram dotadas de uma ponta para trespassar, além de algum tipo de lâmina de machado.

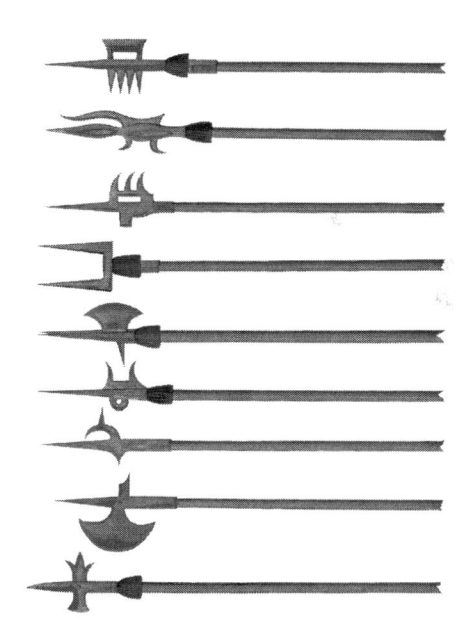

1301-1302	1301-1305	1302	
Guerra entre o imperador alemão Alberto I e os príncipes da Renânia.	Guerra civil húngara, causada por uma disputa pela sucessão.	A Paz de Caltabellota termina a Guerra das Vésperas Sicilianas. O rei de Aragão é confirmado como governante da Sicília. **Maio** "As Matinas de Bruges". Cidadãos de Bruges massacram tropas francesas estacionadas na cidade, inspirando revoltas na maior parte de Flandres.	**11 de julho** – Batalha de Courtrai, Flandres (Batalha das Esporas Douradas). A milícia flamenga aniquila um exército francês comandado por Roberto de Artois. **Julho** – Batalha de Nicomédia. Um exército otomano liderado por Osman derrota o exército bizantino de Andrônico II.

Roberto não ordenou que o grande efetivo de besteiros em seu exército "amolecesse" os lanceiros flamengos, como Eduardo havia feito com seus arcos longos em Falkirk alguns anos antes.

Em vez disso, sua cavalaria pisoteou a própria infantaria em sua ânsia de atingir o desprezado inimigo. O resultado foi desastroso para a cavalaria francesa, que perdeu velocidade graças aos obstáculos colocados em seu caminho. Aqueles que conseguiram atingir as linhas inimigas tiveram que lidar com fileiras contínuas de lanceiros em formação compacta, que provocaram desordem entre as montarias. Poucos combatentes franceses morreram nas cargas iniciais, já que a armadura da

cavalaria era muito boa por volta do século XIV, cada vez mais incluindo até mesmo couraças de aço. Contudo, uma vez derrubado de seu cavalo, o cavaleiro pesado ficava vulnerável e os flamengos não estavam interessados em fazer prisioneiros. O exército do rei Filipe foi aniquilado, com aproximadamente 20.000 franceses mortos, incluindo 700 cavaleiros.

A Batalha das Esporas Douradas mostrou que uma carga maciça de cavalaria poderia ser interrompida e derrotada pela infantaria, se as condições fossem exatamente propícias. Embora muitos soldados de infantaria usassem algum tipo de armadura no século XIV, ainda assim eram muito mais vulneráveis que os combatentes montados. Para sobreviver, era preciso que estivessem em uma posição defensiva, para evitar que fossem simplesmente atropelados. Além disso, precisavam de disciplina e capacidade de lutar como um grupo, o que vinha sendo desenvolvido havia séculos, mas atingira um ponto crucial no início do século XIV. Igualmente útil foi o fato de as forças flamengas em Courtrai superarem significativamente em número o inimigo.

Essa miniatura do século XIV, de Carlos Magno e seu exército na Marcha Espanhola, é um bom exemplo da armadura de cavalaria da época.

1303

4 de abril – Batalha de Arques. Um exército francês não consegue derrotar a milícia flamenga.

1304

Primeira *Preussenreise* ("Jornada à Prússia") anual, uma cruzada para apoiar os Cavaleiros Teutônicos em sua guerra contra a Lituânia, que continuou até aproximadamente 1400.

18 de agosto – Batalha de Mons-en-Pévèle (atual Bélgica). Filipe IV da França derrota os flamengos comandados por Guilherme de Jülich em uma batalha inconclusiva.

Batalha de Zierikzee. Uma significativa vitória naval francesa sobre o conde Guy de Flandres, permitindo que os franceses levantassem o cerco de Zierikzee.

Cerco de Stirling. O rei Eduardo I toma Stirling, marcando o fim de "rebelião" escocesa contra sua soberania. Primeiro uso conhecido da pólvora nas Ilhas Britânicas.

Guilherme Wallace confronta os nobres da Escócia. Ele se opôs diversas vezes a nobres que estavam dispostos a fazer concessões a Eduardo I da Inglaterra.

Entretanto, uma vitória de infantaria desse tipo era uma questão grandemente arriscada, como pode ser visto na Batalha de Mons-en-Pévële apenas dois anos mais tarde. Nesse embate, o rei Filipe IV comandou pessoalmente um exército francês contra os rebeldes flamengos liderados por Guilherme de Jülich. Os infantes flamengos assumiram uma posição muito defensiva, atrás de vagões de carroças. Não foi surpresa, portanto, que Filipe se recusasse a envolver seus homens em uma carga suicida. Seguiu-se um impasse, que terminou quando os flamengos finalmente deixaram suas posições segura atacar os franceses. Os flamengos invadiram o acampamento francês, quase matando o rei Filipe no processo. Mas, longe de suas defesas, os soldados de infantaria flamengos eram muito mais vulneráveis.

Um contra-ataque francês mata Guilherme de Jülich e expulsa os flamengos do campo de batalha, embora o embate não tenha sido determinante. No entanto, em Cassel, em 23 de agosto de 1328, outro rei francês, Filipe VI, obteve uma vitória decisiva sobre os flamengos usando táticas convencionais de cavalaria. Naquele dia, metade da força flamenga foi aniquilada. Cassel reforçou a lição de que as condições de fato precisam ser perfeitas – uma posição defensiva, coesão do grupo e liderança inspirada – para que a infantaria triunfasse sobre a cavalaria.

As Guerras pela Independência da Suíça

Outras regiões que contavam com pouca cavalaria pesada também aprenderam como vencer exércitos tradicionais no decurso do século XIV. O mais surpreendente foi o caso dos camponeses de Dithmarschen, que conquistaram vitórias decisivas sobre o conde de Holstein em 1319 e 1404, preservando um enclave camponês independente no norte da Alemanha por um século.

Em uma escala maior estavam as guerras da Suíça para se libertarem

---

1305

Paz de Athès-sur-Orge entre Flandres e França. Flandres se submete o rei Filipe IV, expiando a revolta de 1302 através do envio de 3.000 homens em peregrinação.

23 de agosto – Execução de Guilherme Wallace, líder da resistência escocesa, na Inglaterra.

1306

25 de março – Roberto Bruce coroa a si próprio rei da Escócia, iniciando uma rebelião contra a Inglaterra.

19 de junho – Batalha de Methven. Uma força inglesa comandada pelo conde de Pembroke ataca de surpresa o acampamento oeste de Roberto Bruce em Perth. Bruce é capturado, mas escapa.

11 de agosto – Batalha de Dalry. Os ingleses derrotam Roberto Bruce.

Pierre Dubois escreve o tratado *Sobre a Recuperação da Terra Santa*.

Batalha de Morgarten, 15 de novembro de 1315, na qual os milicianos suíços atacaram um grande exército dos Habsburgo em um desfiladeiro montanhoso estreito.

da soberania do duque Habsburgo da Áustria. Três cantões suíços formaram uma confederação em 1291, em um pacto para resistir aos Habsburgo. Isso provavelmente pareceu ridículo para os austríacos, como aconteceu com os franceses em Courtrai, já que o exército Habsburgo incluía um grande contingente de cavalaria pesada, enquanto os suíços lutavam com infantaria.

A Batalha de Morgarten, em 15 de novembro de 1315, demonstrou o que poderia ser feito por infantes bem empregados, que não lutavam "limpo" pelos padrões correntes da cavalaria e, ao invés disso, travavam uma batalha que mais lembrava os combates de guerrilha nas fronteiras da Europa do que uma luta no interior do país. Leopoldo da Áustria invadiu só para encontrar o caminho estreito que seu exército atravessava bloqueado por um muro de pedra. Quando Leopoldo parou, guerreiros suíços bloquearam sua retaguarda, confinando as tropas austríacas com um aclive íngreme de um lado e o lago Egeri do outro. Em seguida, começaram a jogar pedras sobre seus inimigos e apenas alguns deles (incluindo Leopoldo) conseguiram escapar a nado pelo lago.

Morgarten foi a primeira grande vitória da infantaria suíça sobre cavaleiros alemães e a menos convencional. Os suíços realmente demonstraram o que poderia fazer sua infantaria em 1339, quando uma força suíça liderada por Rodolfo van Erbach rompeu o cerco borgonhês em Laupen. Ali, a infantaria suíça atacou a cavalaria de Borgonha, algo raro e perigoso, que sugere uma força altamente disciplinada e capaz de se manter unida enquanto em movimento. Mas foi a Batalha de Sempach, em 1386 que estabeleceu a independência da Confederação Suíça. Nessa batalha, o duque Leopoldo III desmontou sua cavalaria e os fez marchar com suas

---

1307

10 de maio – Batalha de Loudon Hill. Uma força liderada pelo escocês Roberto Bruce derrota um exército inglês.

7 de julho – Morre Eduardo I da Inglaterra.

13 de outubro – Os Cavaleiros Templários da França são presos por ordem do rei Filipe IV.

1309

A Ordem Teutônica transfere sua sede para Marienburgo, Prússia.

Movimento *Pastoureaux* ("Cruzada dos Pastores") na França. Plebeus desejosos de tomar parte em uma cruzada massacram judeus e atacam os ricos, sendo dispersados ou mortos pelas autoridades.

1310

Os Cavaleiros Hospitalários se estabelecem na ilha de Rodes.

menos 18 kg, cansaram rapidamente e, naquele momento crucial, os suíços podem ter sido reforçados. O resultado foi uma derrota fragorosa para os Habsburgo, com mais de 600 cavalarianos, incluindo Leopoldo, mortos no campo de batalha.

Escócia contra Inglaterra

Como vimos no último capítulo, os escoceses também dependiam fortemente de forças de infantaria que exigiam um planejamento cuidadoso para que fossem derrotadas. Mesmo antes da morte de Eduardo I, em 1307, havia sinais de ressurgimento da resistência escocesa ao domínio inglês. Mais notadamente, Roberto

Batalha de Laupen, 21 de junho de 1339. A infantaria suíça faz carga contra a cavalaria dos Habsburgo, contrariando a convenção de que a infantaria somente poderia enfrentar a cavalaria se estivesse em posição bem localizada e defendida.

lanças contra os suíços. Uma vez que os cavalarianos contavam com armaduras muito melhores que as dos soldados suíços, a manobra poderia ter sido eficaz se não fosse em um aclive tão íngreme. Os cavalarianos desmontados, usando uma armadura que pesava pelo

Uma lenda suíça conta que o heroico Arnoldo Winkelried abriu o caminho para uma vitória suíça na Batalha de Sempach, em 9 de julho de 1386, jogando-se sobre as lanças austríacas e abrindo caminho para seus companheiros.

1311	1312	1313-1314	1314
15 de março – Batalha de Kephissos (próximo a Atenas). A Grande Companhia Catalã derrota o duque franco, Walter de Brienne de Atenas, e toma seu ducado, que mantêm até 1388.	Supressão da Ordem dos Cavaleiros Templários pelo papa João XXII.	Roberto Bruce sitia o Castelo de Stirling, tomado pelos ingleses.	**18 de março** – Jacques de Molay, último grão--mestre dos Templários, é queimado na fogueira, junto com outros dignitários da ordem. **23-24 de junho** – Batalha de Bannockburn. Um grande exército inglês, comandado pelo rei Eduardo II, marcha para socorrer Stirling, mas é amplamente derrotado por um exército escocês liderado pelo rei Roberto Bruce.

Rei Roberto I Bruce da Escócia (1306-1329), que liderou os escoceses em sua luta para serem independentes da Inglaterra.

Bruce, um dos pretendentes à coroa escocesa, em 1291, tomou o trono em 1306. Embora a rebelião renovada tenha permanecido precária por vários anos, Roberto atraiu seguidores em número cada vez maior depois que o bem menos talentoso Edward II se tornou rei da Inglaterra. Roberto se mostrou particularmente adepto de tomar castelos ingleses por infiltração,

Rei Eduardo II da Inglaterra (1307-1327), cuja liderança militar catastroficamente frágil contra a Escócia ajudou a levar à sua deposição e morte.

1315-1322	1315
A Grande Fome afeta a maior parte da Europa e mata talvez 20% da população.	**Setembro** – Batalha de Conor (Irlanda). O escocês Eduardo Bruce e seus aliados irlandeses derrotam um exército anglo-irlandês. **15 de novembro** – Batalha de Morgarten (atual Suíça). Os milicianos suíços emboscam um exército dos Habsburgo, matando milhares de cavaleiros.

para depois "debilitá-los", destruindo o suficiente de suas paredes para que não pudessem ser utilizados novamente. O rei Roberto obteve uma primeira vitória sobre os ingleses em Loudon Hill, em 1307, aproveitando-se do terreno pantanoso e de trincheiras para evitar uma carga eficaz da cavalaria inglesa. No entanto, Loudon Hill foi uma batalha pequena. As táticas de Roberto só seriam realmente postas à prova em 1314, quando Eduardo II liderou um grande exército do norte para reprimir a rebelião, na esperança de superar o rei Roberto e seus seguidores, assim como seu pai havia sobrepujado Guilherme Wallace em Falkirk.

O exército de Eduardo, incluindo 2.500 cavalarianos e aproximadamente 15.000 infantes, marchava para socorrer o Castelo de Stirling quando Roberto bloqueou o único caminho a poucos quilômetros de Stirling. A força de Roberto era menor e consistia principalmente de soldados a pé, mas o rei escocês fez um uso excelente do terreno estreito e pantanoso. Ele formou a maior parte de suas tropas em quatro formações circulares

....

Roberto Bruce se dirige ao exército em Bannockburn, um esboço vitoriano de William Bell Scott, inspirado pelo poema patriótico de Robert Burns sobre a batalha.

compactas de lanceiros, conhecidas como *schiltrons*, similares aos quadrados de infantaria usados para rechaçar ataques de cavalaria até o final do século XIX. O que se seguiu foi uma batalha medieval rara que durou dois dias.

No primeiro dia, Roberto derrotou um campeão inglês em um único combate, um revés de cavalaria raramente visto nos campos de batalha. Contudo, as forças de Roberto eram tudo, menos cavaleirescas. A cavalaria pesada inglesa tentou flanquear os escoceses, mas não conseguia romper o *schiltrons*. No segundo dia, seria mais justo dizer que os ingleses perderam a batalha em vez de dizer que os escoceses a venceram. O fraco e impopular rei Eduardo permitiu o crescimento de uma discussão sobre quem comandaria a vanguarda inglesa. Quando o conde de Gloucester ganhou a briga, conduziu o combate de forma muito similar à do comandante francês Roberto de Artois em Courtrai.

Em vez de empregar o grande número de arqueiros em seu comando para romper os *schiltrons* (como

Eduardo I havia feito em Falkirk), o conde ordenou ataques frontais de cavalaria contra os lanceiros ainda organizados, em um terreno pantanoso adverso para cavalos e onde os escoceses haviam cavado poços de antemão. Mesmo nessas condições, talvez os cavalarianos ingleses tivessem obtido sucesso, mas a carga era mal organizada e indisciplinada. Os arqueiros ingleses foram finalmente postos em ação, mas foram debandados por uma pequena reserva de cavalaria escocesa (afinal, arqueiros desprotegidos realmente não tinham chance contra uma força de cavalaria pesada, mesmo pequena). Quando Eduardo II fugiu do campo, o exército inglês se desintegrou. No dia

1315-1318	1316	1318
Eduardo Bruce invade a Irlanda.	**Janeiro** – Batalha de Skerries (Irlanda). Eduardo Bruce da Escócia e seus aliados irlandeses derrotam um exército anglo-irlandês. **Setembro** – Queda do Castelo do Carrickfergus, na Irlanda, para Eduardo Bruce, após um ano de cerco.	**14 de outubro** – Batalha de Fochart (Faughart), Irlanda. Uma força anglo-irlandesa, comandada pelo lorde tenente da Irlanda, derrota e mata Eduardo Bruce.

nobres do rei Eduardo se rebelaram várias vezes, permitindo que Roberto Bruce concluísse sua manobra para recuperar a Escócia. Uma força escocesa, comandada por *Sir* James Douglas, invadiu Yorkshire em 1319, infligindo uma séria derrota em um exército inglês do norte através de um ousado avanço escocês na formação dos *schiltron*. E quando Eduardo II tentou uma segunda invasão da Escócia em 1322, não conseguiu nada e foi forçado a se retirar devido a problemas de abastecimento. Para ser justo com Eduardo, é preciso mencionar que essa foi uma época de fome generalizada na Europa, em que o apoio logístico teria sido difícil para qualquer exército, mesmo um que fosse muito bem conduzido.

Eduardo II foi deposto em 1327 por uma coligação de nobres que incluía sua própria rainha. Os novos governantes (oficialmente, o jovem Eduardo III, mas, na realidade, o amante da rainha, Rogério Mortimer), imediatamente invadiram a Escócia, cuja perda fora um dos pontos que exacerbaram os ingleses à rebelião.

Porém, o rei Roberto evitou a batalha e o exército inglês acabou literalmente atolado pelas horríveis condições do tempo e por problemas de abastecimento, terminando por se retirar. Em 1328, os governos de Inglaterra e Escócia fizeram o que

O rei Eduardo III de Inglaterra (1327-1377), que subiu ao trono aos 14 anos, depois que seu pai Edward II foi deposto.

seguinte, o Castelo de Stirling se rendeu ao rei Roberto. Embora uma invasão da Irlanda pelos escoceses liderados pelo irmão de Roberto, Eduardo Bruce, de 1315 a 1318, tenha, em última análise, enfraquecido de forma significativa os ingleses, o impopular Eduardo II levou a Inglaterra a um estado de anarquia tal que a estratégia da Escócia não era tão necessária. Os

---

1319

20 de setembro – Batalha de Myton. Um exército escocês invadindo Yorkshire, comandado por Sir James Douglas, derrota um exército inglês reunido pelo arcebispo Guilherme Melton de York.

1320

Segunda "Cruzada dos Pastores", França. Camponeses se unem em ataques contra os ricos e em massacres de judeus, sendo reprimidos pelas autoridades reais.

Eduardo III da Inglaterra, aqui retratado como um comandante militar arrojado, mas piedoso, durante os primeiros dias da Guerra dos Cem Anos.

de combinar lanceiros e arqueiros, empregando um exército integrado em que os combatentes protegiam os arqueiros enquanto estes arrefeciam o inimigo para uma carga de cavalaria. Em Dupplin Moor, Eduardo Balliol tinha uma força de aproximadamente 500 combatentes e de 1.000 arqueiros contra vários milhares de escoceses.

Seu exército, porém, assumiu uma forte posição defensiva, com cavalarianos desmontados protegendo os arqueiros, que estavam posicionados

Eduardo III apoia Eduardo Balliol em sua luta pela coroa escocesa contra David II (1333).

foi chamado na Inglaterra de "Paz da Covardia", com Eduardo III renunciando à sua reivindicação ao trono da Escócia e reconhecendo Roberto Bruce como rei legítimo.

No entanto, o tratado de 1328 não pôs fim à refrega. Roberto Bruce morreu em 1329, deixando o trono para seu filho de cinco anos, David. Os muitos rivais de Roberto, que haviam passado o período de seu reinado no exílio inglês, reuniram um exército particular e atacaram a Escócia em 1332, liderados por Eduardo Balliol. Duas vitórias inglesas, em Dupplin Moor (1332) e Halidon Hill (1333), mostram que os ingleses eram capazes

1321-1328	1322	
Guerra civil bizantina entre o imperador Andrônico Paleólogos e seu neto (também Andrônico). No fim, o neto conquistou o trono.	**16 de março** – Batalha de Boroughbridge. André Barclay de Cumberland derrota nobres rebeldes liderados pelo conde Tomás de Lancaster, executando o conde e outros líderes após a batalha.	**28 de setembro** – Batalha de Mühldorf. O imperador Ludovico da Baviera derrota seu primo e rival, Frederico I da Áustria. **Outubro** – Batalha de Byland. O rei Roberto Bruce derrota Eduardo II, forçando-o a se retirar da Escócia.

Filipa de Hainault, esposa de Eduardo III, reúne um exército do norte para derrotar o rei David II da Escócia na Batalha de Neville's Cross, em 1346.

bem à frente nos flancos. A cavalaria inglesa atacou somente depois que os arqueiros tinham feito seu trabalho, que puderam fazer por estarem fora do alcance dos escoceses. Em Halidon Hill, uma vitória de Eduardo III contra um exército escocês liderado por Arquibaldo Douglas, a força inglesa foi disposta de forma similar. Nesse caso, os escoceses desmontaram seus cavalarianos e os enviaram contra os arqueiros nas alas. Contudo, era preciso subir um aclive íngreme e pantanoso e os combatentes chegaram ao topo exaustos e desorganizados, sendo presas fáceis para os ingleses.

O Prelúdio da Guerra dos Cem Anos
A guerra entre ingleses e escoceses da década de 1330 foi complicada pelo apoio da França ao jovem David, rei de Escócia. Os franceses forneceram armamentos melhores para os escoceses e fizeram tudo ao seu alcance para enfraquecer Eduardo III da Inglaterra.

Na verdade, Filipe VI da França parecia determinado a levar as relações da França com a Inglaterra, que eram tensas há séculos, ao seu limite. O pomo de discórdia de longa data era que, desde 1066, o rei da Inglaterra também possuía terras na França como um vassalo do rei francês, uma situação de que ambos os governantes se ressentiam. Embora João tivesse perdido a parte norte das terras de sua família na França (incluindo a Normandia) no início do século XIII, o ducado da Aquitânia (ou Gasconha) ainda estava sob domínio inglês. Filipe VI considerara o fraco início do reinado de Eduardo III da Inglaterra como uma boa oportunidade para impor um controle real francês à

1323-1353	1324	1324-1327
Os aragoneses conquistam a Sardenha, entre Gênova e Pisa.	Cerco de Metz. Primeiro uso conhecido de um canhão.	Guerra de São Sardos, Gasconha. Uma guerra indeterminada entre franceses e ingleses, provocada pela construção francesa da fortaleza de São Sardos em terras inglesas.

província, uma tentativa que falhara nas décadas de 1290 e 1320. Em abril de 1337, Filipe VI declarou o confisco da Aquitânia após Eduardo III abrigar um de seus inimigos. Mas quando tentou tomar o ducado, encontrou forte resistência. Assim começou uma luta que durou, com pausas frequentes para angariar fundos, por peste e pela insanidade de reis, até 1453. Os historiadores conhecem o conflito como Guerra dos Cem Anos, um termo inventado em 1860.

Por volta do século XIV, os governantes de França e Inglaterra já tinham uma noção muito sofisticada da guerra, baseada na leitura feita por seus assessores da história romana antiga, nos esforços extraordinários dos cruzados europeus e em seu próprio senso do que era devido a um rei. Nessa época, os reis normalmente custeavam a maior parte de seus exércitos, equipavam frotas e compravam máquinas de cerco dispendiosas, incluindo primitivos canhões. Mas as burocracias estatais não contavam com mecanismos de cobrança de impostos muito eficazes e, além do fato de a maioria da Europa ter, na época, uma economia de subsistência, o início do século XIV foi um período de fome disseminada em toda a Europa, conforme o clima passou a mergulhar na chamada Pequena Idade do Gelo.

A *dramática morte de João, o Cego, rei da Boêmia, na Batalha de Crécy, em 26 de agosto de 1346.*

Como resultado, muitos reis que tentavam levantar fundos de guerra acabaram frustrados e falidos, embora continuassem a gastar demais, planejando guerras em grande escala e culpando seus assessores pela falta de fundos para guerra que, insistiam os reis, deveriam estar disponíveis.

O movimento francês que abriu a Guerra dos Cem Anos foi uma série de ataques contra a costa inglesa, utilizando navios genoveses

1326	1327	1328
Outono – A rainha Isabel invade a Inglaterra, juntando-se aos rebeldes contra o seu marido Eduardo II.	**Janeiro** – Eduardo II da Inglaterra é deposto pela rainha Isabel e seus aliados. Eduardo III, com 14 anos de idade, se torna rei Eduardo e é forçado a fazer uma paz humilhante com a França. Eduardo III invade a Escócia. O rei Roberto Bruce evita a batalha e problemas climáticos e de suprimentos finalmente forçam os ingleses a uma retirada.	**1º de fevereiro** – Morte do rei Carlos IV da França, pondo fim à linha direta da dinastia dos Capeto. Filipe VI de Valois, um primo, é coroado rei. **23 de agosto** – Batalha de Cassel (norte da França atual). Um grande exército de cavalaria comandado pelo rei Filipe VI derrota os flamengos em apoio ao refugiado conde Luís de Flandres.

contratados. Filipe pretendia promover uma grande invasão da Inglaterra em 1339, mas sua frota foi dispersada por uma tempestade e seus marinheiros genoveses, que constituíam dois terços da frota francesa e a quem o rei não tinha dinheiro para pagar, se amotinaram. Por sua parte, Eduardo III organizou diversas grandes alianças contra a França para apoiar sua invasão àquele país em 1339 e 1340. Em 26 janeiro de 1340, Eduardo elevou as apostas ao proclamar a si próprio rei da França por direito de herança através de sua mãe.

Ambos os governantes parecem ter buscado uma batalha decisiva, o que nem sempre era fácil de conseguir. Em 1339, o inglês "intimou" o rei francês para a batalha ao devastar o território ao redor de Cambrai, queimando e destruindo aproximadamente 2.100 vilas e castelos. Filipe respondeu em outubro com um desafio formal, oferecendo a Eduardo uma batalha em dia predeterminado, uma luta a ser realizada em terreno plano, que serviria de palco para o julgamento justo de Deus sobre sua contenda.

··

Altura era algo grandemente desejável nessas embarcações e, sendo assim, castelos eram construídos na proa, popa e no topo do mastro principal, permitindo que os soldados atirassem projéteis para baixo no inimigo.

Eduardo aceitou e escolheu o terreno e assumiu uma posição fortemente defensiva, desmontando todas as suas tropas e posicionando seus arqueiros nos flancos. As tropas francesas naturalmente não estavam dispostas a arriscar um ataque frontal contra uma posição forte e, por sua vez, fortificaram suas posições. Após um impasse, os ingleses finalmente se retiraram. Da mesma forma, no ano seguinte, os franceses prepararam sua linha de batalha em Bouvines, mas Filipe acordou uma trégua porque as condições de combate lhe eram desfavoráveis. E assim, ambos os lados ficaram sem dinheiro, sem nada obterem. Em julho de 1340, Eduardo III não podia sequer pagar suas despesas domésticas diárias e três nobres ingleses, que haviam garantido alguns dos empréstimos do rei,

acabaram na prisão para devedores em Flandres.

Batalha de Sluys

Antes de voltar prematuramente para a Inglaterra para arrecadar mais dinheiro, porém, Eduardo III vencera a primeira grande batalha da guerra anglo-francesa, a Batalha de Sluys, em 25 de junho de 1340.

Essa batalha naval demonstra claramente o potencial dos arqueiros ingleses. A frota de Eduardo, de aproximadamente 160 navios, partiu para o Estuário de Zwyn, planejando invadir a França a partir de Flandres. Porém, a frota se deparou com uma frota de 213 navios franceses já em disposição de batalha em Sluys, bloqueando o caminho rio acima, com três linhas de navios encadeados para formar um paredão maciço. Os almirantes franceses, no entanto, pareciam não ter nenhuma noção de como conduzir uma guerra naval em estilo medieval. Os combates marítimos medievais, especialmente no norte, onde a maioria dos navios utilizados era de barcos redondos à vela, começavam conforme as linhas inimigas se aproximavam. Os combatentes de cada frota, então, atiravam tantos projéteis quanto possível, fossem pedras ou dardos de pequenas catapultas, virotes de besta, setas ou mesmo pedras jogadas dos

Esse esboço veneziano da Batalha de Zonchio, de 1499, dá uma excelente impressão do caos da guerra naval medieval.

castelos de combate, para esvaziar o convés do navio inimigo. Quando dois navios inimigos se aproximavam, um lado tentava abordar o outro, para uma sangrenta luta corpo a corpo. Sendo sua frota de invasão, os navios ingleses tinham muito mais soldados do que os franceses, incluindo grandes contingentes de arqueiros. A frota francesa confiava muito mais fortemente em bestas, que tinham um maior alcance, porém com uma baixa cadência de disparo e ainda sujeitas a um processo demorado de substituição de suas cordas, afetadas pela umidade. E, nesse caso, os franceses tinham perdido a maioria de seus besteiros italianos contratados por já não poderem mais pagá-los, o que os deixou com um número estimado

1332	1333	1334	1336
11 de agosto – Batalha de Dupplin Moor. "Os Deserdados" (exilados escoceses na Inglaterra liderados por Eduardo Balliol) invadem a Escócia com um exército particular.	**Abril a 20 de julho** – Eduardo III sitia a cidade escocesa de Berwick, tentando um ataque por terra e mar. Berwick se rende após os escoceses serem derrotados na Halidon Hill.	Primeiro registro da utilização de arqueiros montados na Europa Ocidental.	O papa Bento XII cancela a cruzada planejada por Filipe VI da França.
	19 de julho – Batalha de Halidon Hill (próxima a Berwick, Escócia).		A frota francesa ameaça um ataque maciço ao leste da Inglaterra.

Batalha de Sluys, 1340, de uma ilustração do século XV. A pintura dá uma boa noção da multidão caótica em uma batalha.

de apenas 500 besteiros em Sluys, em comparação a vários milhares de arqueiros ingleses.

O resultado foi um massacre. A linha francesa foi lançada à desordem pela corrente mesmo antes de ser confrontada pela frota inglesa, cujos arqueiros devastaram as tripulações francesas. Até o final do dia, os ingleses tomariam 190 dos 213 navios franceses. Os navios franceses que conseguiram escapar foram praticamente algumas galés a remo. Além disso, para tornar Sluys a mais sangrenta batalha europeia da Idade Média, na qual entre 16.000 e 18.000 franceses morreram, aqueles que tentavam nadar buscando a segurança das margens eram abatidos pelos aliados flamengos da Inglaterra quando chegavam às praias.

Uma vez que Inglaterra e França são separadas pelo Canal da Mancha, as marinhas permaneceram importantes pelo restante da guerra e, por vezes, se encontraram em combate. Contudo, todos esses confrontos foram combatidos em mar aberto, ao invés de em uma situação de tudo ou nada em que se envolveram os comandantes franceses em Sluys.

O normal era que o vitorioso capturasse de 10 a 20 embarcações inimigas, com baixas comparativamente pequenas, ao contrário do massacre de Sluys.

Crécy a Poitiers: o Triunfo do Arco Longo

Em 12 de julho de 1346, Eduardo III desembarcou em Flandres com um exército de aproximadamente 15.000 homens, na intenção de um ataque frontal à França. Para pressionar Filipe à batalha, Eduardo marchou em direção a Paris, mas quando Filipe propõe uma batalha em local e hora predeterminados, Eduardo rumou animadamente em outra direção. Afinal, para ter sucesso, o exército inglês, que era menor, precisava da vantagem de uma boa posição defensiva. O exército de Filipe tinha de cerca de 25.000 homens, com muito

1337	1337-1453	1337-1338
Abril – Filipe VI da França declara o confisco da Gasconha, oficialmente porque Eduardo III de Inglaterra havia dado refúgio ao conde Roberto de Artois. Turcos otomanos capturam a Nicomédia bizantina. O parlamento de Westminster proíbe todos os jogos na Inglaterra, com exceção do arco e flecha.	Guerra dos Cem Anos entre França e Inglaterra e seus aliados.	Primeira referência a armas de fogo em um navio, nos registros da reforma do *cog* inglês *All Hallow's*.

mais cavalarianos do que os ingleses puderam reunir.

Quando o exército francês estava prestes a chegar, os ingleses escolheram seu terreno com cuidado, perto de uma aldeia chamada Crécy. O exército de Eduardo contava com menos de 3.000 cavalarianos, que o rei posicionou desmontados em seu centro.

Nas alas, o rei inglês posicionou, pelo menos, 4.000 arqueiros longos, protegidos por vagões de carga e covas rasas. Filipe VI, nada tático, começou a perder a batalha. Seu exército maior, com sua força de cavalaria pesada, parece tê-lo deixado confiante, embora o francês possa ter sentido necessidade de envolver suas tropas em combate imediatamente, antes que os ingleses estivessem totalmente em posição. Seja qual fosse o caso, Filipe começou a batalha aproximadamente às cinco horas da tarde, empregando suas tropas aos poucos, conforme chegavam ao local. Seus 6.000 besteiros mercenários genoveses começaram o ataque. É difícil imaginar como Filipe acreditava que assim poderia ter sucesso. O guincho de besta ainda não havia sido desenvolvido, de modo que as bestas eram carregados colocando-se um ou dois pés no estribo em sua cabeça para que, em seguida, sua corda fosse puxada trás, sendo que normalmente era preciso sentar no chão para fazê-lo. Em cercos, esses

homens vulneráveis eram geralmente protegidos por escudeiros carregando enormes escudos (*pavisses*), mas em Crécy os escudos ficaram no comboio de carga, a quilômetros de distância da batalha. Obviamente, os besteiros foram rechaçados quando tentaram avançar em direção aos arqueiros longos ingleses, que podiam disparar muito mais rapidamente.

Filipe, acreditando que os genoveses não se esforçavam o bastante para vencer, ordenou que sua cavalaria avançasse, em um esforço para desalojar os arqueiros ingleses. A cavalaria, porém, tampouco conseguiu penetrar a "tempestade

O rei Filipe VI busca refúgio após sua fuga do campo de batalha de Crécy, em 1346. As poucas qualidades táticas e estratégicas de Filipe levaram os franceses à derrota.

1338-1339	1338	1339
Eduardo III de Inglaterra cria uma grande rede de alianças contra a França, um erro dispendioso.	**Primavera** – Navios franceses atacam Portsmouth e a Ilha de Wright.	Filipe VI da França planeja uma grande invasão da Inglaterra, mas sua frota é dispersada por uma tempestade.
	5 de outubro – Os franceses saqueiam Southampton, na Inglaterra.	**21 de junho** – Batalha de Laupen. Os suíços, liderados por Rodolfo van Erbach, derrotam os Habsburgo e os seus aliados da Borgonha em uma rara batalha em que a infantaria suíça fez carga contra cavaleiros.

······························

A visão romântica de um arqueiro britânico no reinado de Eduardo III. Embora o infante típico usasse alguma armadura nesse período, uma proteção tão completa era improvável.

de fogo" inglesa. As setas não conseguiam penetrar a armadura da cavalaria francesa até que estivessem a aproximadamente 18 metros, mas rostos e membros dos cavaleiros, além de seus cavalos, eram alvos vulneráveis. Além disso, o impacto de uma seta, mesmo que esta não penetre, pode derrubar um combatente ou assustar seu cavalo. Carga após carga, aumentava a pilha de franceses mortos ou feridos, sendo que esses últimos poderiam ser mortos por soldados da infantaria inglesa ou esmagados ou sufocados por homens de seu próprio lado. Ao final do dia, milhares de franceses estavam mortos no campo, incluindo nove príncipes de sangue. O próprio rei Filipe quase foi morto e deixou sua bandeira real,

a auriflama, no campo de batalha. Um dos primeiros atos de Filipe depois da batalha foi ordenar o massacre dos "traidores" genoveses restantes.

A Batalha de Poitiers, que aconteceria 10 anos depois, em 1356, foi um caso similar ao do ataque imprudente dos franceses contra uma posição consolidada inglesa. No caso de Poitiers, o filho mais velho de Eduardo III, Eduardo, o Príncipe Negro, realizava um ataque em grande escala (*chevauchée*) na França central quando o exército francês, liderado por João II, o alcançou. O Príncipe Negro tentou negociar uma retirada, mas os franceses estavam confiantes na vitória e recusaram. Assim, novamente, os ingleses conseguiram estabelecer sua linha em uma posição facilmente defensável, dessa vez com uma floresta à retaguarda e um pântano no flanco direito. E novamente os arqueiros ingleses estavam bem protegidos. Como em Crécy, os franceses tentaram uma carga de cavalaria pesada contra essa posição cuidadosamente preparada e viram seus cavalos serem dizimados pelos arqueiros longos ingleses.

Um avanço da infantaria francesa também foi rechaçado. Quando o rei João pôs em campo uma reserva de cavalarianos desmontados, o Príncipe Negro ordenou que seus próprios cavalarianos montassem e fizessem uma carga, além de enviar seus combatentes

---

O rei João II se rende a Eduardo, o Príncipe Negro, no final da Batalha de Poitiers, em 1356.

1341-1364

Guerra Bretã pela sucessão após a morte do duque João III. França e Inglaterra apoiam os dois maiores rivais ao ducado, abrindo uma nova frente na Guerra dos Cem Anos.

1342

30 de setembro – Batalha de Morlaix (Bretanha). O conde de Northampton lidera um exército inglês para derrotar os franceses em uma batalha que antecipou as táticas usadas em Crécy.

1342-26 março de 1344 – Afonso XI de Castela conquista a fortaleza estratégica de Algeciras no Estreito de Gibraltar, depois de um longo bloqueio.

1344

13 de maio – Batalha de Pallene. A frota da Liga Santa (o papado, Chipre, Veneza e os Cavaleiros Hospitalários) impõe pesada derrota a uma frota turca e otomana.

28 de outubro – Uma aliança entre o papado, Veneza, Chipre e os Cavaleiros Hospitalários conquista Smyrna dos turcos.

Um torneio, em meados do século XIV. Nesse período, proteções como barricadas entre os competidores fizeram que os torneios ficassem mais seguros do que em séculos anteriores.

gascões para atacarem os franceses pela retaguarda. Os resultados foram ainda mais gratificantes (para os ingleses) que em Crécy: aproximadamente 3.000 franceses foram mortos em Poitiers e o próprio rei João foi feito prisioneiro.

Uma Revolução da Infantaria?

As vitórias inglesas em Crécy e Poitiers foram impressionantes triunfos em que a infantaria desempenhou um papel extraordinariamente dominante. Seriam, no entanto, sinais de uma "revolução" da infantaria que tornaria o cavalariano obsoleto? Dificilmente. Batalhas como Crécy, Poitiers, Courtrai Bannockburn e outras mostraram que uma grande parte do exército de infantaria poderia parar uma carga de cavalaria e derrotar a nata da cavalaria ocidental, se as condições fossem exatamente favoráveis. O mais fundamental era que a infantaria fosse protegida de alguma forma, seja como lanceiros em formação compacta e disciplinada, ou na forma de arqueiros atrás de fortificações de campo que não pudessem ser facilmente penetradas por cavalos. E, é claro, a infantaria deveria enfrentar um comandante inimigo desesperado ou tolamente confiante o suficiente para avançar sobre suas posições cuidadosamente preparadas. As grandes vitórias da infantaria do século XIV, fossem na França, Flandres ou na Escócia, são tão notáveis pelos erros táticos evidentes dos comandantes inimigos quanto pela

1345	1346		1347-1351
26 de setembro – Batalha de Staveren. O conde Guilherme IV da Holanda invade a Frísia ocidental, porém os frísios impõem uma derrota decisiva, matando Guilherme e muitos de seus cavaleiros.	**12 de julho** – Eduardo III desembarca em St-Vaast-La-Hougue com um grande exército inglês, na intenção de desferir um ataque frontal contra Filipe VI da França. **18 de julho** – A cidade de Liège se rebela contra o bispo Engelberto de la Marck, derrotando decisivamente sua força, em grande parte cavalaria, no subúrbio de Vottem.	**26 de agosto** – Batalha de Crécy. O rei Eduardo III obtém uma importante vitória sobre Filipe VI da França na primeira grande batalha terrestre da Guerra dos Cem Anos. **Outubro** – Batalha de Neville's Cross. A rainha Filipa reúne um exército contra o rei David II da Escócia, que invadia a Inglaterra.	Primeira aparição da Peste Negra na Europa, matando talvez um terço da população.

habilidade com que o comandante que confiou mais na infantaria tirou proveito dos soldados a pé.

Eduardo III e seus sucessores não puseram fim à necessidade de cavalaria pesada. Por exemplo, Eduardo empregou de 2.700 a 2.900 cavalarianos em Crécy, embora a maioria deles fossem desmontados para a batalha. O próprio Eduardo encorajava as habilidades de cavaleiro, com pelo menos 55 torneios entre 1327 e 1357 e com a criação da Ordem da Jarreteira, que comemorava as façanhas de cavalaria após Crécy. Os franceses logo imitaram a prática, criando a Ordem da Estrela, enquanto outros estados da Europa seguiam o exemplo. Os cavaleiros da Ordem da Estrela prometiam nunca recuar no campo de batalha, o que fez com que 45 dos seus 140 membros originais fossem capturados ou mortos na Batalha de Mauron, em agosto de 1352.

Talvez de maneira mais prática, os franceses aperfeiçoaram sua armadura para cavalos depois de Poitiers, de modo que na Batalha de Cocherel (1364) e na Batalha de Pontvallain (1370) a cavalaria se saiu melhor contra as setas inglesas. Os cavalarianos também provaram o seu valor na batalha de Roosebeeke, em 27 de novembro de 1382, quando o exército de Carlos VI da França esmagou uma milícia flamenga,

empregando cavalarianos desmontados no centro, com a cavalaria montada nas alas. Embora as probabilidades no campo de batalha se igualassem posteriormente, os monarcas ingleses continuaram a depender fortemente dos cavalarianos e de arqueiros, usando-os em diversas opções táticas, dependendo das necessidades de uma determinada batalha. Os ingleses chegaram mesmo a por arqueiros em montarias, embora para transporte e não para o combate

Um cavaleiro da Ordem da Jarreteira em trajes cerimoniais. Desde a fundação da Ordem da Jarreteira por Eduardo III, esta tem sido a mais alta ordem de cavalaria na Inglaterra.

1347	1348	1349	1349-1352
Batalha de Waleffe. O bispo de Liège e seu aliado, o conde de Looz, derrotam a milícia de cidadãos de Liège. Batalha de Imbros. A Liga Santa do papado, Chipre, Veneza e os Cavaleiros Hospitalários derrotam os turcos em uma batalha naval perto de Imbros.	O rei Eduardo III de Inglaterra institui a Ordem da Jarreteira, uma ordem de cavalaria. Pedro IV de Aragão derrota nobres rebeldes em Eppila, pondo fim a uma guerra civil. O rei Luís da Hungria invade o Reino de Nápoles, em um esforço fracassado para vingar o suposto assassinato de seu irmão André pela rainha Joana de Nápoles.	Organização da Grande Companhia (mercenários) por Werner de Urslingen.	Stefan Dushan da Sérvia conquista a Bulgária, Épiro, Tessália, Albânia e Macedônia.

em si, para dar maior velocidade e flexibilidade aos seus esforços para dominar a terra francesa. O uso de arqueiros montados talvez tenha sido a verdadeira revolução na infantaria do século XIV.

Uma Guerra Europeia

A Guerra dos Cem Anos foi, desde o seu início, uma guerra entre vários

....

Acima: Os ingleses do século XIX glorificavam as vitórias da Inglaterra na Guerra dos Cem Anos, muito embora os detalhes estivessem frequentemente errados.
À direita: Funeral de Ricardo II de Inglaterra, 1400. Ricardo abdicou pressionado por seu primo, mas logo morreria em circunstâncias misteriosas.

estados. França e Escócia se uniram contra a Inglaterra, enquanto a Inglaterra se aliou a países do norte. Tanto a França quanto a Inglaterra também tomaram partido em uma guerra de sucessão bretã. E depois de uma trégua nas hostilidades com o Tratado de Brétigny, em 1360, ingleses e franceses continuaram a luta, apoiando lados opostos na guerra civil castelhana. O tratado de paz, que supostamente teria acabado com a guerra, jamais foi plenamente confirmado e a guerra eclodiu novamente em 1369. Então, enquanto Eduardo III declinava e seu filho, o Príncipe Negro, morria de uma doença desgastante, o condestável francês Bertrand du Guesclin (c. 1320-1380) recuperou quase todo o território tomado pelos ingleses nas primeiras fases da guerra. Houve

c. 1350	1351	1352
Batalha de Les Espagnoles-sur-Mer (Winchelsea). Eduardo III de Inglaterra leva uma frota inglesa à vitória contra uma esquadra castelhana de 40 navios.	Guerra entre Florença e Milão pelo controle da Toscana (não decisiva).	Fevereiro – Batalha de Bósporo (Gaiata). A frota genovesa derrota uma frota aliada veneziana e aragonesa em uma batalha longa e sangrenta que se prolonga noite adentro, apesar de uma tempestade.
1350-1355 – Guerra entre Gênova e Veneza, começando com os genoveses aprendendo navios venezianos em Caffa.	O rei João II da França institui a Ordem da Estrela, uma ordem de cavalaria.	14 de agosto – Batalha de Mauron. Os ingleses derrotam um exército francês. Quarenta e cinco dos 140 membros originais da Ordem da Estrela são capturados ou mortos, já que haviam jurado nunca recuar.

O alquimista alemão Bertoldo Schwarz fabricando pólvora, enquanto um assistente trabalha em um canhão. Ambos são assistidos por demônios, sugerindo o que o artista pensava da nova invenção.

uma interrupção da guerra por alguns anos. Na Inglaterra, o filho de Ricardo II subiu ao trono e se mostrou profundamente impopular, sendo finalmente deposto e morto, enquanto na França o rei Carlos VI enlouquecia em 1389. Contudo, as causas subjacentes da guerra continuavam a efervescer.

Uma Nova Corrida Armamentista

Conforme a França e a Inglaterra (e seus aliados) lutavam por uma eventual vantagem militar, os príncipes estavam ansiosos para abraçar qualquer inovação. A mais notável delas foi a pólvora, uma invenção chinesa que chegara à Europa através dos mongóis, aparecendo pela primeira vez nos anais da guerra medieval no século XIII. Dizem os relatos que Eduardo I usou potes com pólvora no cerco ao Castelo de Stirling em 1304, sendo este o primeiro uso da arma nas Ilhas Britânicas. E Eduardo III, sem dúvida ansioso por causa da superioridade numérica dos franceses, foi um dos primeiros governantes europeus a usar um canhão. Parece que houve alguns canhões ingleses em Crécy (embora não pareçam ter feito diferença, exceto, talvez, para assustar cavalos) e, certamente, 10 canhões participaram do cerco inglês a Calais em 1346-1347.

A primeira utilização datada com segurança do uso de um canhão na Europa Ocidental foi no cerco a Cividale em 1331, embora também possa ter sido empregado no cerco de Metz, em 1324. Em 1337-1338, temos a primeira referência a armas de fogo em um navio, quando o *cog* inglês *All Hallow's* foi reformado. As primeiras armas de fogo teriam sido de utilidade limitada, já que ainda não utilizavam pólvora granulada (uma invenção do século XV) e, assim, não tinham muita potência. Aparentemente eram impossíveis de mirar e desajeitadamente lentas para carregar.

1353

29 de agosto – Batalha de Alghero. Uma frota aliada de venezianos e aragoneses com 80 galés, comandada por Nicolo Pisani, impõe uma derrota esmagadora a Gênova, capturando 41 das 60 galés genovesas envolvidas no combate.

1353-1363 – Guerras papais para recuperar o controle dos Estados Pontifícios, lideradas por Gil Alvarez Carillo Albornoz, arcebispo de Toledo.

1354

Os otomanos conquistam Gallipoli, sua primeira conquista na Europa.

4 de novembro – Batalha de Porto Longo (ao largo da ilha de Sapienza no Adriático). Marinheiros genoveses derrotam Veneza, capturando ou destruindo quase toda a frota veneziana.

1355

O rei Stefan Dushan da Sérvia conquista Adrianópolis, ocupada pelos bizantinos.

Jaime II da Escócia (1430-1460), rei guerreiro que era fascinado por canhões.

Pior de tudo, tinham a tendência de explodir, matando suas tripulações e outras pessoas de seu próprio exército – já em 1460, o rei Jaime II da Escócia foi morto quando um de seus próprios canhões explodiu durante o cerco ao castelo de Roxburgh.

O problema era que canhões de bronze eram proibitivamente caros. O ferro era muito mais barato, mas

Um dos primeiros canhões. Armas semelhantes às mostradas aqui foram empregadas no campo de batalha de Crécy, em 1346.

os europeus ainda não tinham criado fornos que o pudessem derreter e fundir. Em vez disso, faziam canhões como faziam barris, com barras de ferro forjado unidas por arcos, onde um ponto fraco apenas poderia ser fatal.

Contudo, conforme as armas de fogo foram se tornando mais comuns, foram ficando mais baratas e mais confiáveis. O custo da pólvora caiu drasticamente a partir de meados do século XIV até por volta de 1500. E na década de 1360, a artilharia com pólvora equivalia à melhor artilharia de arremesso de pedras disponível e, sendo assim, chegou a ser usada regularmente em cercos. Ao final do século XIV, os canhões eram capazes de romper as paredes, uma conquista notável primeiramente no cerco a Odruik, em 1377. A partir daí, se tornaram parte do arsenal de cerco medieval. Na

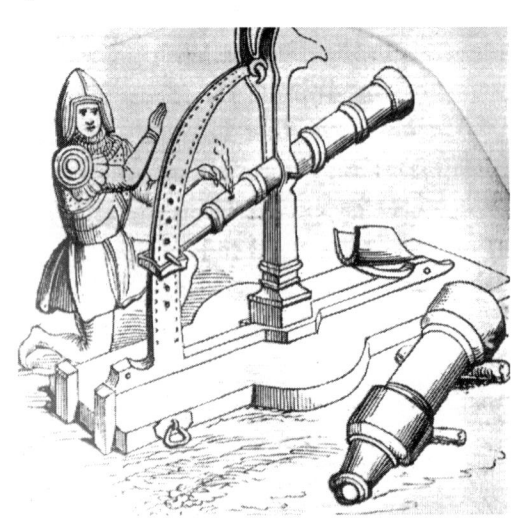

1356	1357-1359	1358	1359
19 de setembro – Batalha de Poitiers. Eduardo, o Príncipe Negro, da Inglaterra, é cercado por um grande exército francês durante uma *chevauchée*. A vitória dos ingleses é esmagadora, capturando o rei francês João II e matando cerca de 3.000 combatentes franceses.	Guerra entre Castela e Aragão.	Revolta camponesa no norte da França (a *Jacquerie*).	Pedro, o Cruel, de Castela ataca Barcelona por terra e mar, mas é expulso por Pedro IV de Aragão.

segunda metade do século, os europeus começaram de fato a fazer experiências com armas de fogo portáteis.

Uso e Abuso de Mercenários

O emprego de grandes grupos de mercenários, que operavam com seus próprios comandantes, tornou-se cada vez mais comum no século XIV. Sua utilidade militar não estava em questão. Companhias de mercenários prestavam serviços de apoio especializados, tais como os de engenheiros que construíam e operavam equipamentos de cerco, ou besteiros qualificados serviram os franceses em grande número. Os governantes europeus pareciam surpreendentemente indiferentes às despesas no que dizia respeito ao planejamento militar, porém, mesmo assim, mercenários eram pagos apenas no decorrer de uma campanha e devem ter parecido uma pechincha quando comparados a um exército permanente, que precisaria ser bancado durante todo o ano. Mas ninguém sabia realmente o que fazer com mercenários ociosos, homens armados e treinados para matar e que não tinham outra atividade.

O século XIV começou com um surpreendente sucesso dos mercenários. A Grande Companhia Catalã, liderada por Rogério de Flor, consistia em aproximadamente 6.500 soldados de infantaria que aprenderam a dominar sua arte durante a Guerra das Vésperas Sicilianas. O imperador bizantino Andrônico II os contratou, em 1302, para ajudar em suas guerras contra os turcos. Porém o imperador logo ficou inquieto com seu líder ambicioso e, aparentemente, providenciou seu assassinato. No entanto, a companhia não era apenas um bando reunido por um homem. Era um grupo altamente organizado, que se ressentiu profundamente do que perceberam como uma traição de Andrônico. Os catalães exigiram mais dinheiro e quando eles receberam, se rebelaram,

Entrada de Rogério de Flor em Constantinopla, pintura a óleo de José Moreno Carbonero. A Grande Companhia Catalã de Rogério se rebelou e estabeleceu um Estado independente na Grécia.

1360

1360-1389 – O sultão otomano, Murad I, avança Europa adentro, conquistando a Trácia, a Macedônia e grande parte do sul da Sérvia.

Conquista de Skåne pelo rei Waldemar IV da Dinamarca.

15 de março – Winchelsea é incendiada por uma frota francesa.

8 de maio – O tratado de Brétigny entre França e Inglaterra interrompe, por um curto período, a Guerra dos Cem Anos. O rei João II da França é libertado com a promessa de resgate de 3 milhões de coroas.

1361

A Companhia Branca de mercenários é formada na Itália, comandada por Alberto Sterz (mais tarde, comandada por *Sir* John Hawkwood).

Waldemar IV da Dinamarca vence os suecos na Batalha de Wisby (Gotlândia).

O papa Inocêncio VI de Avignon conclama uma cruzada contra a pilhagem das companhias de mercenários na França.

1361-1365 – Cruzada de Pedro I do Chipre.

Um crisobulo bizantino representando Cristo e o imperador Andrônico II (1282-1328). Seu reinado viu o colapso da fronteira de Bizâncio na Ásia Menor e a perda de grande parte da Grécia.

invadindo a Trácia. Em Apros, em julho de 1305, derrotaram um exército bizantino muito maior, porém menos organizado. Por vários anos, a Grande Companhia saqueou o norte da Grécia, acrescentando aproximadamente 3.000 turcos independentes às suas fileiras. Em seguida, se deslocaram para o estado independente de Atenas, governado pelo duque francês Walter de Brienne. Em uma grande vitória sobre a cavalaria, obtida por uma infantaria estrategicamente disposta, aniquilaram a cavalaria francesa enviada para enfrentá-los e mataram Walter na Batalha de Kephissos, em 1311. Em seguida, tomaram o ducado de Atenas e governaram-no como estado mercenário independente até 1388.

Outras companhias de mercenários não lograram um sucesso tão impressionante, mas certamente complicaram a situação militar da Europa com sua independência e suas exigências. Mais notavelmente, os reis franceses e ingleses contrataram um grande número de mercenários para lutar na Guerra dos Cem Anos, que eram dispensados em solo francês, onde devastaram grandes áreas do território. A situação ficou completamente fora de controle após a Batalha de Poitiers, quando a França, sem rei, estava caótica e dignitários reais não tinham dinheiro para contratar tropas para restaurar a ordem. Esses *routiers* eram às vezes chamados de "bandos de ladrões", mas roubo era apenas a parte evidente do problema. O papa de Avignon, Inocêncio VI, proclamou uma cruzada contra eles em 1361, mas isso não ajudou muito a situação. A amplitude

1362

Pedro, o Cruel de Castela, vence Catayud de Aragão, após um longo cerco.

Uma frota hanseática saqueia Copenhague e segue para sitiar o castelo de Helsingborg, onde o rei Waldemar IV Atterdag captura a maior parte da frota em um ataque surpresa.

1364

16 de maio – Batalha de Cocherel. Bertrand du Guesclin, da França, derrota um exército combinado navarrense e inglês.

28 de julho – Batalha de Cascina. Florença derrota Pisa.

29 de setembro – Batalha de Auray. Um exército anglo-bretão derrota os franceses.

1365

Os otomanos conquistam Adrianópolis.

9 de outubro – Um exército de cruzados, liderados por Pedro I do Chipre, toma Alexandria com um ataque de surpresa, porém os soldados se recusam a ficar para defender a conquista quando uma frota de socorro chega.

do problema pode ser vista na Batalha de Brignais em abril de 1362, quando um grande exército francês (com uma cavalaria estimada em 6.000 cavalarianos) foi quase completamente destruído por um grande exército desses *routiers*. O problema tampouco estava limitado à França. Por exemplo, a Batalha de Baesweiler em 1371 foi travada entre o imperador Venceslau e o duque Guilherme de Jülich, depois que Guilherme não conseguiu pagar indenizações por ataques de seus mercenários, apesar das reclamações do imperador. Como Venceslau foi derrotado e capturado, o mau comportamento mercenário continuou sem freios.

Mercenários foram mais úteis na Itália, onde as ricas (e belicistas) cidades mercantis tinha recursos para pagá-los regularmente. Muitos veteranos da Guerra dos Cem Anos acabaram encontrando serviço em um (ou mais) dos estados italianos em guerra. O bando mais famoso foi a Companhia Branca, que iniciou suas operações na Itália em 1361, convocado para combater a Grande Companhia (fundada em 1349 por Werner de Urslingen). Essa organização, a união de várias companhias independentes de mercenários, trouxe para a Itália técnicas de combate que foram aperfeiçoadas em Crécy e Poitiers e em muitos ataques e cercos. Muitos dos líderes, como *Sir* Jonh Hawkwood e André Belmont, eram ingleses. Esses líderes mostraram que os mercenários, quando pagos regularmente, poderiam

Acima: Papa Inocêncio VI (1352-1362), que intermediou o Tratado de Brétigny entre França e Inglaterra em 1360.
À direita: Bertrand du Guesclin (c. 1320-1380), um cavaleiro bretão que chegou à posição de condestável da França, foi o maior herói da França no século XIV.

1366	1367	1368
A Inglaterra renuncia à vassalagem ao papa. Turcos otomanos liderados derrotam cruzados por Amadeus de Sabóia e Luís da Hungria na Batalha de Vidin.	**3 de abril** – Batalha de Nájera, Castilha. Eduardo, o Príncipe Negro, aliado de Pedro, o Cruel, derrota Enrique de Trastâmara, devolvendo o trono de Castela a Pedro.	Uma aliança entre Liga Hanseática, Suécia e outras regiões força Waldemar IV da Dinamarca ao exílio, interrompendo a expansão dinamarquesa.

Duque Filipo Maria Visconti de Milão (1412-1447), um dos muitos pequenos governantes que lutavam pela supremacia na Itália do século XIV e XV.

ser leais e, de fato, de valor inestimável nas guerras da Itália.

Uma vez que eram soldados profissionais em tempo integral, o exército com mais e melhores mercenários tenderia a sair vencedor. Por exemplo, a vitória de Hawkwood sobre Verona em Castagnaro, em 1387, foi um modelo de profissionalismo militar em nome de seu empregador, a cidade de Pádua. Seu exército, formado em grande parte de mercenário, consistia em aproximadamente 7.000 cavalarianos, 1.000 infantes e 600 exércitos ingleses montados, que combateram um exército muito maior de 9.000 cavalarianos, 2600 lanceiros e besteiros e uma grande força de milicianos destreinados.

Hawkwood lutou no estilo dos ingleses em Crécy e Poitiers, pondo os seus homens atrás de um riacho, com os arqueiros nos flancos. Uma carga de cavalaria veronense fracassou contra as defesas de Hawkwood e o comandante mercenário completou sua vitória com uma carga de cavalaria contra a retaguarda do inimigo. Hawkwood encerrou sua carreira de grande sucesso a serviço de Florença.

As Guerras Italianas

Estima-se que entre 1320 e 1360 houve pelo menos 700 comandantes de cavalaria alemães ativos na Itália, comandando um total de pelo menos 10.000 homens. A Itália era repleta de oportunidades para homens de guerra, fossem nativos ou estrangeiros. Durante o século XIV, alguns dos Estados italianos, principalmente Milão e Florença, absorveram alguns de seus rivais menores. Outras guerras foram travadas por vantagens comerciais ou por simples rivalidade. O maior personagem das guerras italianas, porém, foi o papado. Os papas, controladores de seu próprio e importante Estado, o Estado Papal, sofreram graves perdas durante o século XIII, culminando com a decisão de transferir a cúria papal para a cidade fronteiriça francesa de Avignon, no início do século XIV. Entretanto, os papas não estavam dispostos a desistir

1369

23 de março – Batalha de Montiel. Enrique de Trastâmara, com um exército em grande parte francês e liderado por Bertrand du Guesclin, derrota o exército de Pedro, o Cruel, e mata Pedro pessoalmente para assegurar o trono de Castela.

1369-1374 – Carlos V da França reinicia a Guerra dos Cem Anos, recuperando toda a França, exceto Calais e Gasconha.

1369-1370 – Bloqueio português de Sevilha, parte de uma longa luta pelo controle do Estreito de Gibraltar.

1370

Bertrand du Guesclin é nomeado condestável da França.

19 de setembro – Saque de Limoges pelo Príncipe Negro, ama ação amplamente criticada por sua brutalidade.

1371

22 de agosto – Batalha de Baesweiler. O duque Guilherme de Jülich derrota e captura o imperador Venceslau.

26 de setembro – Chernomen (Maritza) (atual Bulgária). Na primeira batalha campal otomana na Europa, o sultão Murad I derrota um exército sérvio maior, comandado pelo rei Vukashin.

Consagração do papa Gregório XI em Avignon (1370). Esse pontífice retornou o papado a Roma, em 1378, iniciando uma nova série de guerras italianas.

de seu território sem luta, empregando às vezes até 60% de sua receita anual em guerras com esse fim.

Já em 1322, o papa apregoava uma cruzada contra a família Visconti de Milão. O grande impulso pela recuperação do Estado Papal, porém, não começaria até 1353. O legado papal, Gil Alvarez Carillo Albornoz, arcebispo de Toledo, liderou as primeiras campanhas, que se destacaram pela brutalidade da guerra do século XIV, especialmente em guerras contra aqueles considerados rebeldes e traidores. As forças papais, principalmente de mercenários, combinavam práticas correntes de combate e incursão com o que muitos consideravam uma utilização abusiva de sanções espirituais. Essa prática

pode ser vista na Guerra dos Oito Santos, de 1375 a 1378, uma rebelião contra o papado engendrada por Florença. Na frente espiritual, Florença foi colocada sob interdito. Mas no campo de batalha, o legado papal no comando era mais brutal do que a maioria dos comandantes europeus da época, massacrando os cidadãos de Faenza (1376) e Cesena (1377) após cercos bem-sucedidos. Quando o papa Gregório XI voltou de Avignon para Roma em 1378, o fez com um exército que subjugou ainda mais os rebeldes.

No mar, as guerras entre as rivais comerciais italianas continuaram com uma ferocidade inabalada. Essencialmente, tratava-se de uma luta entre Gênova e Veneza, com cada cidade reivindicando portos e

1372

22 de junho – Batalha de La Rochelle. Uma frota castelhana, comandada por Enrique II, usa navios de fogo para derrotar uma frota de transporte inglesa com reforços para Gasconha.

Junho – Os franceses tomam La Rochelle dos ingleses através de uma artimanha do prefeito.

1375-1378

Guerra dos Oito Santos. Rebelião contra o papado nos Estados Papais, organizada por Florença.

1376

Saque de Walsingham, na Inglaterra, por uma frota castelhana.

Florença é colocada sob interdito papal.

Um exército papal toma Faenza após um curto cerco e massacra os cidadãos.

1376-1389 – Guerra da Liga da Cidade Suábia contra o imperador Venceslau.

privilégios comerciais no Mediterrâneo oriental. Uma terceira guerra entre genoveses e venezianos irrompeu por volta de 1350, quando os genoveses apreenderam navios mercantes venezianos em Caffa. Cada cidade parecia dispor de um suprimento ilimitado de navios e marinheiros, significando que nenhum dos lados tinha uma vantagem clara. Assim, em 1352, os genoveses derrotam os venezianos no Bósforo, mas no ano seguinte sofrem uma derrota ao largo da Sardenha. Em 1354, os genoveses capturam quase toda a frota veneziana em Sapienza, encerrando uma fase de hostilidades que durariam o restante do século.

Uma quarta guerra entre genoveses e venezianos eclode em 1372, em uma luta pela primazia na coroação de Pedro II do Chipre. A guerra atinge seu auge depois que frota veneziana é derrotada em Pola, em maio de 1379. Os genoveses, em seguida, atacam a própria Veneza, por terra e mar. A chegada de 18 navios venezianos do leste, no entanto, permite um contrabloqueio da frota genovesa. Os sobreviventes genoveses se rendem, mas as causas fundamentais da longa guerra permaneceram intocadas.

Cruzadas Subsequentes

A queda de Acre, em 1294, foi em grande parte responsável pelo fim das cruzadas à Terra Santa, embora a recuperação de Jerusalém permanecesse cara a muitos corações ocidentais. De fato, alguns governantes e nobres, incluindo Eduardo I da Inglaterra e seu arquirrival Roberto Bruce, simbolizavam esse compromisso contínuo legando seus corações à Terra Santa. Porém, apesar de muitos ocidentais no século XIV terem escrito

Duque Luís II de Bourbon (1337-1410), cuja cruzada de 1390 tentou reprimir a pirataria no Mediterrâneo, atacando bases piratas em Tunis.

1377

Fevereiro – Banho de sangue em Cesena. Um exército papal, liderado por *Sir* John Hawkwood, toma a Cesena florentina. O legado papal, cardeal Roberto de Genebra, ordena o massacre de toda a população para vingar o assassinato de alguns mercenários.

A frota francesa ataca portos ingleses partindo de Rye para Portsmouth.

Cerco de Odruik. Primeiro caso conhecido de um canhão rompendo muralhas na Europa.

1378

1378-1381 Guerra entre Gênova e Veneza.

30 de maio – Batalha de Anzio. Uma frota veneziana derrota os genoveses.

1378-1417 Grande Cisma Papal entre papas rivais em Roma e Avignon.

1379

7 de maio – Batalha de Pola (Ístria). A frota genovesa obtém uma vitória esmagadora sobre uma força de Veneza.

1379-1380 Bloqueio genovês de Veneza por terra e mar. Os sobreviventes genoveses se rendem em 24 de junho de 1380.

tratados ousados sobre como recuperar a Terra Santa, a amplidão do problema era simplesmente demasiada à luz do poderio militar mameluco e das guerras internas da própria Europa. Cruzados comandados por Pedro I do Chipre saquearam Alexandria em 1365, mas não conseguiram mantê-la, e a cruzada do duque Luís II de Bourbon contra Túnis, em 1390, também fracassou.

Quando os nobres do século XIV decidiram se por à prova em combate e obter indulgências cruzadas, rumaram para o Báltico, onde a Ordem Teutônica proporcionava oportunidades cuidadosamente organizadas de combater pagãos, sem abrir mão de um entretenimento principesco. A Lituânia, um Estado não cristão forte e bem organizado, era uma ameaça para as terras da Ordem na Prússia, além de uma oportunidade legal para novas conquistas (já que era pagã). Todavia, os Cavaleiros Teutônicos não contavam com homens suficientes para as guerras de conquista e, assim, iniciaram uma campanha de propaganda muito bem-sucedida para conquistar cruzados para as *Preussenreisen* anuais, expedições à Prússia cujos primeiros documentos datam de 1304.

A Revolta dos Camponeses ingleses de 1381 começou em Brentwood, quando camponeses que protestavam contra a cobrança de um imposto pesado mataram um juiz enviado para puni-los.

1380	1381	1382
c. 1380 Invenção da bombarda pelo monge e alquimista alemão Berthold Schwarz. 8 de setembro – Batalha de Kulikovo. O príncipe Demétrio Donskoi de Moscou derrota Mamai Khan da Horda de Ouro, a primeira vitória russa sobre os mongóis.	Revolta dos Camponeses Ingleses.	23 de agosto – Toktamish Khan, da Horda de Ouro, captura Moscou, matando uma grande parte da tripulação e restabelecendo o controle mongol. 27 de novembro – Batalha de Roosebeeke (Westrozebeke). O exército de Filipe, o Audaz, que reclamava Flandres por casamento com sua herdeira, esmaga o exército de Ghent e seus aliados, comandados por Filipe van Artevalde.

Batalha de Montiel, em que Pedro, o Cruel, de Castela foi morto, pondo fim à guerra civil castelhana, em 23 de março de 1369.

A Ordem também contratou um grande número de mercenários, que foram agraciados com uma indulgência cruzada. Após a queda de Acre, o mestre da Ordem Teutônica logo transferiu seu quartel-general para Marienburgo, na Prússia, e todos os recursos da Ordem foram voltados para a captura e exploração de territórios no Báltico. Foi uma luta longa e lenta. A Ordem se acomodou em um padrão de duas campanhas curtas a cada ano, no verão e no inverno (quando viajar era possível). Seu objetivo era geralmente limitado, ou seja, tomar ou construir apenas uma fortaleza em território inimigo.

Apesar de um século de guerras, a Ordem Teutônica jamais conseguiu subjugar a Lituânia. A Ordem fora

1383

"Cruzada" do bispo Henrique Despenser de Norwich. Tratou-se de um ataque inglês mal organizado contra o duque Filipe, o Audaz, da Borgonha, nos Países Baixos, tratado como uma cruzada pelo papa romano.

1384

Ataque naval castelhano a Lisboa.

Batalha de Tessalônica. Os turcos otomanos derrotam o imperador bizantino Manuel II Paleólogo na última batalha campal entre bizantinos e turcos. Tessalônica se rende em 1387, após um cerco de três anos.

1385

Ricardo II de Inglaterra lidera uma campanha contra a Escócia, mas não conquista nada.

14 de agosto – Batalha de Aljubarrota. O rei D. João I de Portugal e seus aliados ingleses derrotam uma invasão de Portugal por João I de Castela (com aliados franceses).

distraída por guerras contra a Polônia, cujos governantes estavam compreensivelmente alarmados com a agressão teutônica. E os grão-duques da Lituânia lutaram de forma inteligente e obstinadamente por seu território, muitas vezes aliando-se com outros inimigos dos cavaleiros teutônicos. Para acabar com as esperanças da Ordem, o grão-duque da Lituânia, Jogaila, se converteu ao cristianismo latino em 1386 e se casou com Jadwiga, herdeira da Polônia. Com a subsequente união entre poloneses e lituanos, a Ordem Teutônica passou para a defensiva e logo perdeu sua oferta de cruzados ocidentais de baixo custo.

A cruzada continuou também na Espanha, mais notadamente na Batalha do Rio Salado, em 30 de outubro de 1340, uma importante vitória portuguesa e castelhana sobre os muçulmanos. No entanto, essa batalha marcou um ponto de virada na reconquista espanhola. A força cristã derrotou o sultão marinida Abu'l-Hasan do Marrocos e essa foi a última vez que um Estado muçulmano do norte da África tentaria uma séria intervenção em assuntos da Espanha.

....

O sultão otomano Murad I é morto por um de seus próprios nobres durante a Batalha do Kosovo, em 17 de junho de 1389.

Em 1344, o rei Afonso XI de Castela prosseguiu na tomada de Algeciras, controlada por muçulmanos, na costa norte do Estreito de Gibraltar, deixando apenas o emirado de Granada em mãos muçulmanas. Pelo restante do século, as guerras espanholas foram, em sua maior parte, de cristãos contra cristãos, como a guerra castelhano-aragonesa de 1357, ou a guerra pelo trono de Castela entre Pedro, o Cruel, e seu irmão Henrique de Trastâmara. Castela também travou uma série de batalhas navais contra Portugal e os Estados muçulmanos do norte da África pelo controle do Estreito de Gibraltar.

Os Turcos Otomanos

Embora as cruzadas de conquista parecessem enfraquecer no século XIV,

1386

9 de julho – Batalha de Sempach (atual Suíça). A infantaria miliciana suíça derrota um exército austríaco comandado pelo duque de Habsburgo, Leopoldo III, da Áustria. Leopoldo é morto, junto com pelo menos 600 cavaleiros austríacos.

A França planeja uma grande invasão da Inglaterra, mas o plano é cancelado em novembro, provavelmente porque o rei da França não pode pagar suas tropas.

1387

11 de março – Batalha de Castagnaro, Itália. Um exército de Pádua, liderado por *Sir* John Hawkwood, derrota Verona.

Batalha da Radcot Bridge. Nobres rebeldes, liderados pelo grupo *Lords Appellant*, derrotam uma força de partidários do rei Ricardo II, comandados por Roberto de Vere, conde de Oxford.

Publicação do *Arbre des batailles* ("Árvore das batalhas"), de Honoré Bouvet.

Batalha de Margate. A frota inglesa derrota uma frota de invasão franco-castelhana.

Imperador Manuel II (1391-1425)
Paleólogo, rezando para o arcanjo Miguel.

cruzadas defensivas eram mais
necessárias do que nunca, graças à
ascensão da dinastia turca otomana
na Ásia Menor. Os sultões otomanos
se mostraram estrategistas militares
habilidosos, unindo os pequenos
estados turcos da Ásia Menor com uma
combinação de força e ao apelo à *jihad*,
uma guerra santa contra o Império
Cristão Bizantino.

Na década de 1350, os otomanos
haviam conquistado quase todo o
território bizantino no lado asiático
do Bósforo e começaram a voltar suas

atenções para a Europa. O sultão
Murad I (1360-1389) conseguiu
uma série impressionante de vitórias,
conquistando a Trácia e estabelecendo
sua capital em Adrianópolis. Depois
disso, anexou a Macedônia e grande
parte do sul da Sérvia. Em Tessalônica,
em 1384, derrotou o imperador
bizantino Manuel II na última batalha
campal entre o Império Bizantino
decadente e os turcos.

Como os turcos se deslocaram
para os Bálcãs, não é surpresa que
os estados cristão latinos da Europa
Central ficassem preocupados. O
próximo alvo óbvio dos turcos foi a
Hungria. O rei Sigismundo (1387-
1437) reagiu fortemente, coordenando
a resistência cristã nos Bálcãs. Mais
notavelmente, montou o grande
exército ocidental que tomou parte na
"Cruzada de Nicópolis" de 1396.

O exército ocidental que enfrentou
o sultão Bayezid em Nicópolis era
enorme, com estimados 100.000
combatentes. Embora os húngaros
fornecessem mais de metade da força,
havia também combatentes da França,
Alemanha, Valáquia, Inglaterra e
outros contingentes. Provavelmente a
força de Bayezid era de igual tamanho,
porém muito mais organizada em
sua estrutura de comando. A força
cristã carecia profundamente de
unidade. Os cruzados ocidentais,
em geral, desafiavam Sigismundo,

1388

15 de agosto – Batalha de
Otterburn (Chevy Chase).
Um exército escocês inflige
uma pesada derrota a
um exército inglês maior
comandado por Henrique
Percy de Northumberland
(conhecido como
"*Hotspur*"). Percy é
capturado.

1389

15 de junho – Batalha de Kosovo.
Uma grande vitória turca sobre
uma força aliada cristã liderada
pelo príncipe sérvio Lazar.

A rainha Margarida, regente da
Dinamarca, impõe uma derrota
decisiva ao seu rival pelo trono,
o duque Albrekt da Pomerânia,
aprisionando-o.

1390

O sultão Bayezid I, "o Trovão", inicia
a construção de uma frota otomana
permanente.

Uma frota genovesa e cruzados,
comandados pelo duque Luís II de
Bourbon, não conseguem tomar o
porto de Mahdia (atual Tunísia).

O sultão otomano Bayezid I toma
Widdin como primeira etapa de um
plano de invasão da Hungria.

1391

Batalha de Alessandria. Um
exército milanês derrota os
florentinos comandados por
Sir John Hawkwood.

enquanto muitos de seus húngaros e valáquios eram desleais. E nessa batalha, como em uma série de embates no século XIV, os europeus depositaram demasiada confiança no poder de uma carga de cavalaria contra uma infantaria bem organizada e protegida por uma floresta de estacas. Os cavalarianos ocidentais foram logo parados pelas estacas, para serem alvejados em seguida pelos arqueiros turcos. Desmontados, os cavalarianos avançaram e irromperam pela infantaria turca. O que eles não sabiam, porém, era que uma forte reserva turca estava à espreita do lado oposto da encosta. O resultado foi uma fragorosa vitória turca. De forma nenhuma essa batalha significou o fim da cavalaria pesada ocidental, mas foi outro aviso de que a cavalaria deveria ser utilizada de forma inteligente, em conjunto com a infantaria, para vencer batalhas.

Depois de Nicópolis, a Hungria e o Império Bizantino se descortinaram para os otomanos, sendo salvos apenas por um novo invasor da Ásia central, Tamerlão, que quase destruiu o sultanato turco na batalha de Ancara em 1402. No entanto, a ameaça turca permaneceu e seria um tema dominante na guerra do século XV.

Cavaleiros cristãos, fugindo dos turcos vitoriosos após a batalha de Nicópolis, em 28 de setembro de 1396.

1392	1394	1396	1399
O rei Carlos VI da França enlouquece.	Primeira campanha irlandesa de Ricardo II de Inglaterra.	**Março** – Trégua de Leulinghen. França e Inglaterra concordam com uma trégua de 30 anos na Guerra dos Cem Anos.	**Verão** – Tamerlão inflige uma derrota esmagadora a uma aliança entre lituanos.
	16 de março – Morte de *Sir* John Hawkwood, o maior capitão mercenário do século XIV.		Segunda campanha irlandesa de Ricardo II da Inglaterra.
	1394-1402 – O sultão otomano Bayezid I sitia Constantinopla, levantando o cerco somente quando ameaçado pela invasão do exército de Tamerlão.	**25 de setembro** – Batalha de Nicópolis. O exército otomano inflige uma grande derrota a uma grande força de cruzados.	**Setembro de 1399 – 1409** – Rebelião galesa contra o controle inglês, liderada por Owain Glyn Dwr.

Século XV: Uma Era de Mudanças

Não houve revolução súbita nas guerras europeias no século XV. Em vez disso, tendências com vários séculos de duração continuaram a se desenvolver nos campos de batalha da Europa. A tendência dos exércitos era serem maiores do que nunca, continuando a exigir ao máximo dos recursos dos Estados.

A tendência das batalhas era serem mais sangrentas do que nunca, nem tanto por causa do aperfeiçoamento das técnicas de matar, mas porque diferenças ideológicas e a crescente profissionalização dos exércitos incentivavam os soldados a fazer um trabalho "completo". Armas e armaduras continuaram a se desenvolver, incluindo uma nova confiança em um tipo de lança, o pique, por parte das forças de infantaria. O mais importante, a tecnologia da pólvora se desenvolveu rapidamente. Ao final do século XV, a aparência e o som da guerra na Europa eram bem diferentes do que tinham sido até um século antes.

À esquerda: Henrique V protege seu irmão caído na Batalha de Agincourt. Henrique estava no meio do combate.
À direita: Um trabuco de contrapeso, ainda em uso regular até meados do século XV.

O período entre 1400 e 1450 testemunhou um aperfeiçoamento considerável nas armas e em seu manejo. Na maior parte do século XIV, canhões eram mais uma curiosidade barulhenta do que um fator real na batalha. Contudo, no decorrer do

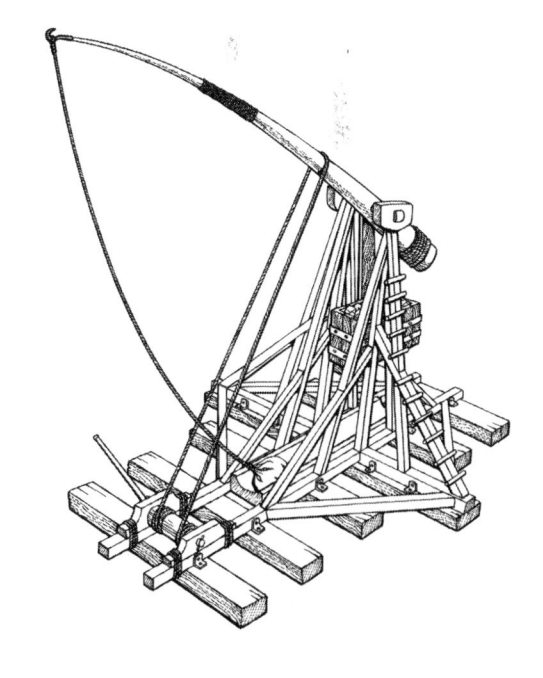

século XV, melhorariam tanto que a simples ameaça de um canhão poderia forçar uma rendição. A eficácia crescente das armas de pólvora pode ser vista no fato de os trabucos raramente aparecerem em cercos europeus depois de 1450, pois embora ainda fossem muito mais precisos que o canhão, um canhão (cujo nome significa "tubo" – algo com que atirar um projétil) pode colocar muito mais força por trás daquilo que atirou.

Duas grandes invenções ajudaram a fazer da arma de fogo a força dominante na guerra de cerco. A primeira foi a invenção da bombarda em aproximadamente 1380, uma forma altamente eficaz de canhão que direcionava a força de uma explosão de pólvora mais diretamente para a parte de trás do projétil a ser disparado. Em 1420, os maiores canhões tinham até 5,2 m de comprimento e disparavam bolas de até 750 kg. Na década de 1430, as bombardas podiam reduzir a maioria das defesas. Parte do crédito, porém, deve ser dado a uma segunda invenção, a pólvora granulada, ocorrida por volta de 1430 como resultado de um processo em que a pólvora era umedecida com conhaque, aguardente, vinagre ou "urina de um homem que bebe vinho" e, em seguida, secada, formando pequenos grãos que talvez fossem três vezes mais eficazes que a forma em pó. Esse desenvolvimento provavelmente aumentou o perigo para os próprios artilheiros, já que o canhão de ferro típico do século XV tinha a tendência de explodir. No entanto, a mudança de projéteis de pedra para projéteis de ferro ou chumbo ajudou a garantir que estes se adequassem melhor ao orifício do canhão e, provavelmente, também

....

Acima: Um modelo da Mons Meg, a grande bombarda de ferro forjado fabricada em Mons, em 1449. Um presente para o rei da Escócia, hoje a Mons Meg pode ser encontrada no castelo de Edimburgo.

À esquerda: Berthold Schwarz, um frade franciscano e alquimista alemão do século XIV, que se envolveu nos primeiros experimentos com a pólvora.

1400	1401
30 de outubro – Batalha de Aleppo. Tamerlão esmaga a um exército mameluco e, em seguida, sitia Aleppo e Damasco. **1400-1410** – Uma longa e confusa guerra civil na Alemanha termina com a coroação de Sigismundo da Hungria como imperador do Sacro Império Romano.	Tamerlão arrasa Bagdá, massacrando a população e destruindo a maior parte da cidade.

tornou menos frequente o perigo de explosões.

Em meados do século XV, uma força de ataque bem equipada com artilharia poderia demolir mesmo as muralhas mais fortes de cidades ou castelos, como pode ser visto no papel desempenhado pelas grandes armas na conquista turca de Constantinopla, na conquista francesa da Normandia e na conquista espanhola de Granada. Em princípio, os construtores de defesas responderam com o espessamento das muralhas. As muralhas da fortaleza de Ham estabeleceram um novo recorde ao redor de 1470, com uma espessura de 11 metros. Ao final do século, porém, os engenheiros já projetavam grossas torres de artilharia, deixando de lado as muralhas externas, que ofereciam um alvo bastante vulnerável.

No século XV, armas de fogo portáteis também se tornaram um eficiente instrumento de guerra. A primeira arma de fogo portátil, o

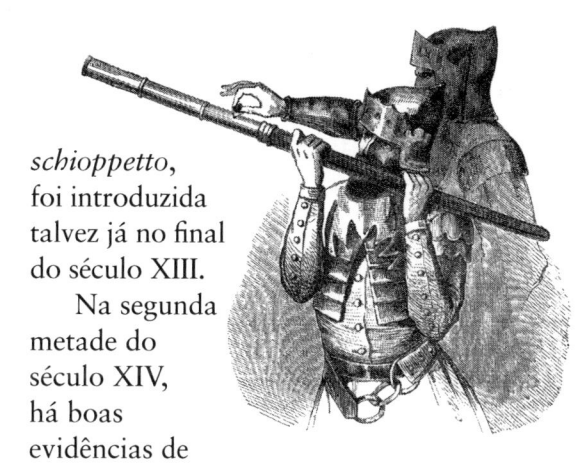

schioppetto, foi introduzida talvez já no final do século XIII.

Na segunda metade do século XIV, há boas evidências de uso de armas de fogo portáteis, quase sempre na defesa das cidades, e pelo fato de serem pesadas, desajeitadas e lentas (de 1 a 1,2 m de comprimento, disparadas com um fósforo) não faziam grande diferença. Na década de 1430, porém, as armas de fogo portáteis haviam se desenvolvido a tal ponto que alguns exércitos já incluíam grupos de artilheiros de mão que eram aparentemente eficazes ou, pelo menos, altamente detestados, pois segundo relatos da década de 1440, artilheiros de mão capturados em combate eram sumariamente executados. Por volta de 1480, o arcabuz, uma arma mais sofisticada que era mais pesada, mas que incluía um mecanismo de gatilho, já começava a substituir o

Acima: Um canhão portátil do século XV.
À esquerda: Bombardas disparavam bolas de centenas de quilos e eram capazes de romper muralhas de castelos e cidades.

1402

20 de julho – Batalha de Ancara (Turquia). Tamerlão (ou Timur, o Coxo) destrói o exército otomano de Bayezid I.

14 de setembro – Batalha de Homildon Hill. Os ingleses derrotam uma invasão de escoceses e franceses liderados por Arquibaldo Douglas. Douglas é capturado.

1403

21 de julho – Batalha de Shrewsbury. O rei Henrique IV derrota rebeldes liderados por Henrique Percy ("*Hotspur*"). Percy é morto.

1403-1413 – Guerra pelo controle do Império Otomano entre os três filhos do sultão Bayazid.

1404

27 de abril – Morte do duque Filipe, o Temerário, de Flandres.

Os camponeses da Dithmarschen, Alemanha, repelem uma invasão do conde de Holstein.

schioppetto. O exército milanês de 1482 contava com 1.250 *schioppettos*, 352 arcabuzes e 233 bestas, sugerindo como o equilíbrio de forças no campo de batalha estava mudando. É pouco provável que armas de fogo fossem mais eficazes do que bestas, principalmente com o desenvolvimento do arco de aço acionado por um molinete, porém comandantes inteligentes perceberam seu potencial, ou gostaram de sua troada imponente e seu ar de "modernidade".

Ordens Religiosas Militares

O século XV viu a noção de "cavaleiresco" declinar e ser alterada radicalmente, apesar de algumas das mais importantes ordens de cavalaria terem sido criadas nesse século (mais notadamente a Tosão de Ouro, na Borgonha). Em nenhum outro ponto a mudança nos ideais foi mais evidente do que no declínio das ordens militares religiosas. Os Cavaleiros Templários foram dissolvidos no início do século XIV. Na Espanha, as ordens militares se tornaram clubes meramente honorários para a nobreza. Os Cavaleiros Teutônicos e os Cavaleiros Hospitalários ainda resistem, mas com extrema dificuldade.

Por volta de 1400, os Cavaleiros Teutônicos já haviam construído mais de 260 castelos para proteger e controlar o seu Estado, embora também tivessem feito um grande número de inimigos e a perda de reforços cruzados depois que os últimos povos do Báltico se converteram ao cristianismo tornou sua posição cada vez mais precária. Muitas pessoas devem ter pensado que a Ordem teve o que merecia em 1410, quando o Rei Jagiello da Polônia e Lituânia congregou uma ampla coalizão contra ela, o que foi, de fato, uma guerra em grande escala: a força

Um soldado carregando um arcabuz, arma de fogo desenvolvida no século XV e que gradualmente substituiu o schioppetto.

1405		1407
Uma frota castelhana ataca Jersey e saqueia Poole.	1405-1406 – Os ingleses conquistam Anglesey, ocupada pelos rebeldes.	23 de novembro – O duque Luís de Orléans é assassinado por ordem do duque João de Borgonha.
Berwick, na Escócia, se rende a um ataque inglês após apenas um tiro de bombarda.	1405-1406 – Conquista florentina de Pisa.	

de Jagiello contava mais de 30.000 homens, enquanto os Cavaleiros Teutônicos reuniram aproximadamente 20.000 (muitos deles mercenários).

A Batalha de Tannenberg (ou Grunwald), em 15 de julho de 1410, demonstra bem tanto as velhas quanto as novas táticas de batalha. O grão-mestre da ordem, Ulrico von Jungingen, protegeu seu exército cavando poços camuflados. Porém recuou em seguida, deixando suas defesas cuidadosamente criadas para serem ocupadas pelos poloneses. O que se seguiu foi uma batalha em sua maior parte de cavalaria, com os Cavaleiros Teutônicos recebendo cargas sucessivas, até que sua formação se rompeu. Tannenberg foi uma derrota total para os Cavaleiros Teutônicos, que perderam todos os membros mais graduados da ordem, além de

Castelo de Bran, na Romênia. Inicialmente construído pelos Cavaleiros Teutônicos em 1212, tornou-se uma importante defesa contra os turcos otomanos no século XV.

aproximadamente 200 cavaleiros. A batalha marcou o primeiro grande passo de um longo declínio da capacidade militar e da adesão ao código moral da ordem. Uma guerra de 13 anos (1453-1466), em que os rebeldes e o rei da Polônia atacaram a Ordem, trouxe mais desastre para os Cavaleiros Teutônicos, incluindo a perda de Marienburgo, sua sede, em 1457. Em 1466, com a Segunda Paz de Thorn, o estado da Ordem foi dividido.

Os Cavaleiros Hospitalários tiveram mais sorte na preservação de uma meta válida, ou seja, a proteção do mar contra o avanço do Islã.

1408	1409	1410
O rei Sigismundo institui a Ordem do Dragão, uma ordem de cavalaria. 1408-1409 – Cerco e reconquista de Aberystwyth, País de Gales, pelos ingleses. 1408-1409 – Cristina de Pisan produz o *Livre des faits des armes et de la Chevalerie*.	Henrique IV de Inglaterra toma Harlech, País de Gales; Owain Glyn Dwr foge, termina a revolta galesa.	15 de julho – Batalha de Tannenberg (Grunwald). O rei Jagiello da Polônia e Lituânia e seus aliados esmagam um grande exército dos Cavaleiros Teutônicos. A maioria dos dignitários da ordem e 200 cavaleiros é morta.

Logo após a queda de Acre em 1294, os Hospitalários transferiram seu principal centro de operações para a ilha de Rodes, de onde empreenderam uma guerra naval primeiro contra os mamelucos e, sem seguida, contra os turcos otomanos, participando de várias coalizões contra os turcos no século XV e mantendo uma boa reputação como protetores da cristandade. Os Hospitalários também conquistaram a especial inimizade dos sultões otomanos. Em 1480, os turcos lançaram uma grande ofensiva contra Rodes, rompendo as muralhas da principal cidade da ilha após dois meses, mas seu ataque foi rechaçado, com pesadas perdas. Uma ordem militar religiosa, pelo menos, sobreviveu para lutar outro dia.

A Batalha de Tannenberg, *de Wojciech Kossak (1931). Batalha que quebrou o poder dos Cavaleiros Teutônicos na Prússia e é um forte símbolo do nacionalismo polonês.*

A Campanha de Agincourt

Na primeira metade do século XV, a guerra na Europa Ocidental foi marcada pela renovação da Guerra dos Cem Anos entre a França e a Inglaterra. Houve uma longa pausa nas hostilidades após a morte de Eduardo III em 1377. Seu sucessor, Ricardo II, não combatera a França, num primeiro momento, por causa de sua juventude e, depois disso, devido ao aumento das tensões entre ele e seus barões, que culminou com sua deposição e morte em 1399. Henrique

---

1411

1 de fevereiro – Primeira Paz de Thorn. A Ordem Teutônica renuncia a sua reivindicação à província de Samogícia, que se torna parte da Polônia.

Batalha de Harlaw. O conde de Mar derrota uma invasão da Escócia por Donald, lorde das Ilhas, e nobres ingleses do norte.

1412

O duque Carlos de Orléans e seus aliados fazem um tratado com Henrique V da Inglaterra contra a França.

1413-1415

O sultão otomano Mehmed I recupera possessões otomanas na Europa e conquista a Valáquia.

Ulrico von Jungingen, grão-mestre da Ordem Teutônica, que foi morto com a maioria dos dignitários da ordem na Batalha de Tannenberg, em 1410. À direita: Os Cavaleiros Hospitalários rechaçam o ataque turco otomano em Rodes, em 28 de julho de 1480.

IV, que roubou o trono de Ricardo, tinha uma sustentação muito frágil no poder para correr riscos com aventuras ultramarinas dispendiosas e passou boa parte de seu reinado combatendo grandes rebeliões na Inglaterra e no País de Gales. A França não estava em posição de tirar vantagem dessas desordens, já que uma luta interna pelo poder de controlar o rei Carlos VI, que enlouquecera, degenerou gradualmente em guerra civil. No entanto, na época em que Henrique V assumiu o trono inglês em 1413, a Inglaterra estava disposta a tomar a ofensiva novamente. Henrique já provara sua habilidade militar em guerras internas na Inglaterra, durante o reinado de seu pai.

Henrique invadiu a França em 1415 com um exército de aproximadamente 12.000 homens, visando à conquista da Normandia. Seus objetivos parecem ter sido demasiado ambiciosos. O primeiro grande passo em sua estratégia foi o cerco a Harfleur, que levou mais tempo do que o esperado, talvez porque Henrique tivesse expectativas muito elevadas em relação a seu canhão

1414-1418	1415	
O Concílio de Constança põe fim ao grande cisma papal.	**18 de agosto – 4 de outubro** – Cerco vitorioso a Harfleur por Henrique V da Inglaterra.	**Setembro** – Cinquenta e oito nobres da Boêmia formam a Liga Hussita contra o imperador Venceslau.
	Os portugueses conquistam Ceuta, no lado africano do Estreito de Gibraltar.	**25 de outubro** – Batalha de Agincourt. Henrique V de Inglaterra inflige uma derrota severa aos franceses.

francesa que talvez fosse até três vezes maior. Porém, novamente, os ingleses venceram a batalha contra todas as expectativas, usando de forma inteligente as defesas no campo de batalha, que anularam amplamente a cavalaria francesa. Os arqueiros

....

À esquerda: Um retrato contemporâneo de Henrique V de Inglaterra (1413-1422), o rei guerreiro cuja grande liderança militar e habilidade de organização conquistaram a maior parte da França antes de sua prematura morte.
Abaixo: Henrique V antes da batalha de Agincourt, em 25 de outubro de 1415. O rei era conhecido por sua devoção, perseguindo hereges na Inglaterra.

(que se mostrou decisivo no final). O rei inglês perdeu pelo menos um terço de seu exército, fosse por ter sido dispersado em guarnições ou por sucumbir à doença (principalmente disenteria). Assim, embora a temporada de campanhas tivesse chegado ao fim, Henrique levou o restante de seu exército a uma excursão armada na Normandia, para fazer propaganda de sua racionalidade como um futuro senhor, ostensivamente mantendo seus homens longe dos saques. Porém, um exército francês alcançou o inglês (e seus aliados franceses) em Agincourt.

Na Batalha de Agincourt, o rei Henrique comandou apenas cerca de 5.000 arqueiros e aproximadamente 900 cavalarianos contra uma força

1416

Batalha de Gallipoli. A frota veneziana, comandada pelo doge Loredano, impõe séria derrota aos otomanos.

15 de agosto – Batalha de Harfleur. Uma frota inglesa, comandada pelo duque de Bedford, obtém uma importante vitória sobre os franceses e seus aliados genoveses, tomando Harfleur e enfraquecendo o poder naval francês.

Batalha de São Egídio. O *condottiere* Braccio da Montone derrota Carlo Malatesta e se torna regente de Perúgia.

1416-1422 – O rei Érico da Escandinávia tenta em vão tomar Schleswig do conde de Holstein.

1417

Henrique V de Inglaterra conquista a Normandia.

29 de junho – os ingleses derrotam uma frota francesa e genovesa na Batalha de Honfleur.

Henrique V de Inglaterra sitia Caen com sucesso.

ingleses ficaram protegidos por trás de estacas afiadas entremeadas em uma cerca treliçada. As setas inglesas não representavam um grande risco para a cavalaria francesa.

No início do século XV, os cavalarianos usavam armaduras muitas vezes chamadas de "armaduras brancas" por causa da forma como refletiam a luz solar. Os escudos haviam sido deixados de lado, pois a armadura em si era tão forte que até mesmo uma seta em impacto direto só penetraria se disparada a uma curta distância. Os cavalos também estavam mais bem protegidos que nunca, com sua armadura de mais ou menos 27 kg também proporcionando muito mais segurança contra arqueiros. Porém, se rechaçados e desmontados, os cavalarianos se tornavam vulneráveis.

O que parou a cavalaria francesa em Agincourt não foi, provavelmente, a densa cortina de setas inglesas, mas a lama espessa do campo de batalha e a floresta de estacas dos ingleses. Deve quase ter sido como se os cavaleiros tentassem uma carga contra a muralha de uma cidade. Depois de repetidas investidas, os franceses não conseguiram romper as linhas. Os cavalarianos caíam na lama e centenas sufocaram antes mesmo que os soldados ingleses os tocassem. Pelo menos 600 nobres franceses pereceram em Agincourt e mais de mil foram

capturados. No total, provavelmente cerca de 10.000 homens morreram naquele dia, a maioria franceses.

Agincourt não conquistou a Normandia para Henrique V, embora a perda da liderança francesa em um momento tão crucial deve certamente ter ajudado sua causa. A temporada de campanhas de 1415 terminara e a força inglesa foi assolada pela doença. Os verdadeiros ganhos viriam somente em 1417-1419, após os ingleses terem preparado o caminho com grandes vitórias navais ao largo de Harfleur, em 1416, e ao largo de Chef de Caux, em 1417. Em 1418, Henrique contava com uma frota real de 39 navios, além de

Uma armadura de justa completa, combinando com a armadura do cavalo, do século XV. Armaduras de justa eram mais pesadas que as armaduras usadas em combate, muitas vezes chegando a pesar 45 kg.

1418	1419
Maio – Paris é tomada pelo duque João Sem Medo, de Borgonha, que massacra 5.000 cidadãos. O delfim Carlos escapa e se torna o líder da facção contra Borgonha.	**30 de julho** – Primeira defenestração de Praga. Treze membros do conselho são jogados pela janela da prefeitura, como uma declaração de guerra ao imperador Venceslau.
1418-janeiro de 1419 – A cidade de Rouen se rende a Henrique V de Inglaterra, depois de um cerco prolongado.	**30 de julho** – Batalha de Praga. Vitória dos hussitas sobre as tropas do imperador Venceslau, expulsando-o da Boêmia.
	10 de setembro – Assassinato do duque João Sem Medo de Flandres, por ordem do delfim Carlos, levando a uma aliança borgonhesa com a Inglaterra.

Batalha de Montargis, em 5 de setembro de 1427, em que uma pequena força francesa levantou o cerco inglês da cidade, após romper diques para inundar o campo inglês.

navios mercantes que foram convocados para servir o rei. A desorganização francesa, especialmente o ódio entre os duques de Orléans e Borgonha e o ódio da Borgonha pelo delfim Carlos (herdeiro do trono), também facilitou a tarefa de Henrique.

Em 1º de agosto de 1417, Henrique V invadiu a Normandia com um exército de quase 11.000 homens e começou a tomar o ducado castelo por castelo, cidade por cidade, mantendo seu exército em campo durante dois invernos, uma conquista militar extraordinária para a época, ainda mais impressionante pelo fato de Henrique ter abastecido seu exército da Inglaterra, sem permitir que seus homens recorressem a saques.

Henrique demonstrou ser um mestre na guerra de cerco, empregando as técnicas mais recentes, especialmente de artilharia. Mas podemos ver nos relatos de seus cercos, notadamente de Caen (1417), Rouen (1418-1419) e Meaux (1421-1422), que a guerra de cerco exigia uma variedade de abordagens, com o exército inglês sondando pontos fracos. Em Caen, os ingleses tentaram minar a muralha, porém os defensores puseram tigelas de água nos muros para detectar as vibrações da escavação. Os ingleses também tentaram uma escalada em Caen, mas suas escadas de cerco eram muito curtas. Em Rouen, contaram com a fome para fazer seu trabalho, no que foram ajudados pela insensibilidade dos defensores, que expulsaram os não combatentes da cidade. Os ingleses se recusaram a deixá-los passar por suas linhas de cerco e os deixaram para morrer de fome onde estavam.

Mesmo com Henrique tomando a Normandia, o duque João Sem Medo de Borgonha capturou Paris em sua guerra particular contra o Delfim, massacrando cerca de 5.000 cidadãos. O delfim retaliou arranjando o assassinato do duque João em 1419, que teve uma consequência indesejada, já que o herdeiro de João respondeu fazendo uma aliança com a Inglaterra. O apoio de Borgonha, somado ao próprio sucesso de Henrique V,

1420

25 de março – Batalha de Sudomer. Os hussitas, comandada por João Zizka, derrotam um exército monarquista católico.

21 de maio – Tratado de Troyes. Os representantes do rei Carlos VI reconhecem Henrique V da Inglaterra como regente e herdeiro da França, deserdando o delfim Carlos. Henrique se casa com a princesa Catarina de Valois.

14 de julho – Batalha de Vitkov Hill. Os hussitas, comandada por João Zizka, derrotam um exército cruzado.

Dezembro – Paris cai para Henrique V.

1421

6 de outubro de 1421-10 de maio de 1422 – Cerco de Meaux. Henrique V de Inglaterra conquista a grande fortaleza para proteger suas posses na Normandia.

21 de dezembro – Batalha de Kutná Hora. Hussitas derrotam um exército monarquista alemão e húngaro na Boêmia.

preparou o caminho para o Tratado de Troyes em 1420. Nesse acordo, o rei Carlos VI da França concordou em reconhecer Henrique como regente e herdeiro da França, o delfim Carlos foi deserdado e Henrique V se casou com a princesa Catarina de Valois para selar o pacto. Paris, disposta a apoiar o delfim, caiu para Henrique no final de 1420.

Embora os ingleses sofressem um revés na batalha de Baugé, em março de 1421, o progresso de Henrique em direção ao trono francês parecia, naquele momento, inexorável. No entanto, antes que todo o reino estivesse em suas mãos, Henrique morreu, em 31 de agosto de 1422, provavelmente de disenteria, deixando um filho de oito meses de idade, Henrique VI, que também se tornaria rei da França, quando Carlos VI finalmente morre em 22 de outubro do mesmo ano.

O tio do rei menino, João, duque de Bedford (1389-1435), habilmente manteve as reivindicações de Henrique VI, derrotando exércitos leais ao delfim em 1423 e 1424. De fato, a partir de 1428, apenas uma grande cidade, Orléans, ainda se mantinha ao lado do delfim e foi sitiada em outubro de 1428.

....

À esquerda: Duque João Sem Medo de Borgonha (1371-1419). Seu assassinato levou seu filho Filipe, o Bom, a apoiar Henrique V da Inglaterra contra a França. Abaixo: O rei Henrique V de Inglaterra e sua noiva, Catarina de Valois. O casamento selou o tratado que fez de Henrique regente da França e herdeiro do trono francês.

1422

Os turcos cercam Constantinopla.

10 de janeiro – Uma força hussita toma e saqueia a fortaleza de Nêmecky Brode, ocupada pelos cruzados.

22 de abril – Batalha de Hörice. Hussitas radicais (taboritas) derrotam a facção utraquista, mais moderada.

30 de junho – Batalha de Arbedo (atual Suíça). Uma força de Milão derrota uma invasão suíça no norte da Itália.

31 de agosto – Morte de Henrique V da Inglaterra.

22 de outubro – Morte do rei Carlos VI da França.

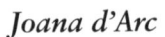

À esquerda: Joana d'Arc na coroação de Carlos VII, uma pintura de Jean-Auguste-Dominique Ingres, artista romântico do século XIX.
Acima: Entrada de Joana d'Arc em Orléans, 8 de maio de 1429, um evento que ainda é comemorado em uma festa anual local.

Joana d'Arc

E então veio Joana d'Arc, uma das maiores imponderabilidades da guerra medieval. Joana era uma jovem camponesa, uma mística cujas "vozes" que ouvia lhe ordenavam a levantar o cerco de Orléans e ver o delfim coroado rei. A jovem conseguiu chegar até Carlos em Chinon e convenceu-o de que viera realmente como emissária de Deus. O príncipe ofereceu-lhe armas e apetrechos militares e enviou-a para Orléans. O papel militar de Joana vem sendo debatido desde então. Ela própria afirmou que nunca derramou sangue.

Porém, certamente liderou tropas em batalha, apesar dos esforços de seus colegas comandantes para limitar sua posição à de uma mascote. Contudo, sua força inspiradora não pode ser posta em dúvida. Em Orléans, ela convenceu os soldados a se confessarem, expulsou os seguidores de acampamento e até mesmo levou

1423

31 de julho – Os ingleses derrotam o exército do delfim e seus aliados escoceses.

1423-1430 – Guerra otomana contra Veneza.

1424

7 de junho – Batalha de Maleslov. Uma vitória hussita contra os cruzados.

17 de agosto – Batalha de Verneuil. Um exército inglês, comandado pelo duque de Bedford e pelo conde de Salisbury, impõe uma derrota decisiva a um exército delfinista escocês maior, comandado pelo conde de Aumale.

Os egípcios devastam Chipre, que é reduzido à condição de tributário.

1424-1426 – Fracassa uma tentativa mameluca de invasão do Chipre.

os homens a cantar hinos. Os ingleses acreditavam simplesmente que Joana era uma bruxa e ameaçaram queimar um de seus arautos.

Joana levantou o cerco inglês a Orléans em 8 de maio de 1429, um evento celebrado na cidade durante séculos como o "Mistério do Cerco". No mês seguinte, um exército francês, comandado por Joana e pelo duque de Alençon, surpreendeu um exército inglês de aproximadamente 3.500 homens em Patay, 21 km a noroeste de Orléans. Aqui podemos ver as limitações da infantaria em combate. A força inglesa, amplamente de infantaria, conseguiu assumir uma boa posição defensiva, mas não teve tempo de se proteger com estacas, como fizeram em Agincourt. Uma carga da cavalaria francesa contra a vanguarda de arqueiros conseguiu passar, matando um número estimado de 2.000 ingleses. A Batalha de Patay abriu caminho para Rheims, onde, em 17 de julho de 1429, Carlos VII seria finalmente coroado rei da França. A própria Joana, porém, foi capturada por uma força da Borgonha e vendida para os ingleses, que a queimaram viva em 30 de maio de 1431. Naquele momento, contudo, a Inglaterra já havia perdido a vantagem na Guerra dos Cem Anos.

Religião, Patriotismo e as Guerras Hussitas

A carreira breve, mas espetacular de Joana d'Arc invocou o fervor religioso e o patriotismo em um grau nunca antes visto nos Estados da Europa Ocidental. Todavia, algo assim já havia ocorrido na Boêmia. O reformador religioso João Huss pregava uma potente mistura de entusiasmo evangélico e nacionalismo checo contra a influência penetrante dos alemães.

···

Acima: Coroação de Carlos VII da França (1429). Joana d'Arc, líder moral, talvez mesmo militar, do exército francês, está ao lado, segurando o estandarte.
À direita: O reformador religioso checo João Huss (1369-1145), cuja execução em Constança, em 1415, desencadeou as Guerras Hussitas.

1426

16 de junho – Batalha de Aussig. Um grande exército hussita, que incluía todas as facções, derrota um exército cruzado maior.

1426-1435 – Guerra entre a Liga Hanseática e Érico VII da Escandinávia por Schleswig, vencida pela Liga Hanseática.

1428

Dezembro 1428 – Joana d'Arc parte para a corte do delfim.

Outubro 1428 – 8 de maio de 1429 – Cerco inglês a Orléans. O cerco foi levantado com sucesso por uma força de socorro liderada por Joana d'Arc.

1428-1429 – Grandes invasões hussitas na Alemanha, Silésia e Hungria.

Venceslau IV da Boêmia e rei Carlos VI da França em Rheims. Ambos foram governantes fracos, que não conseguiram lidar com nobres rebeldes.

Quando foi queimado como herege no Concílio de Constança, em 1415 – apesar de um salvo-conduto do imperador – a maior parte da população checa ficou indignada. Em setembro de 1415, 58 nobres checos formaram uma liga hussita contra seu rei, Venceslau. A insatisfação se deteriorou em guerra aberta em 1419 com a primeira defenestração de Praga, um incidente em que 13 conselheiros reais foram jogados da prefeitura janela afora.

As Guerras Hussitas, que duraram de 1419 a 1434, exibiram uma impressionante quantidade de inovações militares e o trabalho do líder hussita João Zizka, um soldado profissional com ampla experiência nos campos de batalha da Europa, que reuniu uma força de aproximadamente 25.000 homens, capaz de derrotar exércitos muito maiores. Talvez até um terço de seus homens fosse de artilheiros de mão. Suas armas eram poderosas, capazes de perfurar a armadura de seus inimigos. Mas suas armas eram muito lentas para carregar e disparar. Assim, mais ainda do que os arqueiros longos ingleses, a sobrevivência dos artilheiros hussitas no campo de batalha dependia de uma forte posição defensiva.

Zizka respondeu ao desafio desenvolvendo carros de guerra, vagões resistentes, à prova de fogo, especialmente construídos para a guerra, que poderiam ser dispostos em círculo e acorrentados uns aos outros à guisa de um castelo de madeira em miniatura no meio do campo de batalha e que a cavalaria não conseguiria romper. Aberturas permitiam que uma tripulação de

1429

12 de fevereiro – Batalha de Herrings (Rouvray).

18 de junho – Batalha de Patay. Um exército francês, incluindo Joana d'Arc, inflige uma grande derrota aos ingleses 21 km a noroeste de Orléans, abrindo o caminho para a coroação de Carlos VII em Rheims.

8 de setembro – Fracasso de um ataque de Joana d'Arc a Paris ocupada pelos ingleses. Joana é ferida.

1430

Filipe, o Bom, duque de Borgonha, instituiu a Ordem do Tosão de Ouro, uma ordem de cavalaria.

Início do uso da pólvora granulada, talvez três vezes mais eficaz na sua forma em pó.

até vinte homens disparasse suas armas e, além disso, os vagões transportavam artilharia mais pesada, que era desmontada em batalha e posicionada entre os vagões. Homens empunhando pesadas foices de combate (adaptadas de equipamentos agrícolas) protegiam todo o círculo. Contudo, não foi apenas a pólvora que conquistou vitórias para os hussitas. Zizka impunha regras estritas para tudo, desde como marchar até como distribuir o saque de forma justa, dando a suas tropas uma coesão e disciplina muito além dos padrões da época.

Os hussitas obtiveram uma série de vitórias impressionantes sobre o rei Venceslau e várias cruzadas convocadas contra eles. Infelizmente, essas mesmas vitórias espalharam as sementes de sua própria destruição. O movimento hussita ramificou-se em uma seita radical, os taboritas, cujo radicalismo apocalíptico repeliu os moderados. Depois da morte de João Zizka, os militares caíram nas mãos de líderes menos escrupulosos, que lançaram ataques devastadores contra a Alemanha.

Na Batalha de Lipany, em 1434, uma liga de hussitas moderados finalmente conseguiu derrotar os taboritas. Os exércitos europeus, naquele momento, já tinham descoberto como lidar com as táticas incomuns dos hussitas: os taboritas, liderados por Prokop, prepararam a formação de vagões como era sua prática normal. Mas, ao invés de tentar uma carga contra eles, os moderados simplesmente bombardearam os vagões, esperando até que os defensores disparassem suas armas para, em seguida, lançar uma carga súbita antes que os taboritas pudessem recarregar. Essa tática, por si só, não foi suficiente para romper a formação dos vagões, mas os moderados, então, simularam uma retirada, fazendo que os taboritas saíssem para campo aberto em perseguição, onde foram massacrados.

As Guerras Italianas e a Cavalaria

A destruição dos taboritas ajuda a demonstrar que a era da cavalaria pesada ainda não havia passado de modo nenhum. Quando as condições eram adequadas, o impacto terrível de uma carga de cavalaria em massa ainda poderia vencer batalhas. Na maioria das regiões, a cavalaria teve que trabalhar mais estreitamente do que nunca com a infantaria para obter sucesso.

No entanto, as condições na Itália asseguraram que a cavalaria pesada continuasse a predominar por lá no decorrer do século XV. Isso se deveu, em grande parte, à riqueza das cidades que competiam pela supremacia, que

1431	1434	1435
30 de maio – Joana d'Arc é queimada em Rouen. **1º de junho** – Batalha de São Romano. Tropas florentinas derrotam os sienenses que sitiavam a cidade de Montopoli. **16 de dezembro** – Coroação de Henrique VI, com 10 anos de idade, como rei de França, em Paris.	**30 de maio** – Batalha de Lipany. Cruzados alemães derrotam os hussitas, matando seu líder Prokop, o Calvo.	**15 de setembro** – Morte de João, duque de Bedford, regente francês de Henrique VI. **1435-1442** – Conquista de Nápoles por Afonso V de Aragão.

Francesco Sforza, duque de Milão (1401-1466), foi um condottiero *italiano que chegou a ser duque em 1450.*

número surpreendente desses líderes mercenários se tornou governante das cidades que protegiam, por meios honestos ou não. Assim, tiveram que defender seus ganhos contra outros candidatos a governantes, estando dispostos a tentar todos os meios para expandir seus novos territórios, em um ciclo de violência que envolveu a maior parte da península. A Lombardia, em particular, testemunhou uma série de guerras de enormes dimensões nas décadas de 1430 e 1440, com exércitos que às vezes contava com mais de 20.000 homens, conforme Francesco Sforza abria caminho para o controle de Milão.

eram ricas o suficiente para contratar mercenários de cavalaria, preferindo um número menor de combatentes de elite, porém mais móveis. Não havia grandes corpos de infantaria altamente treinada para pressionar seus comandantes a desmontarem seus cavalarianos.

O século XV na Itália foi a grande época dos *condotierri*, capitães mercenários que assinavam um contrato (*condotta*) para fornecerem tropas para seus empregadores. Muitos *condotierri* foram agraciados com feudos pelas cidades que os contrataram, na tentativa (muitas vezes vã) de assegurar sua lealdade. No decorrer do século, um

Um bom exemplo da qualidade da cavalaria mercenária empregada na Itália pode ser visto na Batalha de Caravaggio, em 15 de setembro de 1448, em que os milaneses, comandados por Francesco Sforza, derrotaram uma força de Veneza. Os milaneses estavam em marcha e, portanto, vulneráveis ao ataque de surpresa dos venezianos, lançado contra eles em Caravaggio. Sforza, porém, não só reuniu suas forças (que vinham claramente marchando em estado de alerta máximo), como também enviou alguns de seus homens através dos bosques para atacar a retaguarda da força de Veneza. Foi uma vitória impressionante, contudo mais notável pela disciplina das tropas

---

1436

5 de julho – O Tratado da Basileia encerra as Guerras Hussitas. Segismundo é aceito como rei da Boêmia e os hussitas recebem permissão para comungarem com vinho e pão.

1437

Os portugueses tentam conquistar Tânger, no Norte de África.

1438

Batalha de Hermannstadt (atual Sibiu). O regente João Corvino, da Hungria, em aliança com o rei da Polônia e déspota da Sérvia, derrota o sultão otomano Murad II quando este ataca a Transilvânia.

1438-1442 – Cerco e conquista de Nápoles por Afonso V de Aragão.

envolvidas do que pelo emprego de qualquer novidade militar. Os italianos foram responsáveis por algumas inovações na construção de fortificações, mas por outro lado tendiam a ser antiquados em assuntos militares, que sentiram na própria pele quando o rei Carlos VIII da França invadiu a Itália em 1494.

A Ameaça Turca

Os exércitos mais inovadores da Europa do século XV foram os dos sultões turcos otomanos, uma vez que a Turquia se estabelecera como potência europeia no final do século XIV. Tamerlão, que aniquilara o exército do sultão Bayezid em Ancara, em 1402, pusera o estado otomano de joelhos. Entretanto, o filho de Bayezid, Mehmed I (1413-1421), restaurou o estado e seu sucessor, Murad I (1421-1444, 1446-1451), retomou o interrompido avanço otomano pela Europa. Murad era amparado por recursos de um estado forte, inovador em treinamento e disciplina militar e no uso da tecnologia da pólvora. Murad foi especialmente notável pela criação de um corpo de infantaria de elite, os janízaros. Essa força consistia em meninos levados como tributo das terras cristãs que Murad governou. As crianças eram retiradas de suas famílias, convertidas ao Islã e educadas sob um regime de severa disciplina.

Tamerlão, o último dos grandes conquistadores das estepes eurasianas, que se preparava para invadir a China quando morreu, em 1405.

Tecnicamente escravos, os janízaros adultos formavam uma elite privilegiada que, todavia, era completamente dependente do sultão, sendo equipados com as últimas invenções militares, incluindo granadas e armas de fogo portáteis. A corporação se orgulhava de sua coesão como força de combate, que incluía uniformes combinando e mesmo músicas de marcha especiais. Os janízaros formaram o primeiro exército permanente da Europa desde a Roma antiga.

Os cruzados cristãos não perderam a Batalha de Nicópolis em 1396 por causa de uma possível inadequação básica

1439	1440	1441
1439-1445 – Carlos VII reforma o exército francês, criando o primeiro exército permanente desde Roma.	**29 de junho** – Batalha de Anghiari. Uma força aliada papal/florentina, comandada por Francesco Sforza, derrota os milaneses perto de Arezzo, em uma batalha praticamente entre mercenários. Os Cavaleiros Hospitalários repelem um ataque mameluco à ilha de Rodes.	Os húngaros, comandados por João Corvino, infligem uma grande derrota aos turcos otomanos em Semendria.

dos equipamentos ou das técnicas de combate ocidentais em comparação com aquilo que foi empregado pelos turcos. Os exércitos turcos tendiam a ter uma vantagem de tamanho, mas podiam ser rechaçados com boa liderança. João Corvino, voivoda da Transilvânia e regente da Hungria, ofereceu essa liderança inspirada quando Murad II invadiu a Transilvânia em 1438. Em aliança com a Polônia e a Sérvia, o exército húngaro derrotou os turcos em Hermannstadt (atual Sibiu), infligindo mais duas derrotas esmagadoras aos muçulmanos em 1441 e 1442. A causa do Ocidente parecia promissora em 1444, quando foi empreendida uma grande cruzada, que se aproveitou da abdicação de Murad II e da desordem no sultanato otomano. Porém, na Batalha de Varna, em 10 de novembro de 1444, os cruzados perderam uma batalha muito disputada, apesar dos melhores esforços de João Corvino. É uma derrota que pode ser atribuída à desastrada carga de cavalaria do rei Vladislau III em um momento crucial do combate. Os cruzados sofreram grandes perdas, mas o exército turco também ficou debilitado e isso diminuiu seu entusiasmo pela conquista europeia.

A Batalha de Kosovo

A última participação significativa dos otomanos na Europa Oriental durante alguns anos foi a Batalha do

Janízaros, a elite de escravos soldados do exército turco otomano, cujos chapéus designavam seu posto.

Kosovo, em 17-19 de outubro de 1448. Nesse encontro, o sultão Murad liderou um exército de aproximadamente 40.000 homens para derrotar o exército de 24.000 homens de João Corvino. Este decidira não esperar que o albanês Scanderbeg se juntasse a ele e poderia ter vencido a batalha, especialmente considerando que os artilheiros alemães, que formavam o centro cristão, lutavam muito bem. Porém, quando sua munição acabou, os 10.000 valaquianos aliados de

---

1442

João Corvino lidera um exército húngaro e vence os turcos otomanos na Segunda Batalha de Hermannstadt (atual Sibiu) e nos Portões de Ferro.

1443

Batalha de Snaim (Kustinitza). João Corvino derrota os otomanos.

O sultão Murad II concorda com uma trégua de dez anos, que liberta a Sérvia e a Valáquia.

1443-1444 – Cruzada de Varna.

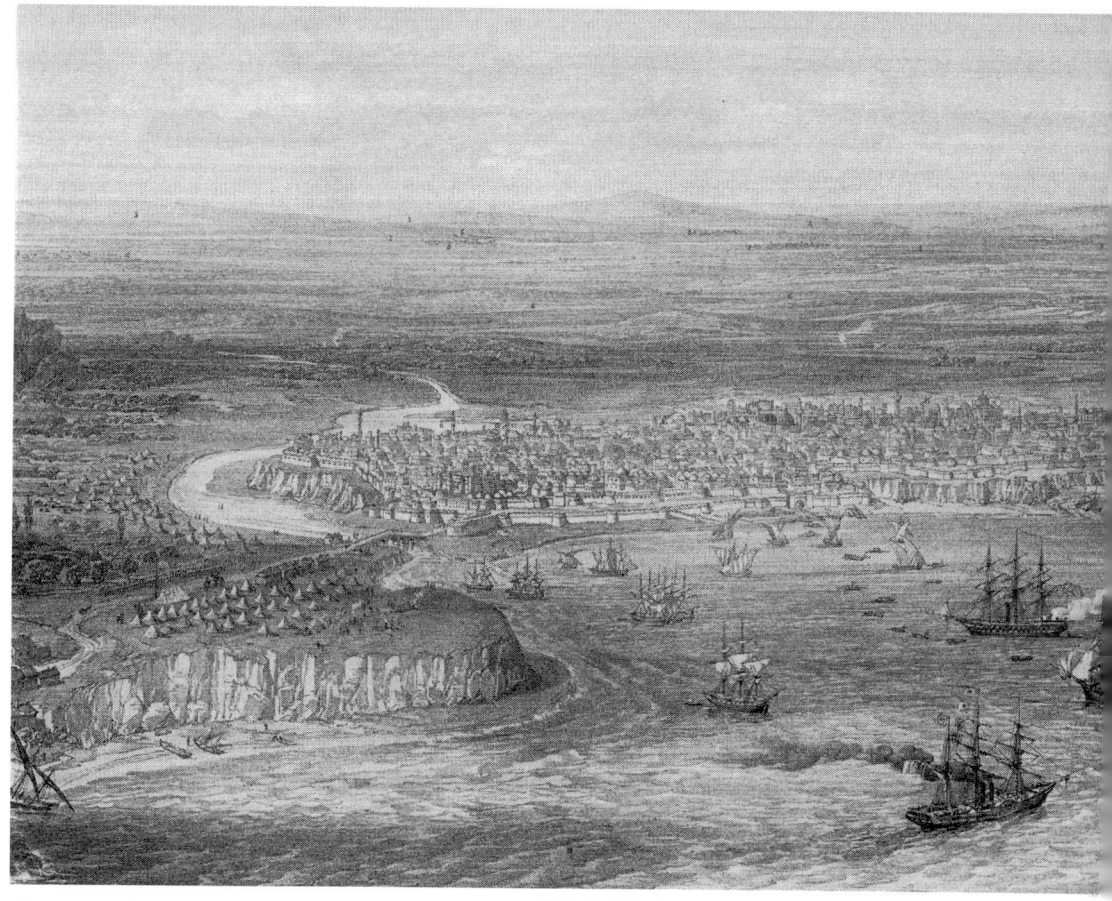

Corvino desertaram e a maioria da força cristã restante foi aniquilada.

A Queda de Constantinopla

Quando começaram sua invasão da Europa no século XIV, os otomanos contornaram a grande cidade de Constantinopla, capital do Império Bizantino, que encolhia rapidamente. As defesas de Constantinopla eram impressionantes: cercada em três

....

Varna, o estratégico forte do Mar Negro, foi palco da derrota dos cruzados na Batalha de Varna em 1444.

lados pelo mar, a cidade também era protegida por 16 quilômetros de muros no lado marítimo e 6,4 quilômetros de muros no lado terrestre. Os otomanos lançaram uma série de ataques à cidade, culminando com o grande cerco de 1453.

1444

26 de agosto – Batalha de St Jakob-en-Birs. Um grande exército de mercenários de Armagnac lutando pela França subjuga uma pequena força de suíços que os atacara por engano.

10 de novembro – Batalha de Varna. Um exército Otomano esmaga uma força de cruzados, em sua maioria húngaros.

1448

Os franceses romper a trégua com a Inglaterra, cercando e capturando Le Mans.

15 de setembro – Batalha de Caravaggio. O capitão mercenário Francesco Sforza (lutando por Milão) derrota um exército de Veneza que tentara um ataque surpresa.

17-19 de outubro – Segunda Batalha de Kosovo. O sultão otomano Murad II derrota o regente húngaro João Corvino.

1448-1479 – O governo francês tenta organizar uma força militar treinada com um sistema de milícia. Luís XI abandona a ideia e emprega mercenários suíços.

1. Mehimed II estabelece seu acampamento no início de abril de 1453, iniciando um bombardeio constante das muralhas com canhões pesados.

4. Na noite de 28 para 29 de maio, os turcos penetram por uma brecha na muralha e abrem um pequeno portão de fundos.

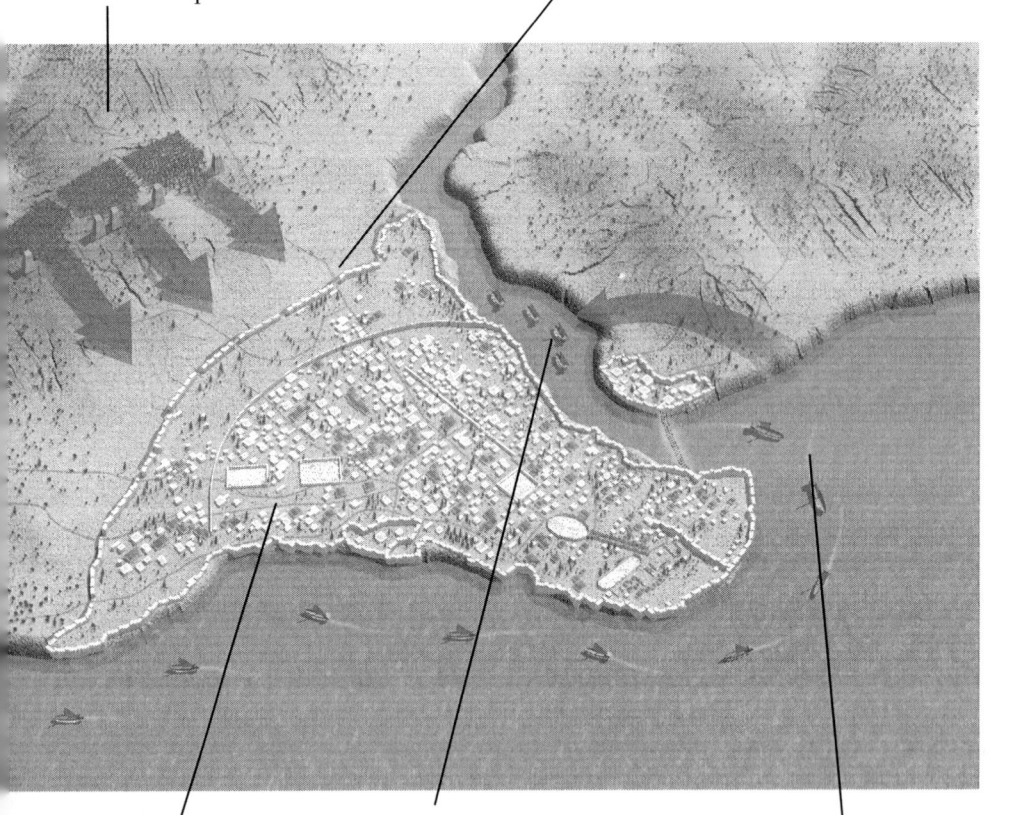

5. Constantino XI é morto, efetivamente pondo fim à resistência bizantina.

3. Navios turcos são transportados por terra em torno de Pera e voltam a navegar para patrulhar o Chifre de Ouro, completando o bloqueio da cidade.

2. Uma pequena frota italiana entra no Chifre de Ouro, proporcionando um alívio temporário à guarnição.

O cerco de Constantinopla, 1453.

1449

24 de março – Os ingleses capturam o castelo de Fougères, na Bretanha, provocando a última fase da Guerra dos Cem Anos.

20 de maio – Batalha de Afarrobeira, Portugal. Afonso V derrota e mata seu tio, o duque Pedro de Coimbra, encerrando uma luta pelo poder.

1450

15 de abril – Batalha de Formigny. Os franceses derrotam de forma contundente um exército inglês, naquela que foi provavelmente a primeira batalha em que a artilharia de campo teve um papel significativo.

1453

17 de julho – Batalha de Castillon. Um exército comandado pelo inglês João Talbot, conde de Shrewsbury, é debandado, resultando na perda da Gasconha. Talbot é morto.

Agosto de 1453 – Henrique VI da Inglaterra enlouquece.

Sultão Mehmed II, "o Conquistador" (1444-1446, 1451-1481), que completou a conquista otomana do Império Bizantino.

Em 1453, o Império Bizantino era uma sombra do que fora anteriormente, como o era, aliás, a própria cidade de Constantinopla. Os defensores, liderados pelo mercenário genovês Giustiniani Longo, conseguiram reunir meros 7.000 homens e 26 navios. Contra eles, Mehmed II "o Conquistador" trouxe 80.000 soldados e 120 navios. Dessa vez, os turcos não seriam intimidados. O cerco foi iniciado em 6 de abril, sendo que em 22 de abril os turcos conseguiram arrastar navios por terra pelo Chifre de Ouro, o grande porto de Constantinopla, que fora protegido por uma grande corrente. Isso significou que a muralha que dava para o mar tinha que ser tripulada, estendendo perigosamente as fileiras dos defensores. Além disso, as Muralhas de Teodósio, que pararam tantos inimigos por um milênio, não conseguiram segurar o canhão otomano. A artilharia de Mehmed em 1453 incluía mais de 50 canhões, que podiam disparar projéteis de 90,7 kg, 11 que disparavam bolas de 226,8 kg; e um canhão monstruoso, chamado de Bombarda de Urbano em homenagem a seu construtor húngaro, que podia disparar um projétil de 362,9 kg. A Bombarda de Urbano era tão grande e demorava tanto tempo para esfriar entre os disparos que somente poderia ser disparada seis vezes por dia.

Foi esse canhão, no entanto, que conseguiu romper as muralhas da cidade. A parede interna foi rompida em 28 de maio, e o assalto final começou antes do amanhecer do dia 29. O último imperador bizantino, Constantino XI Paleólogo, morreu lutando na brecha aberta pelo canhão. Com a queda de Trebizonda em 1461, o Império Bizantino chegava ao fim.

Protegendo o Ocidente

A situação de Constantinopla deixou a Europa Ocidental de sobreaviso para o perigo mais do que nunca. Enquanto

---

1453

19 de outubro – Fim da Guerra dos Cem Anos.

1453-1466 – A Guerra dos Treze Anos entre a Ordem Teutônica e a Liga da Prússia aliada ao rei da Polônia se amplia e inclui toda a Escandinávia, a Liga Hanseática e a Boêmia. Os Cavaleiros Teutônicos são desastrosamente derrotados.

1454

Paz de Lodi. As relações entre Milão, Florença e Veneza se regularizam.

1455

22 de maio – Batalha de St Albans. Em uma batalha travada na cidade, Ricardo, duque de York, derrota e mata o duque de Somerset.

1455-1487 – Guerra das Rosas, na Inglaterra.

as autoridades ocidentais discutiam estratégias para enfrentar os turcos, o sultão Mehmed II começou o cerco a Belgrado em 1456. Parecia que nada poderia detê-lo, porém o frade franciscano João de Capistrano reuniu milhares de cruzados (na maior parte húngaros) e marchou para Belgrado, para levantar o cerco.

Na empreitada, foi auxiliado por João Corvino, cujos homens, apoiados pelos cruzados, romperam o bloqueio naval turco em 15 de julho. A última chance de Mehmed, que estava longe de suas linhas de abastecimento, foi um ataque em massa contra as muralhas da cidade em 21-22 de julho, que foi repelido com sucesso pelos cruzados e

civis de Belgrado. Mehmed foi forçado a se retirar, deixando os cristãos para celebrar a sua vitória como um produto da intervenção divina.

Nem sempre os turcos podiam manter seus assuntos militares sob controle, embora a época das grandes cruzadas multinacionais estivesse terminada. No Congresso de Mântua em 1459, o Papa Pio II estabeleceu um acordo para uma grande cruzada contra os turcos, porém assuntos nacionais impediram que várias

....

À esquerda: O cerco otomano a Belgrado, em 1456. A população de Belgrado, auxiliada pelos cruzados, rechaçou os turcos com grandes perdas.
Abaixo: Papa Pio II (1458-1464). A principal preocupação de Pio XII como papa era a ameaça otomana à Europa. O papa prometeu liderar uma cruzada ele mesmo, mas morreu em Ancona, antes de seguir adiante.

1456	1457	1459
Julho – O sultão Mehmed II cerca Belgrado em vão: cruzados e os civis de Belgrado repelem um ataque turco maciço em 21-22 de julho. Jaime II da Escócia ataca a Nortúmbria.	**Agosto** – Batalha de Mytilene. Uma flotilha papal e aragonesa conquista várias vitórias sobre os turcos. **2 de setembro** – Batalha de Albulena (Ujebardha). Scanderbeg da Albânia conquista uma importante vitória sobre os otomanos, preservando a independência albanesa.	**3 de setembro** – Batalha de Blore Heath. Um exército partidário de York, comandado pelo conde de Salisbury, derrota os lancastrianos.

Um ilustração excessivamente otimista de 1824 mostrando o rei Henrique VI da Inglaterra, que padeceu de uma doença mental grave durante a maior parte de seu reinado.

promessas fossem cumpridas. Pio finalmente decidiu liderar a cruzada ele mesmo como melhor forma de obter apoio para o projeto, porém quando morreu, em 15 de agosto de 1464, sua cruzada morreu com ele. Em 1457, no entanto, uma flotilha papal e aragonesa conquistou várias vitórias sobre os turcos.

Também em 1457, Scanderbeg da Albânia triunfou sobre os turcos em Albulena, preservando a independência albanesa. Na guerra turco-veneziana de 1463-1479, os turcos não venceram uma batalha marítima sequer, embora

tomassem as bases venezianas em terra no Mediterrâneo oriental, uma a uma. Ainda mais assustador foi o fato de uma frota turca invadir a Itália em 1479-1480. O Império Otomano continuaria a ser a maior ameaça para a Europa por quase todo o século XVI.

O Fim da Guerra dos Cem Anos

Até o final do século XV, a maior potência militar na Europa cristã era, mais uma vez, a França, restaurando uma supremacia na guerra que havia sido desafiada em algumas das batalhas contra os ingleses no século XIV. É duvidoso que qualquer um pudesse prever tal sucesso no início do século. Graças em grande parte ao entusiasmo gerado por Joana d'Arc, as partes inconquistadas da França se estabilizaram na década de 1430, no governo de Carlos VII. Não obstante, metade da França ainda era governada por um regente em nome do jovem rei Henrique VI, que também havia sido coroado rei da França.

A Inglaterra enviou tropas para proteger suas posses na França quase todos os anos de 1415 a 1450. No entanto, raramente pode se dar ao luxo de enviar mais de 2.500 homens por ano. Desde o século XIII, quando os reis da Inglaterra perderam a Normandia, a Inglaterra tinha dificuldade em acompanhar a França em termos de preparação

---

1460

10 de julho – Batalha de Northampton. Partidários de York derrotam uma força lancastriana e retomam o poder.

Cerco de Roxburgh. O rei Jaime II da Escócia é morto, porém seu exército consegue tomar a cidade dos ingleses.

10 de dezembro – Um exército partidário de Lancaster, comandado pelo duque de Somerset e Henrique Percy de Northumberland, derrota e mata Ricardo, duque de York, em Wakefield.

1461

28-29 de março – Batalha de Towton. Eduardo de York derrota o principal exército de partidários de Lancaster na batalha mais sangrenta da Guerra das Rosas e logo reclama a coroa da Inglaterra.

Os otomanos conquistam Trebizonda, o último posto avançado do Império Bizantino.

militar. A Inglaterra era simplesmente menor e menos rica, apesar da ambição desmedida de alguns de seus governantes. Graças a um avançado sistema de cobrança de impostos, a Inglaterra alcançara um sucesso considerável nos primeiros estágios da Guerra dos Cem Anos, embora os reis ingleses precisassem confiar mais na infantaria do que provavelmente desejassem.

Para exacerbar o problema, havia a confusão política e as rivalidades que marcaram a longa minoridade de Henrique VI, que continuaram quando este atingiu a maioridade e mostrou ser um governante fraco e facilmente influenciável. Depois da morte do duque de Bedford em 1435, nenhum novo líder forte surgiu para proteger as reivindicações do jovem rei ao trono francês.

Carlos VII da França foi, definitivamente, um talento outonal como líder militar. Na época em que Joana d'Arc apareceu em cena, Carlos

parecia ter perdido toda a esperança de governar a França e pode ter sofrido um colapso mental. Após sua coroação, no entanto, e sobretudo depois da morte de Bedford, o francês tomou uma série de passos metódicos que tornaram possível a reconquista das terras da França.

Em 1439 e 1445, Carlos instituiu reformas no exército, estabelecendo 15 companhias, cada uma composta de 100 "lanças" de seis homens. Um capitão nomeado pela Coroa comandava cada companhia. O rei Carlos proibiu qualquer outro de seus súditos de arregimentar tropas e, então,

....

Acima: João, Duque de Bedford (1389-1435), comandante das forças inglesas na França após a morte de seu irmão, Henrique V.

Abaixo: Arqueiros livres, parte do exército permanente recrutado pelo rei Luís XI da França (1461-1483).

1462

Casimiro IV da Polônia impõe uma derrota decisiva aos Cavaleiros Teutônicos em Puck.

1462-1471 – Guerra civil na Boêmia entre católicos e hussitas.

1462-1479 – Guerra turco-veneziana. Veneza vence todas as batalhas no mar, mas os otomanos tomam as bases terrestres venezianas no Mediterrâneo oriental, uma a uma.

No ápice de uma longa luta entre bispo e munícipes, o arcebispo Adolfo II conquista Mainz.

1463

Os otomanos conquistam a Bósnia.

1463-1476 – Os portugueses invadem o Marrocos.

Rainha Margarida de Anjou (1430-1482), esposa de Henrique VI de Inglaterra. Personagem importante na Guerra das Rosas, tentou preservar o trono para seu filho.

contava com uma força de combate eficaz, o primeiro exército cristão permanente na Europa, para fazer cumprir seu decreto.

Em 1448, Carlos passou a organizar um sistema de milícia francesa. Conforme esse sistema, cada região era obrigada a fornecer um determinado número de soldados treinados, proporcional ao número de famílias. Esses milicianos deveriam treinar regularmente, utilizando equipamentos fornecidos pela comunidade local. O sistema podia fornecer até 8.000 soldados de infantaria, incluindo arqueiros, lanceiros, artilheiros de mão e, especialmente, besteiros, os preferidos dos franceses. O sistema de milícia foi uma tentativa séria de angariar tropas que pudessem lutar tão bem quanto mercenários treinados por uma

fração de seu custo. O fato de Luís XI abolir o sistema em 1479 em favor da contratação de mercenários suíços sugere que a iniciativa não tenha sido um sucesso absoluto, tanto quanto o fato de o próprio Carlos VII continuar a empregar um grande número de mercenários. Mas o fato de Carlos ter convencido muitos milicianos e muitas comunidades a comprar equipamentos atesta o quão bem inspirou seus compatriotas, tanto quanto o fato de ter arrecadado dinheiro suficiente para pagar seus mercenários. O sentimento na França havia se voltado contra o domínio inglês, o que ajudou o rei francês a conseguir apoio, chegando mesmo a fazer as pazes com o duque de Borgonha – desde a carreira meteórica de Joana d'Arc, lutar pelos ingleses havia se tornado algo socialmente inaceitável.

Todas essas reformas levaram tempo. Em 1444, Carlos VII aceitou uma trégua com a Inglaterra, um acordo selado pelo casamento de Henrique VI com a sobrinha de Carlos, Margarida de Anjou. Os franceses, porém, aproveitaram o período de trégua para se reorganizar, enquanto

---

1464

25 de abril – Batalha de Hedgeley Moor. Um exército partidário de York, comandado por lorde Montague, derrota os partidários de Lancaster.

10 de maio – Lorde Montague derrota o duque de Somerset, partidário de Lancaster, em uma segunda batalha em Hexham. Somerset é capturado e executado.

15 de agosto – Morte do papa Pio II em Ancona, enquanto se preparava para partir com uma frota cruzada contra os turcos. A cruzada morre com ele.

1464-1480 – Guerra civil castelhana.

1465

13 de julho – Batalha inconclusiva em Montlhéry entre o rei Luís XI da França e a "Liga do bem-estar público", de nobres rebeldes.

*Batalha de Formigny, 15 de abril de 1450.
Vitória esmagadora francesa sobre os
ingleses, em que a artilharia de campo
(não mostrada aqui) desempenhou um
papel decisivo pela primeira vez.*

a Inglaterra mergulhou em um caos
político cada vez mais profundo.
Então, em 1448, os franceses quebram
o cessar-fogo, cercando a cidade de Le
Mans. Os ingleses em Maine recuam
para a Normandia. Em 24 de março de
1449, os ingleses capturam o castelo de
Fougères, na Bretanha, provocando a
última fase da Guerra dos Cem Anos.
Os ingleses esperavam pressionar o
duque da Bretanha para que este os
apoiasse, contudo, ao invés disso,
fizeram que o duque se aliasse aos
franceses.

Entre maio de 1449 e agosto
1450, os franceses tomaram mais de
70 fortalezas inglesas na Normandia.

O segredo – se era segredo – foi a
artilharia francesa.

Carlos VII tinha montado uma
artilharia impressionante, incluindo
muitos canhões capazes de romper
muralhas. A maioria dos castelos e
cidades inglesas na Normandia se
entregou sem luta. Não somente suas
guarnições justificadamente temiam o
poder de fogo francês, como também
não eram remunerados e muitas vezes
não recebiam provisões, desde que o
governo inglês se viu envolvido em
uma crise financeira. Os franceses
derrotaram fragorosamente um
exército inglês em Formigny, em 15
de Abril de 1450, provavelmente a
primeira batalha em que a artilharia de
campo teve um papel significativo. Em
meados de agosto, Cherburgo, o último
centro Inglês na Normandia, se rende.

Os ingleses ainda permaneciam na
Gasconha, mas não por muito tempo.
Uma batalha decisiva foi travada em
Castillon, em 17 de Julho de 1453.
O exército de ingleses e gascões,
comandado por João Talbot, conde
de Shrewsbury, invertera nitidamente
as posições de franceses e ingleses em
Crécy, Poitiers e Agincourt. Desta vez,
os franceses estavam na defensiva, mais
precisamente, formando um parque
fortificado de artilharia.

Talbot lançou um ataque contra a
posição francesa, provavelmente sem
perceber a força dos defensores. O

1466	1467	1468
Segunda Paz de Thorn. A Ordem Teutônica cede a Pomerânia e a foz do rio Vístula na Polônia, além de reconhecer a soberania polonesa na Prússia.	Morte do duque Filipe, o Bom, de Borgonha.	Os portugueses destroem Casablanca, no Marrocos.
Batalha de Montlhéry. Carlos, o Temerário, da Borgonha, assume a vantagem sobre Luís XI da França em uma batalha não definida.		Morte de Scanderberg da Albânia. Os turcos anexam a Albânia.
		1468-1474 – Primeira "Guerra do Bacalhau". Uma série de confrontos navais entre ingleses e uma aliança entre dinamarqueses e a Liga Hanseática pelos direitos de pesca e de comércio com a Islândia.

catastrófica quando o rei Henrique VI começou a sofrer crises de loucura em 1453. Problemas há muito abafados vieram à tona na classe governante inglesa, notadamente o fato de que, quando Henrique IV usurpara o trono, em 1399, o herdeiro legítimo ao trono (primo de Henrique) não estava em posição de contestar a questão naquele momento. O fato era: havia nobres ingleses em melhor posição para reivindicar o trono dos Henriques lancastrianos. O mais importante deles era Ricardo, duque de York.

ataque foi repelido, e os ingleses foram subjugados. O próprio Talbot, que jurara após uma captura anterior que não voltaria a comparecer armado novamente perante os franceses, teve a cabeça aberta por um machado de guerra enquanto lutava vestindo um gibão e um chapéu roxo. Em 19 outubro de 1453, o restante das forças de gascões e ingleses se rendeu incondicionalmente em Bordeaux. A Guerra dos Cem Anos terminara, embora nenhum tratado formal tenha regularizado as condições entre os dois países.

A Guerra das Rosas

A perda de toda a França, exceto por pequeno enclave em torno de Calais, foi humilhante para o governo Inglês. No entanto, a situação política se tornou

Acima: Morte de João Talbot, conde de Shrewsbury, na Batalha de Castillon, em 17 de Julho de 1453. Essa foi a última batalha da Guerra dos Cem Anos. Abaixo: Antes de sua doença mental, Henrique VI da Inglaterra foi capaz de controlar os duques rivais de York e Somerset, como nesta ilustração do século XVIII.

1469

União de Castela e Aragão com o casamento de Isabel de Castela e Fernando II de Aragão.

26 de julho – Batalha de Edgecote Moor. O rebelde conde Ricardo Neville de Warwick e Jorge, duque de Clarence, derrotam e capturam o rei Eduardo IV da Inglaterra.

1469-1471 – Carlos, o Temerário, de Borgonha cria o primeiro exército moderno, uma força mercenária permanente, cuidadosamente organizada e rotineiramente treinada.

1470

12 de julho – Os otomanos conquistam Negroponte, um posto avançado veneziano importante na Eubeia.

Segundo a lenda, a Guerra das Rosas recebeu esse nome quando os duques de Somerset e York brigaram em um jardim, com York escolhendo uma rosa branca e Somerset uma rosa vermelha como emblema de seus seguidores.

Durante os anos da menoridade e do governo fraco de Henrique VI, a Inglaterra não contava com um centro natural de poder. A rainha-mãe, Catarina de Valois, se casou novamente e se afastou dos assuntos

---

1471

14 de abril – Batalha de Barnet. O rei Eduardo IV de Inglaterra derrota e mata seu antigo aliado, Ricardo Neville, conde de Warwick.

4 de maio – Batalha de Tewkesbury. Eduardo IV de Inglaterra derrota o exército de Margarida de Anjou, rainha de Henrique VI.

10 de outubro – Os suecos derrotam os dinamarqueses na batalha de Brunkeberg, conquistando a independência da Suécia.

Batalha de Amiens. Uma força francesa derrota Carlos, o Temerário, de Borgonha, quando seus lanceiros flamengos fogem no auge da batalha.

Os portugueses conquistam Tânger, no Marrocos.

1471-1478 – Guerra entre Casimiro IV da Polônia e Matias I Corvino da Hungria pela coroa da Boêmia.

1471-1478 – Ivan III de Moscou conquista o principado de Novgorod.

políticos. Além disso, brigas entre os líderes nobres, sem a contenção de um poder real forte, saíram completamente do controle. Particularmente notável foi a animosidade entre as facções de Ricardo de York e Edmundo Beaufort, duque de Somerset. Ambos eram parentes do rei e ambos reclamavam o direito de controlar o governo durante a incapacidade do rei.

Em 1455, uma guerra irrompeu entre as facções rivais, a primeira de uma série de embates confusos que durou até 1487. Esse conjunto de embates foi chamado "Guerra das Rosas", pois a insígnia dos duques de York era uma rosa branca, enquanto um dos emblemas de Lancaster era uma rosa vermelha. Um nome delicado para uma luta cruel e foi particularmente sangrenta, embora exércitos se encontrassem em campo apenas em breves ocasiões durante todo o período. Essa guerra destruiu muitas das famílias nobres da Inglaterra, em uma luta brutal que se especializou em enganos e traições.

Os ingleses haviam perdido o hábito de lutar dentro da Inglaterra. No início do século XV, Henrique IV se envolvera em guerras com rebeldes do País de Gales, e com rebeldes ingleses e escoceses. Porém, na década de 1450, a Inglaterra tinha ficado para trás na tecnologia da pólvora e a artilharia de que os ingleses podiam dispor fora em

O rei Henrique VI, feito prisioneiro pelo duque de York, depois da Batalha de St. Albans, em 22 de maio de 1455.

grande parte perdida para a França na última fase da Guerra dos Cem Anos. Contudo, os ingleses rapidamente compensaram o tempo perdido em uma série de combates sangrentos que não eram particularmente inovadores em termos militares, mas que levaram a Inglaterra à anarquia. Houve poucos cercos, já que o objetivo do exercício não era a conquista, mas reivindicar liderança política. Foram empregados pequenos exércitos, a maioria com 5.000 homens de cada lado.

As batalhas eram travadas a pé, com os cavalarianos desmontados. Uma boa dose de sorte fazia parte do processo – por exemplo, na Batalha de Barnet, em 1471, que o rei Eduardo IV

1472

27 de junho - 2 de julho – Carlos, o Temerário, tenta tomar a cidade francesa de Beauvais e fracassa.

1472-1475 – Guerra entre franceses e aragoneses pelo controle dos Pirineus. O conflito termina com os aragoneses controlando a Catalunha e os franceses tomando Roussillon.

1474

Julho de 1474-23 de junho de 1475 – Cerco de Neuss (perto de Colônia) por Carlos, o Temerário, da Borgonha. O aliado de Carlos, Eduardo IV da Inglaterra, não aparece, e Carlos é forçado a levantar o cerco quando o imperador Frederico III chega para socorrer a cidade.

1475

Eduardo IV de Inglaterra invade a França, mas é pago para sair sem lutar.

Morte do rei Ricardo III e passagem da coroa para Henrique Tudor na batalha de Bosworth, 1485. Ricardo perdeu a batalha e sua vida.

venceu porque os seus adversários ficaram tão confusos no nevoeiro espesso que lutaram entre si. A coisa toda foi muito pouco profissional, contrastando fortemente com as forças mais disciplinadas que operavam na França na segunda metade do século XV.

A Primeira Batalha de St. Albans, travada em 22 de maio de 1455, é bastante típica. A batalha foi de fato combatida dentro das muralhas de St. Albans, combinando elementos de luta urbana com batalha campal. As

forças de Ricardo de York venceram. Seus homens mataram o duque de Somerset – a matança em massa de nobres era marca registrada da guerra – e Ricardo ganhou o controle do rei. Ele havia perdido sua posição proeminente por volta de 1460, apenas para recuperá-la em julho de 1460 com a ajuda de seu aliado, o conde de Warwick.

Em 30 de dezembro de 1460, no entanto, Ricardo, que naquela época reclamava a coroa para si, foi derrotado e morto na Batalha de

1476

Março – Batalha de Toro. O exército de Isabel de Castela e seu marido, Fernando de Aragão, asseguram o controle de Castela, derrotando Joana, pretendente rival ao trono, e seu marido Afonso V de Portugal.

2 de março – Um exército suíço derrota os borgonheses, comandados por Carlos, o Temerário, em Granson.

22 de junho – Carlos, o Temerário, de Borgonha, sofre uma pesada derrota para a Suíça na batalha de Morat (Murten).

Uma esquadra castelhana bloqueando o Estreito de Gibraltar derrota uma frota de navios portugueses e genoveses.

Wakefield. No ano seguinte, o herdeiro de Ricardo, Eduardo de York, derrotou o exército principal dos partidários de Lancaster em Towton e, em seguida, foi coroado rei Eduardo IV. O rei Henrique foi preso, mas quando escapou da Torre de Londres a luta recomeçou.

A Guerra das Rosas chegou definitivamente ao fim somente quando a Inglaterra ficou sem pretendentes ao trono. Após a morte de Eduardo IV, seu irmão Ricardo III logo tomou o trono de seu sobrinho, o jovem Eduardo V. A agitação política que se seguiu foi uma oportunidade para o novo usurpador, Henrique Tudor, que se proclamou herdeiro legítimo de Henrique VI. Henrique Tudor invadiu a Inglaterra em agosto de 1485, defrontando-se com Ricardo III na batalha de Bosworth, em 22 de agosto. Ricardo contava com um exército muito maior e o dispôs em três "batalhas" (divisões) cruzando a linha de marcha dos invasores.

Bosworth deveria ter sido uma vitória fácil para Ricardo, que contava com experiência militar, superioridade numérica e vantagem do terreno. Contudo, Ricardo lança uma carga

impetuosa contra as linhas do inimigo quando vê Henrique acompanhado apenas de uma pequena guarda. Um dos nobres de Ricardo, *Sir* William Stanley, escolheu aquele momento para passar para o lado dos Tudor. Ricardo se viu prejudicado e logo desistiu da luta. A última batalha séria da Guerra das Rosas aconteceu em Stoke, em 16 de junho de 1487, quando Henrique Tudor, que governa como Henrique VII, derrotou a força do impostor Lambert Simnel, que alegava ser filho de Eduardo IV. O exército de Henrique superava em números os rebeldes, quase na proporção

....

Carlos, o Temerário, duque de Borgonha (1467-1477), cujos esforços para se tornar um segundo Carlos Magno levaram à sua morte ignominiosa na Batalha de Nancy.

1477

5 de janeiro – Carlos, o Temerário, de Borgonha sitia Nancy, na França, mas uma força de socorro suíça muito maior, acobertada por uma tempestade de neve, ataca os borgonheses. A força de Borgonha é destruída e Carlos é morto.

Os suíços, liderados por Huns Waldman, debandaram totalmente o exército burgúndio de Carlos, o Temerário, na Batalha de Morat , em 22 de junho de 1476.

de dois para um, o resultado foi um massacre, com tantos homens morrendo em uma ravina que esta ganhou o apelido de "Fossa Vermelha".

Carlos, o Temerário, e o Exército Moderno

Enquanto isso, o continente viu uma série de acontecimentos que abriram caminho para a criação do primeiro exército essencialmente profissional. A força motriz por trás disso foi a ambição de Carlos, o Temerário, duque de Borgonha (1467-1477). No século XV, os duques de Borgonha comandavam recursos extraordinários,

pois eram ricos especialmente graças ao seu controle das cidades prósperas de Flandres e da Holanda. Contudo, Carlos acreditava que tinha um problema: ele ocupava dois blocos do território, ao norte e ao sul da Borgonha, com o ducado de Lorena entre eles. Carlos queria formar um único estado territorial, o que significou a conquista de Lorena. Graças à política complicada da região, a ambição de Carlos redundou em uma luta contra o imperador alemão, vários governantes locais e o rei Luís XI da França.

Luís XI havia desenvolvido os militares franceses em manobras que

1478

1478-1489 – A Rússia e a Lituânia combatem em uma guerra inconclusiva.

1479

7 de agosto – Maximiliano de Habsburgo assegura sua reivindicação dos Países Baixos derrotando as forças francesas comandadas por Luís XI, na Batalha de Guinegate.

1480

Invasão da Itália pelos turcos otomanos e saque de Otranto, no Adriático.

O arcabuz, mais sofisticado e equipado com um mecanismo de gatilho, começa a substituir o *schiopetto* como arma de fogo portátil preferida.

o tornaram, ao mesmo tempo, mais poderoso e mais impopular. Carlos, o Temerário, esperava tirar vantagem do ódio causado pelas extorsões do rei francês. A Borgonha instigou de bom grado o que ficou conhecido como a Guerra do Bem-Estar Público, uma guerra civil que começou como revolta contra Luís e se tornou essencialmente a primeira de várias guerras entre Borgonha e França. Carlos tentou convencer Eduardo IV de Inglaterra a reiniciar a Guerra dos Cem Anos contra a França. Também contratou mercenários italianos e vários príncipes alemães com seus exércitos. E, por volta de 1471, Carlos, o Temerário, se preparava para criar um exército mercenário permanente.

Carlos tinha uma fortuna à sua disposição e parecia disposto a gastar tudo em seu sonho de conquista. O exército que criou era uma força mista. Conforme um registro detalhado de 1472, 15% do exército borgonhês eram de cavalaria pesada, que ainda era essencial em uma batalha campal. Entretanto, 50% da força consistia em arqueiros montados – principalmente besteiros, que usavam cavalos para mobilidade em marcha, mas que lutavam a pé – e 10% dos arqueiros a pé. Os 10% do exército que consistiam em artilheiros de mão eram uma demonstração do interesse do duque pelas armas de fogo mais recentes. A parte mais inovadora da força eram os 15% de lanceiros. Estes infantes, em sua maior parte mercenários suíços, eram conhecidos como lansquenetes. O pique, uma lança de 4,5 a 5,5 metros de comprimento, acabara de se tornar a arma dominante entre os suíços no período.

Com boa coesão como unidade, os piqueiros poderiam causar estragos enormes entre os seus inimigos, como em St. Jakob-en-Birs em 1444, quando uma força muito maior de mercenários de Armagnac cercou 1.500 piqueiros suíços. No fim, os suíços foram aniquilados, mas somente depois de infligirem 4.000 baixas às forças de Armagnac. Um decreto de Carlos, o Temerário, de 1473, introduziu o primeiro sistema regular de formação de suas tropas. Carlos também organizou uma artilharia magnífica. Seu exército era muito admirado por sua qualidade, seu bom equipamento, sua disciplina e seu treinamento. Em 1476, era considerado imbatível.

Contudo, a mais moderna das forças será sempre tão boa quanto for seu comandante. Carlos era pessoalmente corajoso e minucioso, mas não era nenhum Alexandre. Apesar de sua determinação mortal, as campanhas do duque tinham certo ar de humor negro. Assim, em Amiens, em 1471, quando Carlos se juntou ao exército francês em batalha, seus lanceiros flamengos fugiram. Quando Carlos sitiava a cidade de Beauvais de Luís XI, em 1472, fracassou: suas escadas de cerco eram muito curtas e não havia munição de canhão suficiente. E as mulheres da cidade, em particular, impuseram uma defesa tão vigorosa que o rei Luís as recompensou com uma permissão permanente para que precedessem seus homens nas procissões da cidade. O cerco borgonhês a Neuss, perto de Colônia, também terminou em farsa. Carlos pagara a Eduardo, da Inglaterra uma fortuna para que enviasse tropas em seu auxílio, mas Eduardo nunca apareceu e o dinheiro nunca foi devolvido. O imperador Frederico III surgiu em maio de 1475 com uma força para romper o cerco, porém quando Carlos tentou atacar o acampamento imperial, não conseguiu abrir caminho. O imperador, então, pediu paz.

O exército de Carlos, o Temerário, estava na vanguarda do desenvolvimento militar, mas apenas meio passo à frente de seus principais inimigos, o rei Luís XI da França e a Confederação Suíça (que lutou como aliada de Lorena). Os piqueiros suíços eram adversários difíceis como ninguém no exército mercenário de Carlos e desfrutavam de um forte espírito corporativo. Isso pode ser visto nas duas vitórias suíças sobre Carlos em 1476, em Grandson e Morat. Carlos parece ter confiado demasiadamente na qualidade de seu exército, empregando-o contra todas as probabilidades (cerca de 15.000 borgonheses contra 25.000 suíços em Morat). Morat foi especialmente humilhante. Carlos sitiava Morat quando uma grande força de socorro chegou. Houve um impasse de dois dias quando os suíços chegaram. Por fim, em 22 de junho, Carlos ordenou que suas tropas voltassem para o acampamento e, em seguida, os suíços atacaram. Carlos enviou suas tropas aos poucos para o campo de batalha, onde foram pesadamente derrotadas. A maioria do exército borgonhês debandou e a cavalaria alemã caçou os fugitivos.

Ideias para o Futuro

O fim do temerário duque de Borgonha foi tão vão quanto suas primeiras campanhas o foram. O duque cercou a cidade de Nancy no inverno de 1477, com no máximo 5.000 homens. Um exército suíço de socorro chegou, superando os borgonheses em quatro para um. Embora Carlos escolhesse o terreno sabiamente, seu pequeno exército foi engolfado. O próprio Carlos foi ferido e morto por saqueadores no rescaldo da batalha. Carlos fracassou em quase tudo o que empreendeu, mas futuros líderes militares aplicariam suas ideias com maior sucesso.

1487

16 de junho – Batalha de Stoke, Nottinghamshire. Nessa batalha final da Guerra das Rosas, Henrique VII aniquila uma força rebelde que apoiava o impostor Lambert Simnel.

1492

2 de janeiro – A cidade de Granada se rende a Fernando e Isabel, marcando o fim da reconquista espanhola.

Jeanne Laisné, apelidada de "Jeanne Machadinha", salva Beauvais quando a cidade é cercada por Carlos, o Temerário, em 1472. Um borgonhês subira à ameia da muralha quando Joana, com um machado na mão, o atirou para baixo, junto com o estandarte que o borgonhês plantara.

Epílogo: Limites e Legados da Guerra Medieval

Os exércitos europeus no ano de 1500 eram muito diferentes daqueles que entraram em campo no início da Idade Média. A cavalaria foi muito mais central para a experiência militar do que havia sido na época de Carlos Magno, aumentando em número e importância a cada século desde aquela época.

Os soldados de infantaria também mudaram. Aos poucos, eles se transformaram de blocos desorganizados de guerreiros mal armados, que lutavam em grupos afins, em unidades com armadura muito melhor em que normalmente se poderia confiar para obedecer a comandos e que lutavam em grupos ordenados conforme suas armas principais. Alguns até mesmo usavam uniformes, estimulando um sentimento de coesão do grupo. No ano 800, muito pouco da experiência de guerra incluía a tomada ou defesa de lugares fortificados. Já em 1500, a Europa havia ultrapassado amplamente sua fase de construção de castelos e, no jogo da guerra de cerco, a vantagem passara definitivamente dos defensores para os atacantes. Em grande medida, essa evolução foi resultado da introdução das armas de fogo na guerra europeia nos séculos XIV e XV.

Uma Revolução da Pólvora?

Olhando o fenômeno em retrospecto, é difícil entender por que os exércitos da Europa adotaram a tecnologia da pólvora progressivamente no final da Idade Média.

Para a maioria das finalidades, armas de fogo simplesmente só passaram a compensar muito tempo

À esquerda: *A morte de Carlos, o Temerário, na Batalha de Nancy, em 5 de janeiro de 1477.*
À direita: *Nicolau Mauruzi da Tolentino na Batalha de São Romano.*

depois de os comandantes da Europa adotarem seu uso. Os únicos sucessos claros da pólvora nos séculos medievais foram obtidos com o grande canhão, que podia romper as muralhas de pedra convencionais de meados do século XV. Essas armas haviam sido usadas, naturalmente, com muito menos sucesso por quase um século antes de se tornarem eficientes, muitas vezes matando suas próprias tripulações e disparando em todas as direções, menos a certa. No final do período considerado, canhões ainda eram desajeitados e imprecisos, embora capazes de lançar um projétil com maior força do que o mais poderoso dos trabucos. Assim canhões foram de pouca utilidade no campo de batalha, mas mostraram suas qualidades quando disparados de posições fixas. Não demorou muito para que pequenos canhões fossem montados em navios. Na batalha de Gibraltar, por exemplo, travada entre pequenas frotas de castelhanos e portugueses em 1476, as embarcações completas empregadas na batalha exibiam um canhão de ferro forjado montado entre seus castelos de bordo. Todavia, somente em 1513 armas de fogo de bordo conseguiriam afundar um navio, um feito que permaneceu raro por mais de um século.

Mais difícil ainda de entender foi a crescente popularidade das armas de fogo portáteis. Na época em que Carlos, o Temerário de Borgonha, reuniu seus exércitos, nos anos de 1460 e 1470,

qualquer exército "moderno" também contava com um corpo considerável de artilheiros de mão. Demorou até meados do século XVI antes que armas de fogo portáteis começassem a decidir as batalhas, embora fosse muito mais rápido e mais fácil treinar arcabuzeiros que arqueiros. Na verdade, foi apenas no século XIX que armas de fogo se tornaram páreo para o arco longo em precisão, alcance e velocidade. A arma de fogo portátil, contudo, tinha três pontos a seu favor. Primeiro, os fabricantes de arcos e setas eram artesãos, que conseguiam produzir apenas um número limitado de arcos e setas. Seria mais fácil, portanto, aumentar a produção de armas de fogo. Segundo, muitos comandantes parecem ter sido atraídos pelo barulho e a modernidade inteligente das armas de fogo, cujo uso se tornara um símbolo de *status*. Terceiro, e sem dúvida decisivo, era o fato de arqueiros demandarem anos de treinamento, enquanto artilheiros de mão conseguiam dominar completamente seu ofício em poucas semanas. Isso tornava viável um exército maior.

A Verdadeira Revolução: Estados Organizados para a Guerra

A verdadeira revolução na guerra medieval europeia não foi provocada pela pólvora, mas pela capacidade dos estados de organizar e canalizar seus recursos para a guerra. Eram necessários

---

1503

21 de abril – Batalha de Cerignola. Os aragoneses conquistam uma vitória sobre uma força francesa comandada por Luís d'Armagnac. Acredita-se que esta foi a primeira batalha na história mundial a ser vencida por armas de fogo portáteis.

1521

8 de agosto – Batalha de Tenochtitlan. Hernán Cortés derrota os astecas em Cuauhtémoc, efetivamente estabelecendo o controle espanhol do México.

1526

29 de agosto – Batalha de Mohács. O sultão otomano Suleiman I, o Magnífico, derrota de forma decisiva um exército húngaro liderado pelo rei Luís II, que é morto durante a retirada.

os recursos de um estado para equipar grandes exércitos com armas de fogo, que eram caras, da mesma forma que eram necessários os recursos de um estado para equipar a infantaria com armas e armaduras, mesmo que geralmente mais simples. Nada havia mudado no desejo do governante médio pela guerra, mas os meios financeiros de sustentá-la haviam aumentado drasticamente até o início de 1500.

Ao final da Idade Média, muitos exércitos consistiam em grande parte de soldados profissionais – a França conseguira desenvolver um exército permanente. Era preciso pagar, alimentar e equipar esses homens. Como não tinham outra profissão, poderiam ser treinados em um grau inimaginável durante a maior parte do período. O cavaleiro medieval era um combatente formidável, não tanto por causa do seu cavalo, mas por seu treinamento e disciplina. A grande realização do final da Idade Média foi estender esse profissionalismo aos militares em geral.

Durante toda a Idade Média, a tendência natural era de que as guerras se tornassem cada vez mais longas. Esse desenvolvimento não foi causado por nenhuma mudança no modo de pensar a guerra, mas pela evolução progressiva de um sistema financeiro capaz de sustentar guerras mais longas, além de ferramentas de logística que alimentassem e equipassem homens em campo por longos períodos. Foi realmente um feito extraordinário quando Henrique V da Inglaterra conseguiu manter um exército em campo durante dois anos inteiros, o que é um tributo à capacidade de organização de seu governo.

Ao final do século XV, as campanhas de inverno já não eram tão incomuns, conforme os mecanismos logísticos dos exércitos se desenvolviam rapidamente. Como sempre, no entanto, as ambições dos comandantes ultrapassaram em muito a capacidade de seus administradores de mantê-los abastecidos. Dificuldades de alimentação e pagamento de tropas permaneceram endêmicas ao longo do início do período moderno.

O Legado da Guerra Medieval

A guerra na Idade Média foi o principal catalisador de mudanças, tanto tecnológicas quanto políticas. Guerras uniram estados e, algumas vezes, os dividiram. Guerras construíram e destruíram reputações, determinaram organizações sociais e criaram sistemas de tributação. A guerra medieval também gerou uma tradição de cortesia para com inimigos valentes e desenvolveu regras de guerra que continuam a ecoar até os dias atuais. A Europa medieval era uma sociedade voltada para a guerra, em que mil anos de tumulto e confronto ajudaram a dar forma à nossa civilização tipicamente ocidental.

1565	1571	1588
18 de maio-11 de setembro – Cerco de Malta. Uma enorme força otomana sitia sem sucesso a principal fortaleza dos Cavaleiros Hospitalários em Malta.	**7 de outubro** – Batalha de Lepanto. Forças navais espanholas, venezianas e papais, comandadas por Dom João da Áustria, derrotam uma frota turca comandada por Ali Pasha, em uma batalha que vira a maré da dominação turca no Mediterrâneo.	**Agosto** – A Armada Espanhola. Uma enorme frota espanhola enviada para invadir a Inglaterra é derrotada em uma série de batalhas navais pela frota inglesa, que era menor, porém mais manobrável. A maior parte da armada é destruída por tempestades.

Índice